Die vergessene Vertreibung

Die vergessene Vertreibung

Zwangsaussiedlungen an der innerdeutschen Grenze

Herausgegeben für die
Hessische Landeszentrale für politische Bildung
von Volker Bausch, Mathias Friedel und Alexander
Jehn

In Verbindung mit der
Point Alpha Stiftung

DE GRUYTER
OLDENBOURG

ISBN 978-3-11-066053-1

Library of Congress Control Number: 2019952846

Bibliografische Information der Deutschen Nationalbibliothek
Die Deutsche Nationalbibliothek verzeichnet diese Publikation in der
Deutschen Nationalbibliografie; detaillierte bibliografische Daten
sind im Internet über http://dnb.dnb.de abrufbar.

© 2020 Walter de Gruyter GmbH, Berlin/Boston
Hessische Landeszentrale für politische Bildung (HLZ), Wiesbaden
Textredaktion: Helena Hirschler (Frankfurt a.M.) und Michaela Bausch (Chemnitz)
Einbandabbildung: Grenzsignalzaun bei Geisa. Foto: Winfried Möller, Rasdorf.
Typesetting: bsix information exchange GmbH, Braunschweig
Druck und Bindung: Hubert & Co. GmbH & Co. KG, Göttingen

www.degruyter.com

Volker Bausch gewidmet

Vorwort

Das SED-Regime errichtete im Mai 1952 entlang der fast 1.400 km langen innerdeutschen Grenze ein tief ins Hinterland reichendes Sperrgebiet und verschärfte
seither zugleich die Grenzsicherung der DDR massiv.

Bald gaben in den jeweiligen Ausbaustufen der Grenzanlagen Stacheldraht-
und Metallzäune, Bodenminen, Selbstschussanlagen, Sperrgräben, Sichtblen-
den und Signalanlagen der sogenannten „Staatsgrenze West" der DDR ihr men-
schenverachtendes Gesicht.

Jenseits der Abriegelung der Grenze und der Verschärfung der Grenzbewa-
chung, um Fluchten aus der DDR zu verhindern, ging es nun verstärkt darum,
wer im Sperrgebiet lebte und leben durfte.

Weiler, Dörfer, freistehende Gehöfte in weiten Landschaften wurden nun in
das Korsett einer Großraumsperrzone gepfercht. In den Höhen der Rhön, am
Deichland der Elbe, an der Trave. Dort lebten die Menschen seit Generationen,
hatten Heimat, Haus und Hof.

Den Machthabern in Staat und Partei ging es darum, das Grenzgebiet regel-
recht zu säubern – von „unsicheren Kantonisten", politischen Querdenkern oder
Kollektivismusverweigerern, besonders in der Landwirtschaft. Gebäude wurden
zu Störfaktoren, standen zu nahe an der Grenze, ermöglichten Fluchten und verhinderten freies Schussfeld der Grenzer. Also mussten auch sie verschwinden.

In zwei großangelegten Aktionen in den Jahren 1952 und 1961 hat das Regime über 11.000 Menschen aus den Sperrgebieten zwangsausgesiedelt und ins
Landesinnere der DDR verbracht. Kommissionen aus Staat und Partei erstellten
Listen der Auszuweisenden und ihrer Familienangehörigen. Gründe für die Ausweisungen waren oft genug konstruiert und politisch motiviert. Wem es an der
geforderten Gesinnung mangelte, wer die Kollektivierung seines Hofes verweigerte, nach „drüben" Verbindungen hatte und aus vielen Gründen mehr, der
konnte auf die Listen geraten. Hochzeiten des Denunziantentums.

Dass in Thüringen die Aktion von 1952 „Ungeziefer" und diejenige von 1961
„Kornblume" – ein Unkraut – im Amtsjargon tituliert wurde, spricht für sich.

Die Zwangsausgesiedelten wurden überdies in der Heimat und in den Aufnahmekreisen oft kriminalisiert und sozial isoliert. Sie verfielen in jahre- und
jahrzehntelanges Schweigen, blieben bis zum Zusammenbruch der DDR 1989
mit der Frage nach dem Warum allein.

Politisch haben Sowjetunion und DDR das Grenzregime und auch die
Zwangsaussiedlungen lauthals mit der fortschreitenden Westbindung der Bundesrepublik begründet. Dies waren – jenseits der umstrittenen Frage, ob die Tür
zur Wiedervereinigung Deutschlands zu Beginn der 1950er Jahre einen Spalt of-

fen stand – doch vor allem propagandistische Schuldzuweisungen. Denn Zwangsaussiedlungen gab es in der Sowjetischen Besatzungszone (SBZ) bzw. späteren DDR in Form der sogenannten Kreisverweise schon unmittelbar nach 1945 – und nach 1961 in Einzelfällen im Übrigen auch –, ja sie gehörten zu den Wesensmerkmalen kommunistischer Diktaturen im Allgemeinen. Auch vor 1952 war die Abriegelung und Bewachung der Grenze sukzessive im Aufbau.

Die tatsächlichen Hintergründe waren andere: Die Menschen in der SBZ und DDR entflohen in Scharen dem kommunistischen System, das immer brutaler den staatlichen und gesellschaftlichen Umbau vorantrieb. Das menschliche Potential für den „Siegeszug" des Sozialismus wanderte also zu Tausenden ab. Die Grenzen dicht zu machen, Schlupflöcher zu stopfen, war eine Frage der Selbsterhaltung des in der DDR bestehenden Systems. Nicht die Westbindung der Bundesrepublik, sondern die Ostbindung der DDR führte zwangsläufig zu jenen brachialen Maßnahmen an der Grenze – mit sowjetischem Placet.

Von diesen bedrückenden Vorgängen der Zwangsaussiedlungen, die die Zeitzeugin Marie-Luise Tröbs in ihrem Beitrag ein „staatlich organisiertes Verbrechen" nennt, ist einer breiteren Öffentlichkeit nach wie vor wenig bekannt. Sie spielen in der Aufarbeitung der SED-Diktatur eine marginale Rolle. Erinnert wird vor allem in den ehemaligen Grenzgebieten, dort wo sich die Zwangsaussiedlungen abspielten, und namentlich in den Grenzgedenkstätten – wie den hessisch-thüringischen Point Alpha und Schifflersgrund. Dies ist gut und richtig, verengt Erinnerung und Aufarbeitung jedoch regional.

Diesem wichtigen Thema ist eine breitere Aufmerksamkeit sehr zu wünschen. Mag dieser Band einen kleinen Beitrag hierzu leisten.

Hervorgegangen ist er aus einem gleichnamigen Seminar der Hessischen Landeszentrale für politische Bildung und der Point Alpha Stiftung im Jahr 2018, das die Konturen dieser Publikation und ihrer Zielgruppen vorzeichnete. Freilich ist auch dieser Sammelband das Werk Vieler. Allen Autorinnen und Autoren sowie allen Institutionen und Personen, die uns Bildmaterial zur Verfügung stellten, sei für ihre Mitwirkung herzlich gedankt!

Gewidmet ist dieser Band unserem am 25. Juni 2019 verstorbenen Mitherausgeber Volker Bausch. Er hatte, trotz seiner schweren Erkrankung, am Werden jenes Bandes großen Anteil. Als vormaliger Direktor der Point Alpha Stiftung war ihm die Aufarbeitung der Zwangsaussiedlungen stets ein Herzensanliegen gewesen. Sein Wirken als Mensch und als Macher bleibt unvergessen.

Dr. Alexander Jehn
Direktor der Hessischen Landeszentrale
für politische Bildung

Dr. Heiko Wingenfeld
Vorsitzender des Stiftungsrats
der Point Alpha Stiftung

Inhalt

Teil III: Schicksale

Teil I: **Der Kalte Krieg und die Zwangsaussiedlungen im kommunistischen Herrschaftsbereich**

Christian Dietrich

Zwangsmigration als kommunistisches Herrschaftsmittel

Vorbemerkungen zum Begriffspaar „kommunistische Zwangsmigration"

Ich verwende den Begriff *„kommunistisch"*, da die deutsche Redewendung *„SED-Diktatur"* als Reaktion auf die Stasi-Fokussierung in den 1990er Jahren zu einer Provinzialisierung der Aufarbeitung geführt hat. Die Geschäftsführerin der Bundesstiftung Aufarbeitung der SED-Diktatur Dr. Anna Kaminsky sagte anlässlich des 20. Jahrestags der Stiftung, dass Polen oder Ukrainer mit dem Begriff SED-Diktatur nichts anfangen können. Um das europäische Gespräch und den Kontext der SED-Diktatur nicht zu verlieren, plädierte sie, aber auch der Vorstandvorsitzende Markus Meckel dafür, von kommunistischer Diktatur zu sprechen. Das impliziert Unterschiede zwischen den Staaten und auch den Generationen. Ich verwende den Begriff im Kontext der sowjetischen Diktatur und den sowjetischen Satellitenstaaten.

Zwangsmigration ist ein Sammelbegriff, der sich in den letzten 15 Jahren etabliert hat, um den ideologischen Konnotationen, die mit den jeweiligen synonymen Begriffen verbunden sind, zu entgehen. In Deutschland sind dies „Vertreibung" und „Zwangsumsiedlung". Die geäußerte Kritik am Begriff „Vertreibungen" bezieht sich insbesondere auf dessen wenig präzisen Charakter, der eine Vermischung politischer, rechtlicher, moralischer und emotionaler Dimensionen fördere. Die kommunistischen Regierungen versuchten Zwangsmigrationen ganz zu verschweigen bzw. deren Charakter zu verschleiern. So wurden überlebende Deutsche der Zwangsumsiedlungen aus nichtdeutschen Staatsgebieten Ostmitteleuropas „Umsiedler"[1] genannt und es wurde von „Repatriierung" gesprochen, während es um die Deportation von Ex-Sowjetbürgern zurück in die Sowjetunion[2] oder die Zwangsumsiedlung von Polen aufgrund der Westverschiebung des polnischen Staatsgebietes am Ende des Zweiten Weltkrieges ging[3].

Die gesellschaftliche Umgestaltung und Machtergreifung der Bolschewiken war stets mit staatlichen Projekten gewaltsamer Veränderung der Gesellschaft verbunden. Dazu gehörte zu Beginn die Deportation der ehemaligen Eliten und die Sippenhaft, das heißt die Deportation der Verwandten von politischen Gegnern, die inhaftiert oder ermordet wurden. Hinzu kommt schon im ersten Jahrzehnt der Sowjetunion die Zentralisierung der Macht. In einer Rezension des

Romans Tschewengur von Alexej Platonow vom Ende der 1920er Jahre schreibt
Wassili Golowanow:

> Die Steppe, dieses Antipetersburg, erhebt sich *politisch* zunächst gegen Petersburg, dann
> aber auch – in Gestalt des Banditentums – gegen das rote Moskau. Das sogenannte Bandi-
> tentum stellt sich der verstandesbetonten Mechanik und der staatlichen Geometrie der
> Städte entgegen. Es zerreißt die Ketten jeglicher Macht. Nicht zufällig wurde am Ende der
> zwanziger Jahre, unmittelbar vor der Kollektivierung, das bis dahin aus zwölf Kreisen be-
> stehende Gouvernement Woronesch in hundert neue Kreise, die jetzt Rajons hießen, auf-
> geteilt. Sprich: Es wurde im wahrsten Sinne des Wortes mit einem administrativen Netz
> überzogen, denn ein Rajon, das bedeutet: ein Exekutivkomitee, ein Bevollmächtigter, eine
> Garnison usw.[4]

Dieser administrativen Kontrolle entzogen sich Teile der Bevölkerung bzw. Teile
des Imperiums und so musste sie gewaltsam durchgesetzt werden.

Ein Schlüsselbeispiel dafür sind die kasachischen Nomaden. Bei ihrer Sesshaftmachung und der faktischen Enteignung der Hirten verhungerten große
Teile des Volkes.

> Was als Attacke auf Kultur und Lebensweise der Nomaden begonnen hatte, endete in ei-
> nem brutalen Bürgerkrieg, den die Bolschewiki schließlich aufgrund ihrer überlegenen
> Kräfte und der sich immer weiter ausbreitenden Hungersnot für sich entschieden.[5]

Allein unter den Kasachen verloren ca. 1,7 Mio. Menschen im großen Hunger
1932/33 ihr Leben.[6] Nach 20 Jahren sowjetischer Herrschaft in Kasachstan waren
Kasachen in der Sowjetrepublik in der Minderheit. Diese sowjetische Politik betraf aber nicht nur die asiatischen Republiken, sondern auch andere Regionen.
In der Sowjetukraine fand zur gleichen Zeit die wirtschaftliche Entmündigung
der Bauern und Handwerker statt. In der Ukraine spricht man von „Holodo-
mor", Anne Applebaum vom Roten Hunger[7] mit ca. 3,9 Mio. Todesopfern. Während in Zentralasien einige Tausend Kasachen nach China fliehen konnten, gab
es für Ukrainer keine Fluchtmöglichkeiten. Ich grenze in meinem Beitrag den
Begriff „Zwangsmigration im engeren Sinn" von Fluchtbewegungen ab, obwohl
die Zusammenhänge naheliegend sind. Den Terminus „Zwangsmigration" verwende ich ausdrücklich für Heimatverlust ohne persönliche Entscheidung bzw.
Entscheidungsmöglichkeit. Die staatlich verordneten und organisierten Deportationen und Zwangsaussiedlungen gehören zum Kennzeichen der kommunistischen Herrschaftsetablierung. Um den frühen sowjetischen Schriftsteller Andrej
Platonow noch einmal zu zitieren: „In der Sesshaftigkeit kommt kein Kommunismus zustande. Da hat er keinen Feind und keine Freude!"[8] Manfred Hildermeier kommt in seiner großen Geschichte der Sowjetunion zu dem Ergebnis,

dass die Zwangsmigrationen „dem terroristisch-totalitären Grundzug, sozusagen der Normalität des Regimes selbst" entsprangen.[9]

Formen der sowjetischen Zwangsmigration

Die Erforschung der sowjetischen Zwangsmigrationen war während der Herrschaft der kommunistischen Partei in der Sowjetunion nahezu ausgeschlossen. Eine erste und nachhaltig wirkende Geschichte der sowjetischen Deportationen veröffentlichte Robert Conquest im Jahre 1960 (Soviet deportations of nationalities, London/New York 1960). Alexander Solschenizyn, der 1945 wegen einer Äußerung gegen Stalin inhaftiert wurde und mit seinen Hafterfahrungen ein epochales Werk über das sowjetische Imperium schrieb, prägte für das Herrschaftssystem die Metapher Archipel GULag. 1953, im Todesjahr Stalins, waren ca. 2,5 Millionen Menschen in sowjetischen Straf- und Arbeitslagern inhaftiert. Von 100 Einwohnern mindestens einer! In seinem Archipel GULag gelang es Alexander Solschenizyn zugleich, die Deportationen im Zuge der Umwandlung des ländlichen Raums („Entkulakisierung") und die ethnischen Deportationen zu beschreiben. „Im Grunde ‚entsandte' jedes Deportationskontingent seine markantesten und ‚gefährlichsten' Anführer und Vertreter in den ‚GULAG' (und nahm so individuelle Gestalt an)."[10] Auf der Point-Alpha-Tagung zu Zwangsmigration als kommunistisches Herrschaftsinstrument im April 2017 sagte der russische Geograf und Historiker Pavel Polian, dass in der russischen Leidenshierarchie nach dem Tod nicht die Haft, sondern Deportation und Heimatverlust kommen. Pavel Polian hat seit mehr als 30 Jahren die sowjetischen Zwangsmigrationen erforscht. Er behauptet, dass die UdSSR das Patent „auf die Masse, auf die rechtliche Rücksichtslosigkeit und insbesondere auf die spezifischen Technologien der Durchführung von Deportationen" beanspruchen kann.[11]

In der Sowjetunion gab es nicht nur ein großes Netz an Haftarbeitslagern, sondern noch einschneidender für die Geschichte der Völker waren die Deportationskampagnen und Umsiedlungsoperationen. Pavel Polian listet 52 Deportationskampagnen und 130 Umsiedlungsoperationen auf, bei denen etwa 14,5 Millionen Menschen aus dem Land oder innerhalb der Sowjetunion deportiert wurden.[12] So wie der Terror jeden treffen konnte, waren auch die Deportationen so vielfältig, dass nahezu alle Nationalitäten, Ethnien, Religionen, „(Berufs-)Stände" davon betroffen wurden.

Es zeichnen sich verschiedene Grundmuster ab. Der Terror war grundsätzlich willkürlich und konnte jeden Bürger und jede Ethnie treffen. Die Bolschewiken machten sich das zaristische Imperium zur Beute und verstanden „Staatsbildung als Kriegführung" (Jörg Baberowski).[13]

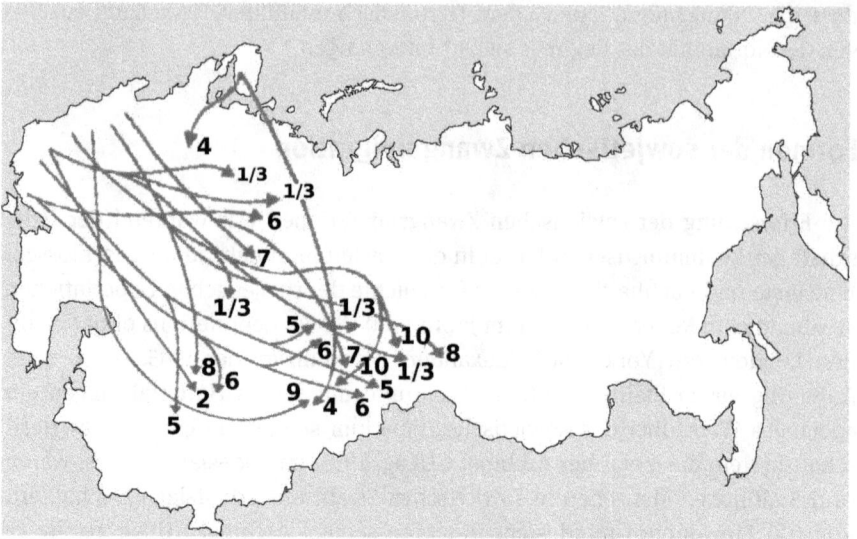

Karte 1: Deportation aus den besetzten Gebieten seit 1940 in Folge des Stalin-Hitler-Paktes.

1 – Erste Zwangsaussiedlung aus Ostpolen 10.2.1940
2 – Zwangsaussiedlung aus Ostpolen vom 9.–13.4.1940
3 – Zwangsansiedlung von Flüchtlingen aus Ostpolen 29.6.1940
4 – Ausländer aus dem Gebiet Murmansk 5.–10.7.1940
5 – Zwangsansiedlung aus der Westukraine am 22.5.1941
6 – Zwangsansiedlung aus Moldawien, dem Raum Izmail und dem Raum Czernowitz vom 12.–
    19.6.1941
7 – Zwangsansiedlung aus Estland 14.6.1941
8 – Zwangsansiedlung aus Lettland 14.6.1941
9 – Zwangsansiedlung aus Litauen 14.6.1941
10 – Zwangsansiedlung aus Westweißrussland 19.–20.6.1941

Quelle: Hessische Landeszentrale für politische Bildung. Eigene Darstellung basierend auf: Polian, Pavel M.: Against Their Will. The History and Geography of Forced Migrations in the USSR,
Budapest/New York 2004, S. 122.

In großem Maße begannen die Deportationen nach dem Stalin-Hitler-Pakt 1939.
Betroffen waren zuerst die Völker in den annektierten Gebieten. Bei den ethnischen Deportationen wurden nicht nur die Bewohner der betroffenen Region,
sondern auch Vertreter der Ethnien aus der Armee entfernt und auch aus Orten,
die nicht in ihren Siedlungsgebieten lagen, zwangsumgesiedelt. Mit der Umsiedlung wurden sie meist zugleich entrechtet. Die Ethnien verloren, soweit sie
Autonomierechte hatten, auch ihre Selbstverwaltungen. Von solchen „totalen
Deportationen" (Pavel Polian) waren mindestens zehn Völker in der UdSSR betroffen: Deutsche, Karatschaier, Kalmücken, Inguscheter, Tschetschenen, Bal-

karen, Krimtataren, Finnen, Koreaner und Mescheten. Die ersten sieben Volksgruppen bzw. Völker (ihre Gesamtzahl betrug 2 Millionen und das von ihnen besiedelte Land umfasste vor der Deportation mehr als 150.000 km²) verloren zugleich ihre nationale Autonomie. Entgegen ihrer internationalistischen Parolen setzten die kommunistischen Staatsführungen auf nationalistische Politik und Mobilisierung.[14] Die Etablierungen nationalkommunistischer Regierungen in Ost-/Mitteleuropa geschahen im Kontext der Zwangsmigrationen, für die sie oft nicht die Verantwortung trugen, aber zu deren Nutznießern sie wurden.

Ethnische Zwangsmigration in den sowjetischen Satellitenstaaten

Nach dem Ersten Weltkrieg und dem Zerbrechen der Imperien hatten Nationalstaatsbildungen Hochkonjunktur. Diese waren oft auch mit Gewaltmigrationen verbunden.

> Jede der vielen europäischen Grenzverschiebungen führte zu Fluchtbewegungen und Abwanderungen. Die Gesamtzahl der von Umsiedlungen, Deportationen, Fluchtbewegungen und Vertreibungen infolge des Kriegs betroffenen Menschen lag in Europa Mitte der 1920er Jahre wahrscheinlich bei mindestens 9,5 Millionen.[15]

Ethnische Säuberungen waren als angeblich friedensstiftende Maßnahme zu einer „international akzeptierten Sozialtechnologie großräumiger und umfassender Bevölkerungstransfers" (Michael Schwartz) avanciert.[16] Über 1 Million Deutsche aus den abgetrennten Gebieten (Elsass-Lothringen, Posen, Westpreußen...) kamen ins Deutsche Reich. Eine Viertelmillion Bulgaren emigrierte bzw. floh aus Griechenland, der Türkei und Mazedonien nach Bulgarien. Aus Kroatien, Bosnien, der Slowakei, Dalmatien, Siebenbürgen migrierte ca. eine halbe Million Ungarn in das neu gegründete Ungarn. Nicht in diese ethnische Zwangsmigration einordnen lassen sich Flucht und Ausweisungen aus dem ehemaligen Zarenreich. Allein in den ersten fünf Jahren nach der russischen Revolution waren ca. 1 Million Menschen von dort nach Mitteleuropa (Tschechien, Balkan, Deutschland, Frankreich) geflohen.[17] Mit dem Zweiten Weltkrieg begannen dann die größten Zwangsmigrationen der Geschichte – ca. 60 Millionen Menschen wurden deren Opfer. Die ersten großen Umsiedlungen erfolgten in Südosteuropa (Wiener Schiedssprüche von 1938 und 1940) und entlang der im Stalin-Hitler-Pakt gezogenen Einflussgrenzen der beiden totalitären Staaten. Mit dem Ende der deutschen Herrschaft und des Zweiten Weltkriegs und der Verschiebung der Grenze des sowjetischen Einflusses erfolgte eine weitere Zwangsmigrationswelle. Dabei wurden nicht nur fast alle Deutschen aus dem östlichen und mittleren Europa vertrieben (ca. neun Millionen), sondern zugleich verloren 1,5 Millionen Polen ihre Heimat in der Kresy und wurden mit über drei Millionen Menschen aus Zentralpolen in den neuen polnischen Westgebieten angesiedelt. Innerhalb der Sowjetunion gab es erneute Umsiedlungen. Aber auch in Südosteuropa kam es zum Teil zu ethnischen Zwangsmigrationen. Türken wurden aus Bulgarien (1945–1951 über 150.000), Italiener wurden aus Istrien, Ungarn wurden aus der Slowakei und Jugoslawien, Tschechen aus den nun sowjetischen Teilen der Karpaten vertrieben. Wie jüngste regionale Forschungen zeigen, waren diese ethnischen Säuberungen eine Stütze der nationalkommunistischen Machtentfaltung und die Ansiedlung der Zwangsausgesiedelten wurde mit dem jeweiligen Machtausbau verknüpft.[18]

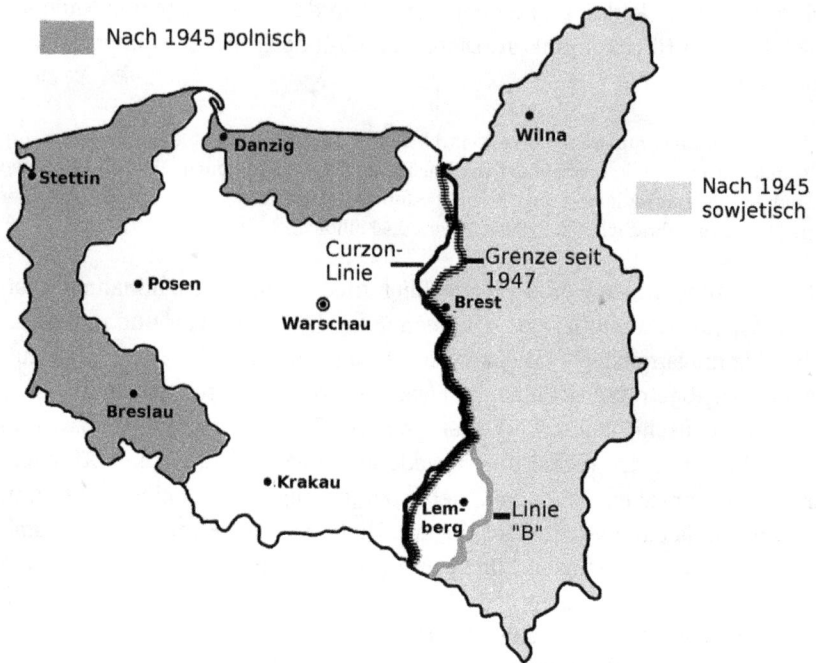

Karte 2: Westverschiebung Polens nach dem Zweiten Weltkrieg.

Quelle: Hessische Landeszentrale für politische Bildung. Bearbeitung der Vorlage von: Wikimedia Commons, Curzon linia.svg, Autor: Willtron, Lizenz: CC BY-SA 3.0.

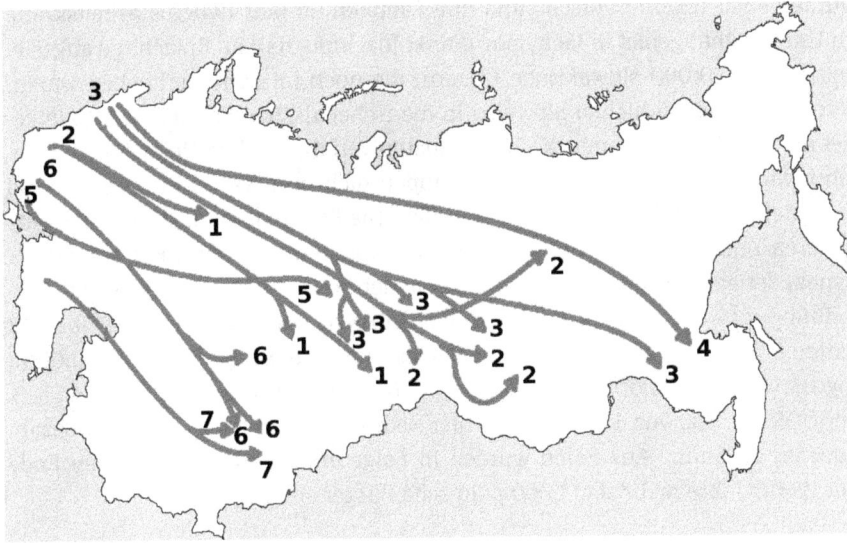

Karte 3: Sowjetische Zwangsmigration 1947–1952.

1 – Mitglieder Ukrainischer Selbstorganisationen aus der West-Ukraine (1947–1948)

2 – Widerstand aus Litauen (1948)

3 – Widerstand aus den Baltischen Republiken (1949)

4 – Bürger aus dem Bezirk Pytalovsky (Oblast Pskov), der im Januar 1945 Teil der Russischen Republik wurde und zuvor zu Lettland gehörte (1949)

5 – Bürger aus dem Oblast Ismajil (seit 1954 zu Odessa) (1948)

6 – Bürger aus Moldova (1949)

7 – Bürger aus der Küstenregion des Schwarzmeeres (1949)

Quelle: Hessische Landeszentrale für politische Bildung. Eigene Darstellung basierend auf: Polian, Pavel M.: Against Their Will. The History and Geography of Forced Migrations in the USSR, Budapest/New York 2004, S. 170.

In diesen Kontext gehört auch die sogenannte Aktion Weichsel. Betroffen waren vor allem ethnische Minderheiten: Ukrainer, Bojken und Lemken. Die Rote Armee hatte ca. 482.000 Ukrainer aus den polnischen Karpaten in die Sowjetunion deportiert, doch 1947 lebten noch weit über eine halbe Million Ukrainer in Polen. Die polnischen Nationalkommunisten wollten die verbliebenen Minderheiten zwangsassimilieren. Dafür wurden zwischen April und Juli 1947 ca. 140.000 Personen von der polnischen Südostgrenze gewaltsam aus- und in die Gebiete im Norden und Westen des Landes, aus denen die Deutschen vertrieben worden waren, umgesiedelt.[19] Auch in der ČSSR gab es mehrere staatlich organisierte Zwangsmigrationen, die der politischen und ethnischen Homogenisierung dienten.[20] Dies betraf nicht nur die verbliebene deutsche Bevölkerung. So wurden etwa 12.000 Deutsche und ihre Familien im Jahr 1948 als Arbeitskräfte im Uranbergbaugebiet in Jáchymov (Sankt Joachimsthal) im Erzgebirge angesiedelt.[21] Etwa 50.000 slowakische Ungarn, die noch im Land verblieben waren, wurden aus der südlichen Slowakei in die tschechischen Länder zwangsumgesiedelt. Ähnlich wurde mit ca. 2.000 Kroaten verfahren. Vom Heimatentzug waren jedoch bestimmte Bevölkerungsgruppen nicht nur wegen ihrer realen und unterstellten ethnischen Identität betroffen. Die Feindkonstruktion konnte auch anderen Kriterien folgen und war Ausdruck totalitärer Willkür. Ein besonderer Aspekt der ethnischen Zwangsmigration in den sowjetischen Staaten ist die Vertreibung und der Verkauf von jüdischen Bürgern, die den Holocaust überlebt hatten.[22] Ein Großteil der jüdischen Bevölkerung aus Bulgarien (über 40.000), Jugoslawien (ca. 8.000), Rumänien (118.000)[23], Polen (über 200.000)[24] und z. B. der DDR (ca. 500 von 1.500) reiste unter Bedrohung und zum Teil gegen Bezahlung bis 1953 aus. Aus Polen wurden in Folge antisemitischer Aktionen Ende der 1960er Jahre mehr als 13.000 polnische Bürger ausgebürgert.[25]

Politische Zwangsmigration zur Stabilisierung der Diktatur

Die Verfolgung politischer Gegner war oft auch mit Zwangsmigrationskampagnen verbunden. In Bulgarien wurden in den ersten Wochen nach Kriegsende ca. 2.700 Todesurteile verhängt und vollstreckt. Im Anschluss daran wies der bulgarische Ministerpräsident Georgi Dimitrov (BKP) per Telegramm vom 19. April 1945 seinen Parteikollegen Traycho Kostov an, die Familien der zum Tode Verurteilten auszuweisen:

> Diese Menschen an den Orten, wo sie bisher gelebt haben, zu lassen, würde bedeuten, Feuernester der Reaktion in Städten und Dörfern, Quellen für Agenten des Feindes [zu schaffen]. Das sind Leute, die blutigen Groll gegen das neue Regime [haben], die jede Menge Schäden verursachen können. Diskutieren Sie mit Yugov [= der Innenminister] die notwendigen Maßnahmen für die Deportationen dieser Menschen.[26]

Das Telegramm bildete den Auftakt für die Zwangsaussiedlungen der Familien der Regimegegner und potentieller Feinde. Betroffen waren vor allem Industrielle, Anwälte, Intellektuelle, entlassene Offiziere aus den Städten, aber auch Bauern auf dem Land sowie „unzuverlässige" Bewohner der Grenzregionen. Sie wurden mit ihren Familien in kleine Städte und abgelegene Dörfer ins Landesinnere umgesiedelt, ohne das Recht, die neuen Wohnorte verlassen zu dürfen. Anfang 1946 wurden erneut Hauptstadtbewohner ausgesiedelt, „die kein Recht auf ein Leben in der Hauptstadt Sofia haben". Im März 1953 startete eine weitere Aussiedlungsaktion in den Großstädten und im Grenzgebiet. Während des Ungarnaufstandes 1956 kam es zu erneuten Zwangsaussiedlungen in Bulgarien. Der Historiker Stoyan Raichevsky hat anhand von Quellen des bulgarischen Politbüros und des Innenministeriums die Zahl der Zwangsausgesiedelten, die zwischen dem 9. September 1944 (Einmarsch der Sowjetarmee) und dem August 1953 innerhalb des Landes zwangsumgesiedelt wurden, auf über 30.000 Betroffene (von 7,5 Millionen Einwohnern) beziffert. Dies geschah, während gleichzeitig 155.667 zumeist türkische Mitbürger im Zuge des Ausbaus der Grenze außer Landes getrieben wurden.[27] Internationales Aufsehen erregte eine Deportation von fast 44.000 Menschen im Jahre 1951 in Rumänien. In einem geheimen Befehl des Ministerrates der Rumänischen Volksrepublik vom 15. März 1951 wurden die Sicherheitsorgane des Landes ermächtigt, „die Umsiedlung jedwelcher Personen aus überbevölkerten Gebieten zu verfügen […], sowie die Umsiedlung […] jener Personen anzuordnen, die durch ihre Einstellung […] den Aufbau des Sozialismus in der rumänischen Volksrepublik schädigen. Den Umgesiedelten kann in jeder Ortschaft Zwangsaufenthalt verordnet werden."[28] Vor allem aus dem Banat wurden Menschen verschiedener Ethnien zwangsausgesiedelt und, soweit sie die Maßnahmen überlebten, in der Steppenlandschaft Bărăgan im Südosten des Landes angesiedelt. Als Rumänien Mitglied der Vereinten Nationen werden wollte, musste diese Zwangsmigration 1956 aufgehoben werden, so dass es auch in Rumänien zu einer vorsichtigen kritischen Auseinandersetzung kommen konnte. In der Geschichte des antikommunistischen Widerstands war die Auseinandersetzung mit den Zwangsmigrationen stets eine besondere Herausforderung. Nicht nur die Tabuisierung der Erinnerung und der fehlende Austausch zwischen den zu verschiedenen Zeiten umgesiedelten Bewohnern und den Neubürgern, sondern die Möglichkeit der Wiederholung hat die Regionen und Menschen nachhaltig geprägt. Das Nichtverstehen der selten miteinander verknüpften, eher übereinander lagernden Geschichte der Orte[29] macht letztlich alle zu Emigranten. Der schwedische Journalist Richard Swartz, der 1970 bis 1972 in Prag studierte, schreibt über die Stadt, die sowohl unter deutscher Besatzung als auch unter kommunistischer Herrschaft gelitten hatte:

> Mir wird klar, dass das, worin ich täglich umherstreune, eine zwar betörend schöne, aber riesige Kulisse ist, deren verfallene Schönheit nur allzu oft an jene erinnert, die nicht mehr hier sind, und daran, warum sie nicht mehr hier sind. Diese Stadt ist, wie eine spätere Zeit es formulieren wird, ethnisch gesäubert, und wie in all diesen Städten werden die Abwesenheiten wichtiger als die Anwesenden, eine Stadt, in der die, die bleiben konnten und nicht zur Flucht gezwungen wurden, sich in einer Art innerem Exil befinden.[30]

Der antikommunistische Widerstand und die Zwangsmigrationen

Es waren die Versuche konstruktiver Abgleiche nationaler Gedächtnisse der Zwangsmigrationen im Kontext der doppelten Diktaturaufarbeitung, die letztlich eine Oppositionsbildung in den kommunistischen Staaten ermöglichte. In Polen gewann die katholische Kirche sowohl im europäischen Kontext als auch gegenüber der kommunistischen Staatsführung an Souveränität, als einige Bischöfe in einem Hirtenbrief am 18. November 1965 Mitverantwortung für die Vertreibung der Deutschen übernahmen. Damit erweiterten sie zugleich den Raum für die Entwicklung des Widerstands in Polen und das, was sich dann „neue Ostpolitik" nannte.[31] Trotz der brachialen Normalisierung nach der Niederschlagung des Prager Frühlings, begann in der ČSSR Mitte der 1970er Jahre eine kritische Auseinandersetzung mit den Zwangsmigrationen der Jahre 1945 und 1946. Insbesondere die Kollektivschuldthese, die den Deutschen in ihrer Gesamtheit unterstellte, Anhänger der Nationalsozialisten zu sein, wurde von Historikern kritisiert und zugleich aufgezeigt, dass die Opfer nicht nur Deutsche waren. Die Gewaltakte wurden im Samisdat der Charta 77 letztlich als kollektive Entmündigung interpretiert.[32] In dieser Tradition erklärte Vaclav Havel 2009:

> Die Wahrheit ist, dass ich die Vertreibung kritisiert habe. Ich war damit nicht einverstanden, mein ganzes Leben lang nicht. Aber mit einer Entschuldigung ist das eine komplizierte Sache. [...] So, als ob wir uns mit einem „Tut uns leid" plötzlich aus der historischen Verantwortung davon stehlen könnten. Letztendlich haben wir mit der Vertreibung draufgezahlt.[33]

Formen der kommunistischen Zwangsmigration in Deutschland jenseits der Großaktionen von 1952 und 1961

Im Nachkriegsdeutschland begannen die sowjetischen Besatzer mit Hilfe deutscher Genossen, einzelne Personen und bestimmte Personengruppen aus dem Wohnort bzw. Wohnkreis zu vertreiben. Die entsprechenden Strukturen und rechtlichen Grundlagen wurden dann nach der Gründung der DDR durch die Regierung der DDR und die SED-Führung („Kreisverweise") geschaffen.[34]

Die in vielen Fällen angewandten Kreisverweise waren oftmals verbunden mit der Enteignung landwirtschaftlicher Güter, privatwirtschaftlicher Industriebetriebe, Hotels und Pensionen. Mit dem Kreisverweis wurden dann die Gutsherren, Großgrundbesitzer, Landwirte, Unternehmer und Gewerbetreibenden vertrieben. Auch wenn sich die Ausweisungsgründe unterschieden, ähnelten sich die Abläufe der staatlichen Maßnahmen: Nach der Beschlagnahme des Besitzes und Vermögens wurde der Betroffene mit seiner Familie in schriftlicher oder mündlicher Form von seinem Besitz und aus dem Kreis verwiesen. Der Heimatkreis musste oft innerhalb weniger Tage oder gar Stunden verlassen werden. Nur einige persönliche Gegenstände und etwas Hausrat durfte mitgenommen werden. Mitunter überwachten Polizisten die Aussiedlung. In Fällen von Gegenwehr drohte die Einweisung ins Gefängnis oder in Speziallager. Eine Rückkehr in den Heimatort war untersagt. Viele Ausgewiesene flüchteten in die westlichen Besatzungszonen bzw. in die Bundesrepublik und wurden dort als politische Flüchtlinge anerkannt.[35]

Viele Kreisverweise hatten ihren Ursprung in der „demokratischen" Bodenreform. Weitere Ausweisungen stehen im Zusammenhang mit dem Ausbau des Uranerzbergbaus. Die Sowjetunion versuchte ihren Uranbedarf durch den Abbau in Böhmen, Sachsen und Thüringen zu decken. Zahlreiche Arbeitskräfte wurden in diese Gebiete „delegiert". Bei sozialen Konflikten wurden vor allem Personen am Rand der Gesellschaft, die die Sowjets, aber auch die SED als „asoziale und destruktive Elemente" bezeichneten, als Ursache ausgemacht (vgl. SMAD-Befehl Nr. 201[36]). So wurde in der Folge eines Protestes von Wismut-Arbeitern am 16. August 1951 in Saalfeld beschlossen, alle angeblich potentiellen kriminellen Personen aus den Abbauregionen zu entfernen. Nach der Aktenlage wurden so 64 Personen aus Saalfeld zwangsausgesiedelt.[37]

Weitere Kreisverweise betrafen zum Beispiel die private Glasindustrie im Thüringer Wald, die Hotel- und Pensionsbesitzer sowie selbständige Unternehmer in Oberhof 1950 und 1951 („Aktion Oberhof") und an der Ostsee 1953 („Aktion Rose"). Bei den Oberhof-Aktionen wurden zwischen November 1950 und Februar 1951 insgesamt 48 Familien mit über 150 Personen zwangsausgesiedelt und über 60 private Unternehmen enteignet. Der Oberhofer Pfarrer Helmut Teuber hielt in der Kirchenchronik die Familiennamen der Ausgewiesenen fest. Er vermerkte auch, dass weitere Einwohner Oberhofs im Vorfeld der Vertreibung flohen. Nach der „Aktion Oberhof" fanden in weiteren Ferienorten des Thüringer Waldes (Friedrichroda, Tabarz, Bad Liebenstein, Tambach-Dietharz) Enteignungen von Hotel- und Pensionsbesitzern statt (Sonderaktion „Gotha").

Anmerkungen

1 Schwarz, Michael: Vertriebene und „Umsiedlerpolitik". Integrationskonflikte in den deutschen Nachkriegs-Gesellschaften und die Assimilationsstrategien in der SBZ/DDR 1945 bis 1961. Oldenburg 2004.

2 Polian, Pavel: Deportiert nach Hause. München 2001; Goeken-Haidl, Ulrike: Der Weg zurück. Essen 2006; Peter Ruggenthaler: Der lange Arm Moskaus. Zur Problematik der Zwangsrepatri-

ierungen ehemaliger sowjetischer Zwangsarbeiter und Kriegsgefangener in die UdSSR. In: Mattl, Siegfried/Botz, Gerhard/Karner, Stefan/Konrad, Helmut (Hrsg.): Krieg. Erinnerung. Geschichtswissenschaft. Wien/Köln 2009, S. 229–245.

3 Gross, Jan T.: Und wehe, du hoffst…: Die Sowjetisierung Ostpolens nach dem Hitler-Stalin-Pakt; 1939–1941. Freiburg/Br 1988; Zaremba, Marcin: Die große Angst. Polen 1944–1947: Leben im Ausnahmezustand. Übersetzt von Sandra Ewers. Paderborn 2016.

4 Golowanow, Wassili: Reise nach Tschewengur. Auf den Spuren Platonows und seiner Allegorie des russischen Geistes. In: lettre international LI 101 (Sommer 2013), S. 60.

5 Robert Kindler schrieb 2015 von mindestens 1,5 Millionen (ders.: Sesshaftmachung als Unterwerfung – Die kasachischen Nomaden im Stalinismus. In: Aus Politik und Gesellschaft, 26–27/2015, S. 18–24, S. 22). Kasachische Wissenschaftler sprachen von mehr als 2 Millionen. Robert Kindler korrigierte seine Zahl 2018 nach oben auf 1,7 Millionen Kasachen, die verhungerten (ders.: Hungersnot in der Sowjetunion 1932/33, Gnose im Dekoder-Dossier „Stalin zwischen Kult und Aufarbeitung", vom 22.11.2018 (https://www.dekoder.org/de/gnose/hungersnot-holodomor-sowjetunion-kollektivierung, aufgerufen am 1.5.2019).

6 Ebenda und Dadabaev, Timur/Komatsu, Hisao: Kazakhstan, Kyrgyzstan, and Uzbekistan: Life and Politics during the Soviet Era. New York 2017.

7 Applebaum, Anne: Roter Hunger. Stalins Krieg gegen die Ukraine. München 2019.

8 Platonow, Andrej: Tschewengur. Die Wanderung mit offenen Herzen. Aus dem Russischen von Renate Reschke. Berlin 2018, S. 283.

9 Hildermeier, Manfred: Geschichte der Sowjetunion 1917–1991. München, 2. Aufl. 2017, S. 656.

10 Polian, Pavel: Zwangsmigration in Nordosteuropa. In: Nordost-Archiv Band 14 (2005), S. 226–284, S. 240.

11 Polian, Pavel: Einführung und Thesen: Zwangsmigration unter kommunistischer Herrschaft. In: Landesbeauftragter des Freistaats Thüringen zur Aufarbeitung der SED-Diktatur (Hrsg.): Vertreibungen im Kommunismus. Zwangsmigrationen als Instrument kommunistischer Diktatur. Halle (Saale) 2019, S. 19–46, hier S. 19.

12 Die Zahlen und Daten im Folgenden sind diesem Aufsatz und Polian, Pavel: Against their Will. Budapest/New York 2004 (zuerst russisch Moskau 2001) entnommen.

13 Baberowski, Jörg: Aus Politik und Zeitgeschichte 44–45/2007, S. 7–13, S. 13.

14 Gerd Koenen meint in seiner Geschichte des Kommunismus „Die Farbe Rot", dass das einzige nachhaltige „kommunistische Momentum" auf dem Gebiet des „nation-building" zu finden sei (dort S. 887), „oft allerdings mit fragwürdigen oder brüchigen Resultaten, wie etwa in Jugoslawien und um den Preis einer unerhörten, sektiererischen Gewalt und soziokulturellen Selbstzerstörung wie in China und Vietnam." (Koenen, Gerd: Die Farbe Rot. München 2017, S. 888).

15 Oltmer, Jochen: Kleine Globalgeschichte der Flucht im 20. Jahrhundert. In: Aus Politik und Zeitgeschichte 26–27/2016, S. 18–25, hier S. 21.

16 Kleikamp, Antonia: Als Millionen Deutsche selber Flüchtlinge waren. In: DIE WELT, 19.5.2015 (https://www.welt.de/geschichte/zweiter-weltkrieg/article141112932/Als-Millionen-Deutsche-selber-Fluechtlinge-waren.html).

17 Marc Raeff geht von mehr als 3 Millionen russischen Migranten zwischen 1918 und 1939 aus (Russia Abroad: A Cultural History of the Russian Emigration. Oxford 1990, S. 14). S.a. Schlögel, Karl (Hrsg.): Der große Exodus. Die russische Emigration und ihre Zentren 1917 bis 1941. München 1994.

18 Für die Ansiedlung von Tschechen in den ehemals deutschen Gebieten in der ČSSR s. Volker Zimmermann: Der Weg zum „Siegreichen Februar". Zu innen- und außenpolitischen Hintergründen der kommunistischen Machtübernahme in der Tschechoslowakei 1948. In: Ganzenmüller, Jörg/Schlichting, Franz-Josef (Hrsg.): Kommunistische Machtübernahmen in Europa nach dem Zweiten Weltkrieg. Ein Rückblick nach 70 Jahren Zwangsvereinigung von KPD und SPD (= Aufarbeitung kompakt 10). Weimar 2017, S. 93–112, hier S. 109 f. Auf die Rolle der sudetendeutschen Sozialdemokraten beim Ausbau des SED-Sicherheitsapparates hatte Jan Foizik schon 1983 hingewiesen (Kadertransfer. In: Vierteljahreshefte für Zeitgeschichte 2/ 1983, S. 308–334). Hoorn, Heike van: Neue Heimat im Sozialismus. Die Umsiedlung und Integration sudetendeutscher „Antifa"-Umsiedler in die SBZ/DDR. Essen 2004. Amos, Heike: Die Vertriebenenpolitik der SED 1949 bis 1990 (= Schriftenreihe der Vierteljahrshefte für Zeitgeschichte, Sondernummer). München 2009 sowie lokale Analysen, u. a. Müller, Torsten W.: Mackenrode im Eichsfeld. Beiträge zur Dorfgeschichte. Duderstadt 2011.

19 Vgl. Hoenig, Bianca: Geteilte Berge: Eine Konfliktgeschichte der Naturnutzung in der Tatra. Göttingen 2018 (= Umwelt und Gesellschaft Bd. 20); Brandes, Detlef [u. a.] (Hrsg.): Lexikon der Vertreibungen. Deportation, Zwangsaussiedlung und ethnische Säuberung im Europa des 20. Jahrhunderts. Wien [u. a.] 2010; Jasiak, Marek: Overcoming Ukrainian Resistance: The Deportation of Ukrainians within Poland in 1947. In: Ther, Philipp/Siljak, Ana (Hrsg.): Redrawing Nations. Ethnic Cleansing in East-Central Europe, 1944–1948. Lanham/Md. [u. a.] 2001, S. 173–194; Kulczycki, John J.: Belonging to the Nation. Inclusion and Exclusion in the Polish-German Borderlands, 1939–1951. London 2016; Roman Drozd: Die Aktion „Weichsel" – Deportation der ukrainischen Bevölkerung in die Nord- und Westgebiete Polens im Jahre 1947, erschienen auf TransOdra online (http://www.transodra-online.net/de/node/1412).

20 Kovařík, David: Zwangsmigrationen im tschechischen Grenzgebiet zwischen 1948 und 1955. In: Vertreibungen im Kommunismus (wie Anm. 11), S. 122–136.

21 Zeman, Zbynek/Karlsch, Rainer: Urangeheimnisse. Das Erzgebirge im Brennpunkt der Weltpolitik 1933–1960. Berlin 2013, S. 165 ff. Otfrid Pustejovsky spricht von ca. 12.000 bis 20.000 Betroffenen (Stalins Bombe und die „Hölle von Joachimsthal": Uranbergbau und Zwangsarbeit in der Tschechoslowakei nach 1945. Münster 2009, S. 348).

22 Konzett, Eva: Juden zu verkaufen. In: Jüdische Allgemeine vom 15.12.2014.

23 Glass, Hildrun: Das Verschwinden einer Minderheit. Die Auswanderung der Juden aus Rumänien nach 1944. In: Südosteuropa. Festschrift für Edgar Hösch. München 2005, S. 383–408.

24 Engel, David: Poland since 1939. In: The YIVO Encyclopedia of Jews in Eastern Europe. 2010, verfügbar unter: http://www.yivoencyclopedia.org/article.aspx/Poland/Poland_since_1939#author.

25 Stola, Dariusz: Anti-Zionism as a Multipurpose Policy Instrument: The Anti-Zionist Campaign in Poland, 1967–1968. In: The Journal of Israeli History, Vol. 25, No. 1, March 2006, S. 175–201. Andere Autoren gehen von weit höheren Zahlen aus.

26 Zitiert nach Raichevsky, Stojan: Bulgarien unter dem kommunistischen Regime 1944–1989. Berlin 2016, S. 274. – Das folgende Zitat: ebd.

27 Stojanow, Valery: Ausgrenzung und Integration: Die bulgarischen Türken nach dem Zweiten Weltkrieg. In: Österreichische Osthefte 2/39, Wien 1997, S. 193–221.

28 Sămânță, Valentin/Marineasa, Viorel/Vighi, Daniel: Deportarea în Bărăgan: documente și reportaje. Timișoara 2014, S. 106–112 (eigene Übersetzung). Zur Erinnerung und Aufarbeitung dieser Zwangsmigration siehe Vultur, Smaranda: Die Zwangsumsiedlung der Bevölkerung in Rumänien in der Nachkriegszeit (1945–1951). Die Erinnerung als Neuauslegung und als kollektiv geteilte Vergangenheit. In: Vertreibungen im Kommunismus (wie Anm. 11), S. 95–117.

29 Ackermann, Felix/Grodno, Palimpsest: Nationalisierung, Nivellierung und Sowjetisierung einer mitteleuropäischen Stadt 1919–1991. Wiesbaden 2010.

30 Swartz, Richard: Austern in Prag. München 2019, S. 79.

31 Vgl. Pękala, Urszula: Versöhnung für Europa. Souveränitätsansprüche des katholischen Episkopats Polens im deutsch-polnischen Versöhnungsprozess nach dem Zweiten Weltkrieg. In: Feindt, Gregor/Gißibl, Bernhard/Paulmann, Bernhard (Hrsg.): Kulturelle Souveränität. Politische Deutungs- und Handlungsmacht jenseits des Staates im 20. Jahrhundert. Göttingen 2017, S. 197–224; Borodziej, Włodzimierz: Geschichte Polens im 20. Jahrhundert. München 2010, S. 358 f.

32 So Jan Mlynarik unter dem Pseudonym „Danubius" im Samisdat 1977. Die Samisdat-Debatte ist inzwischen im Internet veröffentlicht: http://www.disent.usd.cas.cz/temata/odsunvyhnani-sudetskych-nemcu. Siehe auch Auer, Stefan: Liberal Nationalism in Central Europe. London 2004 und zur Erforschung der Zwangsmigration Mlynarik, Jan: Fortgesetzte Vertreibung. Vorgänge im tschechischen Grenzgebiet 1945–1953. München 2003. Zum Zusammenhang zwischen dieser dissidentischen Forschung und der Versöhnungspolitik des ersten frei gewählten Präsidenten siehe auch Tschiche, Wolfram: Vaclav Havels Haltung zur Vertreibung der Sudetendeutschen und die Notwendigkeit der Versöhnung, Vortrag am 2.12.2016 in Ichtershausen, Kirche St. Marien, der ersten in der DDR geweihten Vertriebenenkirche (http://www.thla-thueringen.de/index.php/veroeffentlichungen/reden-und-vortraege, Stand: 1.5.2019).

33 Interview von Michael Kerbler und Alexandra Föderl-Schmid mit Vaclav Havel in Prag, „20 Jahre nach 1989". In: Der Standard, Wien, vom 7. Mai 2009, S. 3. Die kritische Auseinandersetzung mit den Zwangsmigrationen ist zugleich ein Rütteln am nationalistischen „Konsens der politischen Klasse in Tschechien" (Wiedemann, Andreas: Deutsche als Opfer? Zur tschechischen Debatte über Vertreibung und Gewalttaten nach dem Zweiten Weltkrieg. In: Neutatz, Dietmar [u. a.] (Hrsg.): Von Historikern, Politikern, Turnern und anderen. Schlaglichter auf die Geschichte des östlichen Europa. Festschrift für Detlef Brandes zum 75. Geburtstag. Leipzig 2016, S. 121–154, hier S. 126).

34 Vgl. beispielsweise für Thüringen die Verordnung über die Aufenthaltsbeschränkung im Landkreis Suhl vom 10.11.1950. In: Regierungsblatt für das Land Thüringen, Nr. 31 (1950) vom 10.11.1950, S. 309. Siehe auch Geier, Anke: „Die Nichtbefolgung dieser Massnahme zieht Zwangsmassnahmen nach sich." Kreisverweise in Thüringen zwischen 1945 und 1951. In: Gerbergasse 18. Thüringer Zeitschrift für Zeitgeschichte und Politik, Heft 83, Nr. 2 (2017), S. 43–47 und den Artikel auf der Webseite des Thüringer Landesbeauftragten zur Aufarbeitung der SED-Diktatur (ThLA) „Kreisverweise" vom 14.9.2016 (http://thla-thueringen.de/index.php/2-thla/628-kreisverweise – letzter Abruf am 1.6.2019).

35 Vgl. § 3 Sowjetzonenflüchtling. In: Gesetz über die Angelegenheiten der Vertriebenen und Flüchtlinge (Bundesvertriebenengesetz – BVFG) vom 19.5.1953. In: Bundesgesetzblatt, Teil I, Nr. 22 (1953) vom 22.5.1953, S. 203 und § 15 Ausweise. In: Ebd., S. 205.

36 Hierzu vgl. Bennewitz, Inge/Potratz, Rainer: Zwangsaussiedlungen an der innerdeutschen Grenze. Analysen und Dokumente. Berlin, 4. Auflage 2012, S. 39.

37 Zu den Quellen und Analysen siehe Thüringer Landesbeauftragter zur Aufarbeitung der SED-Diktatur: Die innerhalb der DDR Zwangsausgesiedelten sollen nicht vergessen werden! Erfurt 2018. S. 5 f.

Philipp Gassert

Der Kalte Krieg, die Gründung zweier deutscher Staaten und die Verfestigung der Teilung

Feiertagsatmosphäre lag in der Luft, Hunderte von Menschen säumten die Straßen, Dutzende von Reportern und Fotographen drängten sich am 5. März 1946 vor der großen Turnhalle von Westminister College in Fulton im US-Staat Missouri. Sie erwarteten den britischen Ex-Premier Winston Churchill und US-Präsident Harry S. Truman. Beide waren in die Kleinstadt etwa 100 Meilen westlich von St. Louis gereist, um dort gemeinsam geehrt zu werden.[1] Der Präsident des Westminister College, Frank McCluer, hatte Churchill eingeladen. Klugerweise hatte er den aus Missouri stammenden, tief in der Politik des Mittleren Westen verwurzelten Truman um Unterstützung gebeten. Dieser fügte dem Einladungsschreiben an Churchill die persönlichen Zeilen hinzu: „Lieber Winnie. Das ist ein schönes altes College dort draußen in meinem Staat. Falls du dort hinkommst und ihnen einen Rede hältst, bringe ich dich hin und führe dich ein."[2] Der 1945 zum britischen Oppositionsführer degradierte Churchill nutzte die Gelegenheit beim Schopf, um erneut Weltgeschichte zu schreiben.

Churchills Rede in Fulton ist als „Eiserner Vorhang-Rede" (*Iron Curtain Speech*) bekannt geworden. Sie gilt als frühe Warnung vor einem sich verfestigenden Ost-West-Gegensatz, als noch kaum jemand von einem Kalten Krieg sprach, geschweige denn einen dauerhaften Konflikt zwischen der UdSSR und dem Westen erwartet hätte. Churchill warnte vor zwei Geißeln, Krieg und Tyrannei, die die Menschheit erneut bedrohten; er schlug eine Art Verteidigungsbündnis und *special relationship* der englischsprachigen Nationen innerhalb der Weltorganisation der Vereinten Nationen vor; er betonte die Sympathie und den guten Willen, den England und das Britische Empire gegenüber dem „Kriegskameraden" Stalin und der Sowjetunion hegten; auch anerkannte er legitime russische Sicherheitsinteressen, vor allem gegenüber einem möglicherweise wieder erstarkenden und aggressiven Deutschland.[3]

Trotz der versöhnlichen Gesten gegenüber Stalin sprach Churchill wie kein anderer westlicher Politiker zu diesem Zeitpunkt Klartext. Er warnte vor expansiven Tendenzen der UdSSR und der Kommunisten. Niemand wisse, was die Ziele Moskaus seien. Man müsse jedoch den Fakten ins Auge sehen, was er in die berühmten Worte fasste: Von Stettin bis Triest sei ein „Eiserner Vorhang" quer durch den Kontinent herabgefallen („From Stettin in the Baltic to Trieste in the Adriatic an *iron curtain* has descended across the Continent"). Dass er Stettin, die nordwestlichste Stadt der polnischen besetzten Gebiete Deutschlands, zum nördlichen Ausgangspunkt des „Eisernen Vorhangs" machte, war missverständlich. Schon im nächsten Satz hob er hervor, dass dahinter alle alten Hauptstädte Mitteleuropas verschwänden, so Warschau, Prag, Wien, Budapest, Belgrad, Sofia und Bukarest, aber eben auch Berlin. Die gedankliche Linie entlang der Oder schloss Berlin und die spätere DDR eigentlich aus. Doch Churchill warf im folgenden Absatz der UdSSR vor, in ihrer Zone ein „pro-kommunistisches Deutschland" aufzubauen. Offenkundig war Anfang 1946 unklar, ob die Sowjetische Besatzungszone (SBZ) und künftige DDR vor oder hinter dem „Eisernen Vorhang" lägen.

Die Reaktionen auf Churchills Vorstoß waren gemischt. Truman kannte den Text der Rede vorab. Er distanzierte sich, als in der US-Presse die Ablehnung überwog. Nachdem auch Stalin Churchill kritisiert hatte, schickte Truman dem sowjetischen Staats- und Parteichef ein Telegramm, dass er ihn gerne an der University of Missouri als Redner willkommen heißen wolle, wenn er es wünsche. Wie die Historikerin Denise Bostdorff und andere gezeigt haben, war Truman Anfang 1946 noch nicht bereit, öffentlich auf Konfrontationskurs zu Stalin zu gehen.[4] Noch wollte er die „Große Allianz" des Zweiten Weltkriegs nicht aufkündigen, auch wenn er sich intern ähnlich äußerte wie Churchill.[5] Der Brite war der Entwicklung ein Jahr voraus und konnte als Oppositionspolitiker offener sprechen. Es bedurfte weiterer, die USA beunruhigender Ereignisse wie den Bürgerkrieg in Griechenland, Moskaus Forderungen nach Stützpunkten in der Türkei und im Iran sowie das britische Hilfsgesuch an die USA 1947, damit Truman öffentlich umschwenkte. Großbritanniens Rückzug aus dem Nahen Osten schuf ein Machtvakuum, das die UdSSR zu füllen drohte. Dies zu verhindern war der erklärte Zweck der Truman-Doktrin, mit deren Proklamation am 12. März 1947 die USA die Wende zum Kalten Krieg endgültig vollzog.[6]

Churchills Fulton-Rede nahm nicht allein den Ost-West-Konflikt vorweg. Sie macht deutlich, dass die Gründung zweier deutscher Staaten nicht isoliert erfolgte, sondern in einem weltpolitischen Kontext. Die deutsche Teilung war Teil der Teilung Europas und der Welt in zwei antagonistische Lager. Das jahrzehntelange Gegeneinander zweier nuklear bewaffneter ideologischer Blöcke wird seither als „Kalter Krieg" bezeichnet.[7] Deutschlands Teilung war Folge des Zerbrechens der Anti-Hitler-Koalition der „großen Drei" Großbritannien, UdSSR und USA, auch wenn die Besetzung Deutschlands wiederum eine Folge des von Deutschland entfesselten Weltkriegs war. Der Zerfall der Weltkriegsallianz wiederum war nicht nur Folge wachsenden Misstrauens zwischen Stalin und Truman, sondern des Zusammentreffens inkompatibler Wirtschaftspolitiken und Gesellschaftsordnungen, aber auch ideologisch gefestigter Wahrnehmungen, die jeweils andere Seite handele expansiv. Diese Gegensätze prallten nirgendwo sonst so klar aufeinander wie in der alliierten Besatzungsherrschaft in Deutschland, dessen Zukunft sich als Kernproblem der Nachkriegsordnung entpuppte.

Im Folgenden wird zunächst auf die weltpolitischen Ausgangsbedingungen der deutschen Teilung eingegangen. In einem zweiten Schritt werden die wichtigsten Wegmarken auf dem Weg zur Teilung dargestellt sowie ausblickend drittens nach den Gründen für die Verfestigung der Teilung gefragt. An diesen Prozessen waren Deutsche aktiv beteiligt. Ich argumentiere, dass ökonomische Fragen entscheidend waren und blieben: Der politischen Teilung ging die wirtschaftliche Teilung voraus. Hier ging der Westen, wie mit der Währungsreform 1948, aus überwiegend pragmatischen Gründen meist die ersten Schritte. Der Osten reagierte kontraproduktiv mit Zwangsmaßnahmen wie der Berliner Blockade und immer harscheren Schritten der Gängelung, Abschottung und schließlich vollständigen „Eingrenzung" seiner Bevölkerung. Dies sollte das Ausbluten der DDR verhindern und den SED-Herrschaftsanspruch sichern. Diese fundamentale Asymmetrie blieb bis 1989 erhalten: Aufgrund der Dynamik der in einem freiheitlichen System letztlich autonomen sozioökonomischen Prozesse im Westen öffnete sich die Wohlstandsschere zwischen West und Ost immer weiter. Die DDR reagierte mit der Politik der Eingrenzung durch Gewalt und den Aufbau einer riesigen Infrastruktur: der befestigten innerdeutschen Grenze.

Der weltpolitische Kontext: Das Zerbrechen der „großen Allianz"

Die Frage, ob der Ost-West-Konflikt hätte vermieden werden können, hat ganze Historiker-Heerscharen beschäftigt: Nach der Auffassung der „realistischen Schule" der amerikanischen Diplomatiegeschichte musste er sich aufgrund der Neujustierung des Mächtegleichgewichtes quasi zwangsläufig ergeben; nach Auffassung der eher kritisch, vom Marxismus inspirierten „Revisionisten" war er letztlich dem amerikanischen wirtschaftlichen Expansionsstreben geschuldet; aus Sicht der „Post-Revisionisten" sind die Ursachen in der Dynamik von Innen und Außen, der Psychologie der wechselseitigen Bedrohungsszenarien und der „reaktiven Mechanik" der Bündnisverpflichtungen und Glaubwürdigkeitskomplexe beider Seiten zu suchen.[8] Gegenüber diesen strukturellen Erklärungsansätzen greift es zu kurz, den plötzlichen Wechsel an der Spitze der US-Politik im April 1945 als auschlaggebend anzusehen. Zwar wurde mit dem Tod Roosevelts mit Harry S. Truman 1945 eine Persönlichkeit Präsident, der als Mann aus der Provinz, überzeugter *New Dealer* und ehemaliger Senator von

Missouri außenpolitisch auf sein Amt kaum vorbereitet war. Er fühlte sich weniger stark als Roosevelt zu einem guten Verhältnis zu Stalin verpflichtet. Doch ungeachtet dieser persönlichen Unterschiede waren die Konfliktlinien bereits im Krieg angelegt worden.[9]

Schon auf der Konferenz von Jalta (4.–11. Februar 1945) hatte in den neuralgischen Punkten der Behandlung Deutschlands und Osteuropas kein Konsens erzielt werden können.[10] Auf der Konferenz von San Francisco (25. April – 26. Juni 1945) hatte es scharfe Konflikte über die Abstimmungsmodalitäten in den Vereinten Nationen gegeben. Die abrupte Einstellung der amerikanischen Hilfslieferungen an die UdSSR am Tag des Endes des Krieges in Europa war in Moskau als unfreundlicher Akt gewertet worden. Als Truman und Stalin auf der Potsdamer Konferenz (17. Juli – 2. August 1945) zusammentrafen, fühlte ersterer sich in Bezug auf Polen und die deutschen Ostgrenzen hintergangen, während sich Truman aus ökonomischen Gründen auf eine Teilung der Reparationsgebiete versteifte, was im Widerspruch zur Formel stand, Deutschland als wirtschaftliche Einheit zu behandeln. Der in Potsdam geschaffene „Rat der Außenminister" der vier Siegermächte fuhr sich in einer Serie von Konflikten über den Balkan, den Nahen und Mittleren Osten sowie die Deutschlandfrage fest. Das ultimative Scheitern lässt sich an den Konferenzen von Moskau und London im März und Dezember 1947 festmachen. Konfrontiert mit sowjetischer Intransigenz und enormen Besatzungskosten stellten Amerikaner und Briten 1948 auf die Gründung des bundesdeutschen Weststaats um.[11]

Abb. 1: Stalin, Truman und Churchill auf der Potsdamer Konferenz, Juli 1945.

Um diese Zeit hatte sich in den Washingtoner Beraterstäben das Umdenken längst vollzogen. Eine wichtige Rolle spielte das „lange Telegramm" des US-Geschäftsträgers in Moskau, George F. Kennan, vom Februar 1946 (als „Mister-X-Artikel" dann in *Foreign Affairs* publiziert). Darin wurde vor einem tief in der russischen Seele wurzelnden Bedrohungsgefühl gewarnt, das die eigentliche Ursache des sowjetischen Expansionsstrebens sei. Da die UdSSR nur der Sprache der Macht gehorche, müsse sich Amerika ihr entschieden entgegenstellen.[12] Hier liegen die Ursprünge der Eindämmungsdoktrin (*containment*), die aufgrund der Erfahrung der Zwischenkriegszeit – den Lehren vor allem, die man aus dem Appeasement gegenüber Hitler und der Münchener Konferenz von 1938 zu ziehen glaubte – sich durchzusetzen begann. Sichtbar wurde der Politikwechsel mit der Truman-Doktrin, die der Präsident am 12. März 1947 verkündete. Mit Blick auf die öffentliche Wahrnehmung ließ er es nicht dabei bewenden, dem Kongress die finanzielle Unterstützung der Türkei und Griechenlands in ihrem Kampf gegen kommunistische Aufständische mit strategischen Argumenten schmackhaft zu machen. Vielmehr hob er auf Empfehlung seiner Berater auf den Kampf zwischen Freiheit und Tyrannei ab. Der Kongress fand sich hilfsbereiter, sofern die USA aus einem universalen Impuls zur Sicherung von Freiheit und Demokratie handelten.[13]

Abb. 2: George F. Kennan (1947).

Über den Marschall-Plan, die westdeutsche Währungsreform und die Gründung der Bundesrepublik Deutschland 1949 auf westlicher Seite, die ungarischen Wahlen 1947, den kommunistischen Coup in Prag 1948 und die Berlin-Blockade 1948, auf die der Westen mit der emotional hochberührenden Luftbrücke reagierte, schaukelten sich die Gegensätze hoch. Die Gründung der NATO im April 1949 schien durch den „Fall Chinas", wo Mao die Macht von der korrupten

Nationalregierung unter Tschiang Kai-scheck eroberte, nachträglich gerechtfertigt. Dies und der Ausbruch von Feindseligkeiten in Korea, wo nordkoreanische Truppen im Juni 1950 den 38. Breitengrad überschritten, schockierten Amerika.[14] Der Beweis einer aggressiven sowjetischen Haltung schien erbracht. Der NATO vergleichbare Bündnisse wurden in Ostasien geschaffen. Dort gingen die USA gegenüber Japan von einer Politik der Bestrafung und Demokratisierung zur privilegierten Partnerschaft über. Ähnlich setzten sie sich für eine Wiederbewaffnung der Bundesrepublik ein, die 1955 in die NATO aufgenommen wurde und so der sowjetischen Bedrohung ihre außenpolitische Souveränität verdankte. In atemberaubender Umkehrung aller bisherigen Wertungen innerhalb der amerikanischen „Dämonologie" (Junker) wurden aus ehemaligen Feinden Verbündete, während ehemalige Verbündete nun als Hauptfeinde firmierten.[15]

1947 ist ein wichtiges Wendejahr der US-Außenpolitik, darin vergleichbar nur dem Übergang zum Imperialismus 1898 oder dem Kriegseintritt 1917.[16] Truman machte sich den Aufbau eines zivil-militärischen Apparates für den Kalten Krieg zu eigen. Mit dem nationalen Sicherheitsmemorandum NSC-68 wurde auf ideologisch klare Fronten umgestellt. Mit dem National Security Act (1947) wurde ein integriertes Verteidigungsministerium und der Nationale Sicherheitsrat geschaffen. Mit der Central Intelligence Agency (CIA) entstand ein neuer Auslandsgeheimdienst, der neben dem traditionellen Instrument der Diplomatie, dem Department of State, und dem Militär zu einer dritten außenpolitischen Bürokratie heranwuchs. Diese starke Betonung geheimdienstlicher Mittel brach mit der Tradition.[17] Der Kult der Sicherheit, mit immer neuen und aufwendigeren geheimdienstlichen Instrumenten, immer neueren, teureren und „intelligenteren" Waffen, wurde permanent. Er verschwand auch nach 1990 nicht mehr aus der politischen Landschaft der USA.

Der Weg zur deutschen Teilung im Zeichen des Kalten Kriegs

Die Gründung zweier deutscher Staaten war somit Teil des aufkommenden Kalten Kriegs und des Supermächte-Konflikts. Deutschland als Staat war hierbei anfangs Objekt im Spiel der großen Mächte. Es war seit der bedingungslosen Kapitulation vom 8. Mai 1945 als weltpolitischer Akteur ausgelöscht und mit der Potsdamer Konferenz der Kontrolle der drei bzw., nach der Hinzunahme Frankreichs, vier Mächte unterworfen. Diese übernahmen in ihrer jeweiligen Besatzungszone die Regierungsgewalt, so dass Deutschland sogar viergeteilt war – lässt man die abgetrennten Ostgebiete unberücksichtigt. Mit Bezug auf „Deutschland als Ganzes" nahmen die Vier die Verantwortung gemeinsam wahr. Zwar stellte die UdSSR durch ihren Ausstieg aus dem Alliierten Kontrollrat am 20. März 1948 die Zusammenarbeit über Deutschland weitgehend ein und ebnete so formal den Weg zur Gründung eines Weststaats und dann der DDR. Dennoch blieb sie im völkerrechtlichen Sinne gemeinsam mit den drei anderen Mächten bis zum Zwei-plus-Vier-Vertrag 1990 für Deutschland mitverantwortlich und verfügte wie die USA, Großbritannien und Frankreich über Vorbehaltsrechte. Die beiden deutschen Staaten waren niemals vollständig souverän.[18]

Deutschland stand über vier Jahrzehnte im Zentrum des Kalten Kriegs. Konsequenterweise setzte die deutsch-deutsche Wiedervereinigung 1989/90 auch den symbolischen Endpunkt zum Kalten Krieg, auch wenn sich argumentieren lässt, dass der Kalte Krieg mit dem von Gorbatschow und Reagan unterzeichneten INF-Vertrag 1987 zu Ende ging. Der Mauerfall war nicht Ursache, sondern Folge von Gorbatschows Widerruf der Breschnew-Doktrin und der dadurch möglich gewordenen Befreiung Osteuropas.[19] Hierbei konnten Deutsche die innere Nachkriegsordnung zunächst Deutschlands und dann die Gestaltung vor allem Westeuropas innerhalb der weltpolitisch gesetzten Schranken mitbestimmen. Weil Deutschlands Zukunft ein zentraler, den Ost-West-Konflikt dynamisierender Faktor war, eröffneten sich Spielräume, die politische Akteure in Ost- und Westdeutschland zu nutzen verstanden. Rein praktisch konnten die Alliierten kaum darauf verzichten, sich der Mitarbeit jeweils „ihrer" Deutscher und der von ihnen kooptierten Politiker zu versichern, aber auch der wirtschaftlichen, administrativen und kulturellen Eliten ihrer Zonen.

Die Dynamik des beginnenden Ost-West-Konflikts erklärt, warum in kürzester Frist, schon vier Jahre nach der Kapitulation 1945, zwei deutsche Staaten aus der Taufe gehoben wurden. Hierbei verfügten vor allem die Bundesrepublik Deutschland wie schon zuvor die westdeutschen Länder in der amerikanischen, britischen und französischen Zone über eine erstaunlich hohe Autonomie. Sie waren innerhalb der in Potsdam gesetzten Rahmenbedingungen von Demilitarisierung, Denazifizierung, Entflechtung der Wirtschaft (Dekartellisierung) und Demokratisierung in der Gestaltung der Politik wesentlich freier als ihre Kollegen in SBZ und DDR. Es ist richtig, dass auch die SED eigene Ziele verfolgte und auf eine Abschottung der DDR nach Westen drängte. Aber sie war keinesfalls ähnlich demokratisch legitimiert und von der Bevölkerung akzeptiert wie die Parteien in den Westzonen und der beginnenden Bundesrepublik. Dies zeigt schon die Tatsache, dass SMAD und SED einen enormen Aufwand betrieben, um die Westgrenze von SBZ und DDR gegen den wachsenden Flüchtlingsstrom abzusichern.[20]

Amerikaner und Briten warfen früh den Hebel von Bestrafung und Pazifizierung der Deutschen zu deren Demokratisierung und Integration in eine westliche ökonomische Sphäre und letztendlich auch Sicherheitsarchitektur um.

Hierfür nahmen sie auch die Teilung Deutschlands in Kauf.[21] Hierzu trugen unterschiedliche wirtschaftliche Ausgangsbedingungen und Konzepte wesentlich bei. Die USA, die aus dem Krieg als dominante Wirtschaftsmacht der Welt hervorgegangen waren, konnten sich eine großzügige, auf die wirtschaftliche Gesundung ihrer Zone zielende Politik viel eher leisten als die in ihren westlichen Teilen völlig zerstörte UdSSR: Doch indem Sowjets und Franzosen „nach einer größtmöglichen Ausbeutung ihrer Einflussgebiete strebten", so der Berliner Historiker Wolfgang Benz, wurden die britische und amerikanische Zone aufgrund ihrer günstigeren Wirtschaftsstruktur durch Demontagen und Reparationen in Mitleidenschaft gezogen. Dies wiederum war politischer Sprengstoff in den USA. Der stellvertretende US-Militärgouverneur Lucius D. Clay beendete hierauf die Demontagen in der US-Zone schon im Mai 1946 – nicht als „Gnadenakt gegenüber den Deutschen", sondern aus wirtschaftspolitischen Gründen und letztlich US-Eigeninteresse.[22]

Der politischen Spaltung ging somit die wirtschaftliche Spaltung voraus. Auch die als „Rede der Hoffnung" in die Geschichte eingegangene Ansprache des US-Außenministers James F. Byrnes am 6. September 1946 in Stuttgart hatte als Ausgangspunkt nicht Mitleid mit den Deutschen, sondern wirtschaftspolitische Probleme. Byrnes hielt für die US-Öffentlichkeit und den Kongress fest, dass die wirtschaftliche Talfahrt in Deutschland der fehlenden Kooperationsbereitschaft der Sowjets geschuldet sei und die Besatzungskosten daher nicht sänken. Von Byrnes' Rede blieben in der (deutschen) Erinnerung die letzten Sätze haften: Darin versprach er, Amerika wolle den Deutschen helfen, die „Regierungsgewalt" über Deutschland zurückzuerhalten und „zu einem ehrenvollen Platz unter den freien und friedliebenden Nationen der Welt" zurückzufinden. Indes machte Byrnes unmissverständlich klar, dass die Deutschen ihr Los selbst verschuldet hätten. Der Hauptzweck der Besatzung sei, „Deutschland zu entmilitarisieren und entnazifizieren". Daher dürften „den Bestrebungen des deutschen Volkes hinsichtlich einer Wiederaufnahme seiner Friedenswirtschaft [nicht] künstliche Schranken" gesetzt werden. Genau dies verhindere die sowjetische Intransigenz in der Reparationenfrage und der Behandlung Deutschlands als integriertem Wirtschaftsraum.[23]

Die Gründung der Bizone am 1. Januar 1947 ist rückblickend ein bedeutender Schritt zur Teilung Deutschlands. Die Bizone war anfangs nicht als politischer Zusammenschluss gedacht, sondern wirtschaftlich begründet. Auch die folgenden westlichen Schritte folgten einem ökonomischen Kalkül, selbst wenn Truman seine Doktrin sicherheitspolitisch und ideologisch rahmte. Auch der Marshall-Plan mischte Ideologie, „demokratische Mission" und handelspolitisches Expansionsstreben in die sowjetische Einflusssphäre einerseits mit dem Ziel der pragmatischen Bewältigung der wirtschaftlichen Misere in Europa andererseits. Denn drei Jahre nach dem Krieg hatten weder Deutschland noch der Rest Europas zurück zu wirtschaftlichem Wachstum gefunden. Nachdem der Versuch des neuen US-Außenministers George C. Marshall auf der Moskauer Konferenz im März/April 1947 gescheitert war, kurz nach der Verkündigung der Truman-Doktrin die UdSSR auf eine gemeinsame Linie in den Besatzungspolitik zu verpflichten, stellte Amerika auf eine unilaterale Politik der Ankurbelung der europäischen und asiatischen Volkswirtschaften um, was zwingend den Wiederaufbau Deutschlands und Japans einbezog.[24]

Abb. 3: George C. Marshall (dritter von links) an der Universität Harvard am 5. Juni 1947.

Der Marshall-Plan sollte die Kooperation der USA mit der UdSSR in der Europa- und Deutschlandpolitik endgültig beenden. Marshalls Rede am 5. Juni 1947 an der Harvard-University richtete sich zunächst an die amerikanische Öffentlichkeit und den zögerlichen Kongress, dem die Regierung Truman ihr milliardenschweres Programm verkaufen musste. Marshall sprach von der enormen Komplexität der Aufgaben in Europa und in der Welt. Diese wären für den „Mann in der Straße" kaum nachvollziehbar. Das amerikanische Volk sei von den Problemzonen der Welt so weit entfernt, dass es ihm schwerfalle, „die Notlage und daraus folgenden Reaktionen seit langem leidender Völker" zu verstehen. Er machte klar, dass die Europäer ihre Bedürfnisse selbst artikulieren müssten, aber dass der amerikanische Ansatz auch nicht Stückwerk sei, sondern aus einem Guss. Er schloss damit, dass sich der Plan nicht gegen ein bestimmtes Land oder eine bestimmte Doktrin richte. Doch mit dem rhetorischen Schlenker zurück zu Konzeptionen von „einer Welt" machte er im Grunde klar, dass es gegen die UdSSR ging, sofern sie nicht bereit sei, den wirtschaftlichen Wiederaufbau zu US-Bedingungen mitzutragen.[25]

Die UdSSR war ihrerseits seit Anfang 1947 damit beschäftigt, „ihr" Deutschland nach ihrem Vorbild umzuwandeln. Vorausgegangen war 1946 der Zusammenschluss von SPD und KPD zur SED in der Ostzone und Berlin. Moskauer Versuche, Anfang 1947 zu einem Kurs der Kooperation mit den früheren westlichen Kriegsverbündeten zurückzukehren, scheiterten am Misstrauen der US-Administration. Der Misserfolg der Moskauer Außenministerkonferenz im April 1947 war dafür das deutlichste Zeichen. Auf Truman-Doktrin und Marshall-Plan antwortete die UdSSR, deren Außenminister Molotov zunächst an der Marshall-Plan-Konferenz in Paris im Juni 1947 teilgenommen hatte, mit dem Rückzug der östlichen Ministerpräsidenten von der Münchener Konferenz 1947.[26] Zugleich machte Moskau ideologisch mobil. Stalins enger Mitarbeiter Andrej Shdanow verkündete auf der Kominform-Gründungskonferenz in Polen am 25. September 1947, zu der die SED nicht eingeladen war, die „Zwei-Lager-Theorie", die, wenn man so möchte, östliche Antwort auf Churchills Rede. Danach habe sich die Welt in zwei Lager geteilt, das imperialistische und antidemokratische unter Führung der USA und das antiimperialistische und demokratische unter sowjetischer Leitung. Das sollte außer den Parteiführungen im Osten insbesondere auch die KP in Frankreich und Italien disziplinieren und Moskaus Hegemonieanspruch unterwerfen.[27]

1947/48 wurden beiderseits die Weichen in Richtung Zweistaatlichkeit gestellt, „auch wenn die Einheitsrhetorik vor allem östlich der Elbe manchem ein anderes Bild suggerieren wollte", so der Berliner Historiker Ulrich Mählert.[28] In der SBZ war ein zentraler Schritt die Gründung einer Deutschen Wirtschaftskommission, die seit Februar 1948 gesetzgeberische Vollmachten hatte. Aus der „Volkskongressbewegung" vom März 1948 ging, anknüpfend an das Revolutionsjubiläum der Paulskirche, eine ostdeutsche parlamentarische Struktur hervor, die beanspruchte, ganz Deutschland abzubilden. Ihre Mitglieder arbeiteten ab dem Herbst, in direkter Konkurrenz zum westdeutschen Parlamentarischen Rat, an einer Verfassung der künftigen DDR. Die Bizone ihrerseits wandelte sich mit dem Frankfurter Wirtschaftsrat, der Anfang 1948 erweiterte Kompetenzen erhielt, zu einer regierungsähnlichen Struktur mit einem Zwei-Kammer-Parlament und einem „Direktorium" als Nukleus der Exekutive. Auf der Londoner Sechs-Mächte-Konferenz im Februar 1948 wurden französische Bedenken überbrückt und die Trizone gegründet. Es folgten der sowjetische Auszug aus dem Alliierten Kontrollrat und erste kleine Berlin-Blockaden und Luftbrücken.[29]

Zum „point of no return" auf dem Weg zum Weststaat wurde erneut ein wirtschaftspolitisch notwendiger Schritt, der von enormer, nicht nur ökonomischer Bedeutung und Tragweite war: die Währungsreform in den Westzonen am 20./21. Juni 1948. Es war nötig, den massiven Geldüberhang aufgrund der verdeckten Schuldenfinanzierung durch die NS-Wirtschafts- und Aufrüstungspolitik abzubauen. Ohne dies war eine wirtschaftliche Gesundung kaum möglich, weshalb kurz danach auch die SBZ eine eigene Währungsreform durchführte.[30] Zwar ist der „Mythos Währungsreform" von der Wirtschaftsgeschichte inzwischen relativiert worden. Doch die damit einhergehende Liberalisierung der Wirtschaft, die trotz starker Proteste gegen die „Teuerung" auf westlicher Seite bald einen wachsenden Abstand des Lebensstandards in Ost und West sichtbar werden ließ, verfestigte die Teilung.[31] Die „Schere im Lebensstandard" (Mählert) blieb die Grundtatsache im Ost-West-Vergleich bis zum Ende der DDR. Die westdeutsche Wirtschaft blieb der primäre ostdeutsche Vergleichsmaßstab, obwohl sich der Lebensstandard dort über Jahrzehnte deutlich verbesserte und den anderer Ostblockstaaten überstieg.[32]

Abb. 4: Eine Halbe Deutsche Mark aus dem Jahr 1948 für Westdeutschland.

Die psychologisch extrem ungeschickte Reaktion der UdSSR auf die Währungsreform mit der Berlin-Blockade erreichte das Gegenteil davon, was Moskau und Ostberlin bezweckten. Die Blockade, so der Potsdamer Historiker Christoph Kleßmann, sei „ein letzter massiver Versuch" gewesen, die „Bildung eines westdeutschen Staates noch zu verhindern".[33] Doch die Bilder der Blockade und vor allem der als Reaktion auf die Blockade organisierten Luftbrücke schienen „für sich zu sprechen". Sie wurde ein einzigartiger Propagandaerfolg für den Westen. Sie nahm die amerikanische Öffentlichkeit für die vielfach in Erwartung der

„Rosinenbomber" abgebildeten deutschen Frauen und Kinder ein, die aus der Luft versorgt wurden – auch wenn wir inzwischen wissen, dass die Blockade keineswegs hermetisch war und die Westberliner ohne Hamsterfahrten in das Berliner Umland und Strom und Wasser aus dem Osten schwerlich hätten überleben können. Die Luftbrücke integrierte Westberliner und Westdeutsche in das uramerikanische Narrativ eines Kampfes von Individuen gegen totalitäre, in diesem Fall kommunistische Kräfte, die die Freiheit nicht nur in Berlin, sondern weltweit bedrohten.[34]

Abb. 5: Eine amerikanische C-54 wirft als Teil der Berliner Luftbrücke Lebensmittel ab.

Abb. 6: Amerikanische Flugzeuge am Flughafen Tempelhof während der Berlin-Blockade.

Mit der Währungsreform sowie der anschließenden Übergabe der „Frankfurter Dokumente" an die westlichen Ministerpräsidenten war der Weg zur Gründung der Bundesrepublik Deutschland frei. Im August 1948 tagte in Herrenchiemsee ein Verfassungskonvent zur Vorbereitung der Sitzungen des Parlamentarischen Rats, der am 1. September 1948 in Bonn zusammentrat. Dieser hatte sich nach alliierten Vorgaben zu richten, konnte sich aber in kritischen Fragen, wie etwa der Finanzverfassung, auch gegen die Alliierten durchsetzen. Ein ebenfalls von den Alliierten gewünschter starker Föderalismus mit der Kulturhoheit der Länder entsprach aber sowohl den Verfassungstraditionen vor allem in Süddeutschland als auch der Überzeugung der Mehrheit der Mitglieder des Parlamentarischen Rats, die auf den Zentralismus der NS-Zeit wie schon zuvor der Weimarer Republik reagierten. Zwar waren die Rahmenbedingungen für die Verfassung von den Alliierten gesetzt worden, doch das Grundgesetz war alles andere als ein „Oktroi". Vor dem Hintergrund des Kalten Kriegs stellten die Zögernden unter den westdeutschen Politikern ihre deutschlandpolitischen Bedenken zurück. Am 8. Mai wurde das Grundgesetz vom Parlamentarischen Rat mehrheitlich angenommen und am 23. Mai, nach Ratifikation durch fast alle Länderparlamente, verkündet.[35]

Die Bundesrepublik war somit gegründet, es folgten die Bundestagswahlen vom 14. August 1949 und die konstituierende Sitzung des Bundestags in Bonn am 7. September, mit der Wahl von Konrad Adenauer zum ersten Bundeskanzler am 15. September. Die SBZ zog nach, wobei Stalin hier zwischenzeitlich bremste, so dass die führenden SED-Politiker in der wenig beneidenswerten Lage waren, dass sie die Umgestaltung der SBZ zur Volksdemokratie zwar vorantreiben wollten um ihren Herrschaftsanspruch abzusichern, aber „unter dem Vorbehalt der deutschlandpolitischen Essentials des Kremls" standen.[36] Stalin hätte die Weststaatsgründung nur mit massiven Zugeständnissen verhindern können. Dies hätte mit Sicherheit freie Wahlen und damit eine Preisgabe der SED bedeutet, wovor sich die ostdeutschen Führer Pieck, Grotewohl und Ulbricht fürchteten. Am 27. September 1949 gab Moskau die erlösende Zustimmung zur Gründung des „Arbeiter- und Bauernstaats" DDR. Diese erfolgt formal am 7. Oktober 1949 mit der Bestätigung der DDR-Verfassung durch den Volksrat und dessen Umwidmung zur provisorischen Volkskammer. Am 11. Oktober wählte die Volkskammer Otto Grotewohl zum ersten Ministerpräsidenten und Wilhelm Pieck zum ersten Präsidenten der DDR.[37]

Die Verfestigung der Teilung: Eingrenzung als Antwort auf die Dynamik der Freiheit

Die zwei deutschen Staaten waren Kinder des Kalten Kriegs. Dass Deutsche sich vier Jahre nach der Kapitulation des Deutschen Reichs wieder selbst regierten, ist in dieser Dynamik ohne den heraufziehenden Ost-West-Konflikt schwer vorstellbar. Beide Gründungen hatten aber auch, wie deutlich wurde, mit der praktischen Unmöglichkeit zu tun, die jeweiligen „Deutschländer" wie Kolonien zu regieren. Soziale Lage und wirtschaftliche Erfordernisse festigten im Westen die

Tendenz, möglichst rasch die Verantwortung in die Hände deutscher Politiker zu legen – denn Deutschland drohte sonst zu einer Bürde insbesondere für die USA zu werden, die wenig Interesse an Reparationen hatten. Die UdSSR hingegen sah Deutschland als Quelle ihrer eigenen wirtschaftlichen Gesundung und hoffte, wenn auch illusionär, ihren eigenen Wiederaufbau auf diese Weise zu ermöglichen. Das ökonomische Gefälle USA–UdSSR und die ideologischen, systemischen und ökonomischen Gegensätze hatten den Teilungsprozess dynamisiert.

Abb. 7: Die Berliner Mauer, Ecke Bouchéstraße – Harzer Straße am 18. November 1989.

Abb. 8: Luftaufnahme der Grenzanlagen um Berlin (1989).

In der doppelten Staatsgründung legten beide deutsche Staaten in ihren Verfassungen Wert darauf, sich als Provisorien zu bezeichnen, wobei die DDR-Verfassung von 1949 den gesamtstaatlichen Anspruch in Art. 1 apodiktisch formulierte: „Deutschland ist eine unteilbare demokratische Republik". Das Grundgesetz sprach in seiner Präambel vorsichtiger davon, dass das deutsche Volk „von dem Willen beseelt" sei, „seine nationale und staatliche Einheit zu wahren". Während sich die Bundesrepublik in ihrer 40jährigen Geschichte zwar mental mehr und mehr mit der Zweistaatlichkeit abfand und viele Westdeutsche den Glauben an eine Wiedervereinigung spätestens in den 1980er Jahren verloren hatten, wurde der prinzipielle Verfassungsauftrag, die deutsche Einheit in Freiheit zu vollenden, von der Bonner Republik niemals aufgegeben. Die DDR hingegen verabschiedete sich im Übergang von Ulbricht zu Honecker mit der Verfassung von 1974 von der Vorstellung einer Nation in zwei Staaten, die noch in der „sozialistischen" Verfassung 1968 leitend gewesen war. In der dritten DDR-Verfassung waren alle Bezüge zur Teilung und zur Einheit der Nation getilgt. Aus Sicht der DDR-Regierung war damit die Teilung abgeschlossen und rechtlich verfestigt.[38]

Waren 1948/49 auch die Weichen für die Integration in den jeweiligen Block gestellt worden, so sahen sich die Deutschen beiderseits des „Eisernen Vorhangs" noch lang als Angehörige einer Nation. De facto zwang der wachsende Wohlstandsabstand zwischen DDR und Bundesrepublik sowie die fehlende Freiheit in der DDR das SED-Regime dazu, in Teilen auch im Konflikt mit Moskau, das unter Stalin noch auf eine Neutralisierung Gesamtdeutschlands hoffte, ihr eigenes Überleben mittels einer konsequenten Abschottungspolitik an der innerdeutschen Grenze bzw. der Sektorengrenze in Berlin zu sichern. Die DDR konnte ihr wirtschaftliches und demographisches Ausbluten nur verhindern, indem sie sich aktiv einmauerte und eingrenzte. Sie war in der Politik der Vertiefung der Teilung gerade in der Unmenschlichkeit ihrer Maßnahmen am Ende jedoch die reagierende Seite. Das Ergebnis ist bekannt: immer ausgefeiltere Grenzanlagen und Kontrollen, wachsende Abschließung und schließlich vollständige Schließung der deutsch-deutschen Grenze, die mit dem Berliner Mauerbau ihren Höhepunkt erreichte. Abschließung nach außen war in die DNA der DDR eingeschrieben, gehörte zu den „zentralen Merkmalen der SED-Herrschaft".[39]

Der Aufbau der physischen Grenze war das Werk der DDR-Regierung, wenn auch mit mal mehr, mal weniger aktiver Unterstützung der sowjetischen Seite.[40] Hinzu kam die wachsende institutionelle Einbindung der beiden deutschen Staaten in ihren jeweiligen Block. Hier war es, aufgrund der autonomen Dynamik der freien Märkte, aber auch aufgrund der westlichen und vor allem französischen Sicherheitsbedenken gegenüber Deutschland, wiederum der Westen, der mit großen Schritten die Westintegration der Bundesrepublik Deutschland vorantrieb. Obwohl sie so nicht intendiert war, trug vor allem die (west-)europäische Integration zur Vertiefung der Teilung bei. Der Schuman-Plan fand einen Weg zum Wiederaufbau der Ruhrindustrie, bei gleichzeitiger Einhegung des westdeutschen, theoretisch stets rüstungsrelevanten Potentials von Kohle und Stahl. Dies wurde dem französischen Sicherheitsbedürfnis, aber auch dem anderer westlicher Länder gerecht. Dieser Logik folgten auch die weiteren europäischen Integrationsschritte wie Euratom und EWG (1957) sowie die Aufnahme der Bundesrepublik in die NATO (1955). Das westliche Bündnis bot Sicherheit für und vor Deutschland, weshalb mit Blick auf die NATO von „doppelter Eindämmung" gesprochen wird.[41]

Mit der raschen europäischen Integration und Westbindung erfolgte in der Boomphase der 1950er und 1960er Jahre eine wachsende Westorientierung nicht nur der Eliten und der Politik, sondern auch eine Verwestlichung der bundesrepublikanischen Mentalität.[42] Das vertiefte, wenn auch nicht intendiert, die Teilung, wenn der bundesdeutsche Blick verstärkt nach Westen (oder mit den Urlaubsreisen über den Brenner auch nach Süden) ging sowie über den Atlantik. Auch die DDR-Bevölkerung orientierte sich in ihrer großen Mehrheit nach Westen, aber damit aus Sicht des SED-Regimes zum bundesrepublikanischen und auch amerikanischen „Klassenfeind", während ihre politischen, militärischen und zum Teil auch kulturellen Eliten in den Ostblock eingebunden wurden. Wie in der Besatzungszeit sehen wir hier die „reaktive Mechanik" der letztlich autonomen ökonomischen und sozialen Prozesse der Westbindung, auf die die DDR mit der Politik der Abschottung antwortete, um ihr Überleben zu sichern. Die Bundesrepublik ihrerseits suchte in einem schwierigen Prozess nach politischen Wegen, das Auseinanderleben zu verhindern. Sie stellte nach dem Schock des Mauerbaus schließlich auf die Neue Ostpolitik um, die das von deren „Erfindern" Egon Bahr und Willy Brandt offen eingestandene subversive Ziel verfolgte, mittels „Wandel durch Annäherung" eine Transformation in der DDR anzustoßen.[43]

Die Vertiefung der Teilung ab 1949 hatte daher zwei Seiten: Einerseits waren es SED und DDR, die mit Zwang und Gewalt die Menschen in Ost- und Westdeutschland am Austausch und einer gedeihlichen Interaktion hinderten. Die DDR implementierte harsche Maßnahmen, um die Wanderung über ihre Westgrenze zu stoppen, was mit Zwangsaussiedlungen im Grenzstreifen einherging, mit dem Bau eines immer engmaschigeren, teilweise betonierten „Schutzwalls" bis hin zum Gebrauch von Schusswaffen und der Installation von „Selbstschussanlagen", unter Inkaufnahme von Todesopfern. Realpolitisch hatte die DDR kaum Alternativen, wollte das SED-Regime überleben. Die Bundesrepublik hingegen grenzte sich zwar ideologisch kräftig von der DDR ab. Auch griff sie mit zeitweilig übertriebenem Antikommunismus unnötig in die Lebenschancen von Menschen ein. Dies erreichte jedoch niemals auch im Entferntesten die Formen der Gängelung und Kontrolle, wie sie die DDR erfand. Der westliche Weg zur Vertiefung der Teilung war in der Summe ein prinzipiell autonomer wirtschaftlicher und gesellschaftlicher Prozess, der politisch weder vorgeschrieben noch gesteuert werden musste. Der östliche Weg zur Vertiefung der Teilung lag im wortwörtlichen Sinne in der Einzementierung des Landes, selbst wenn das SED-Regime damit objektiv auf Westintegrationsschritte der Bundesrepublik reagierte.

Anmerkungen

1 Dunn, KT: The Day Churchill Came to Town: The ‚Iron Curtain' Speech in Fulton, Missouri, in Owlcation, 18. März 2019, https://owlcation.com/humanities/The-Day-Churchill-Came-to-Town-The-Iron-Curtain-Speech-in-Fulton-Missouri (letzter Abruf für diesen und alle weiteren Internetlinks: 5. Mai 2019).
2 Meine Übersetzung, zit. nach Bostdorff, Denise M.: Proclaiming the Truman Doctrine. The Cold War Call to Arms. College Station, Tx. 2008, S. 25.
3 Churchill, Winston: The Sinews of Peace (‚Iron Curtain Speech'), Westminster College, Fulton, Missouri, 5. März 1946. In: The International Churchill Society, https://winstonchurchill.org/resources/speeches/1946-1963-elder-statesman/the-sinews-of-peace/.
4 Bostdorff (wie Anm. 2); zu den Begleitumständen auch David McCullough: Truman. New York 1992, S. 486–490.
5 Shell, Kurt L.: Harry S. Truman, Politiker – Populist – Präsident. Göttingen 1998, S. 87 f.
6 Vgl. Schwabe, Klaus: Weltmacht und Weltordnung. Amerikanische Außenpolitik von 1898 bis zur Gegenwart. Eine Jahrhundertgeschichte. 3. Aufl. Paderborn, 2011, S. 177–180.
7 Zum Begriff und zur Debatte: Stöver, Bernd: Der Kalte Krieg 1947–1991. Geschichte eines radikalen Zeitalters. München 2007, S. 11–16; Düllfer, Jost: Europa im Ost-West-Konflikt 1945–1990. München 2004, S. 4.
8 Hierzu und zu dem folgenden vgl. Emmerich, Alexander/Gassert, Philipp: Amerikas Kriege. Darmstadt 2014, S. 175–186; zur Historiographie vgl. Iriye, Akira: Historicizing the Cold War. In: Immermann, Richard H./Goedde, Petra (Hrsg.): The Oxford Handbook of the Cold War. Oxford 2013, S. 15–31.
9 Manche Autoren verlegen daher den Beginn des Kalten Kriegs auf das Jahr der Russischen Revolution 1917 und somit den Beginn des Konflikts zwischen dem Liberalismus und dem Kommunismus zurück. Vgl. etwa Vanden Berghe, Yvan: Der Kalte Krieg 1917–1991. Leipzig 2002.
10 Vgl. Düllfer, Jost: Jalta: 4. Februar 1945. Der Zweite Weltkrieg und die Entstehung der bipolaren Welt. München 1998; Applebaum, Anne: Der Eiserne Vorhang. Die Unterdrückung Osteuropas 1944–1956. Bonn 2014, S. 49–53.
11 Vgl. Spevack, Edmund: Die deutsche Frage auf den Außenministerkonferenzen der Siegermächte 1945–1947. In: Junker, Detlef (Hrsg.): Deutschland und die USA im Zeitalter des Kalten Krieges 1945–1990. Ein Handbuch, Bd. 1: 1945–1968. Stuttgart/München 2001, S. 82–90.

12 Kennan, George F.: The Sources of Soviet Conduct. In: Etzold, Thoams H./Gaddis, John Lewis (Hrsg.): Containment. Documents on American Policy and Strategy 1945–1950. New York 1978, S. 50–63.
13 Vgl. Schwabe (wie Anm. 6), S. 179.
14 Vgl. Gaddis, John Lewis: Der Kalte Krieg. Eine neue Geschichte. München 2007, S. 67–69.
15 Vgl. Junker, Detlef: Power and Mission. Was Amerika antreibt. Freiburg 2003, S. 87.
16 Vgl. Gassert, Philipp: Die Welt für die Demokratie sicher machen? Vier Wendepunkte der internationalen Beziehungen der USA. In: Ludescher, Ladislaus/Wagner, Marco (Hrsg.): Grenzüberschreitungen und Wendepunkte. Frankfurt/M. 2017, S. 225–249.
17 Vgl. Gassert, Philipp: Shifting Contexts: The American Turn Toward Internationalism and Globalism and the Rise of the U. S. Intelligence System. In: Ball, Simon/Gassert, Simon/Gestrich, Andreas/Neitzel, Sönke (Hrsg.): Cultures of Intelligence (im Druck).
18 Zur völkerrechtlichen Lage Deutschlands im Kalten Krieg vgl. Zieger, Gottfried: Viermächteverantwortung für Deutschland als Ganzes als Grundlage der staatlichen Einheit Deutschlands und Basis seiner Reorganisation. Berlin 1990; Wiggers, Richard: Von der obersten Gewalt zu den Vorbehaltsrechten: Internationale Rechtsgrundlagen der deutsch-amerikanischen Beziehungen. In: Junker (wie Anm. 11), S. 169–180.
19 Vgl. Garthoff, Raymond L.: The Great Transition. American-Soviet Relations and the End of the Cold War. Washington, DC 1994, S. 300–325; Loth, Wilfried: Die Rettung der Welt. Entspannungspolitik im Kalten Krieg 1950–1991. Frankfurt/M. 2016, S. 245–273.
20 Vgl. Sheffer, Edith: Burned Bridge. How East and West Germans Made the Iron Curtain. Oxford 2011; Wilke, Manfred: Der Weg zur Mauer. Stationen der Teilungsgeschichte. Berlin 2011.
21 Diese Bewertung ist historiographisch umstritten. Vgl. Eisenberg, Carolyn: Drawing the Line. The American Decision to Divide Germany, 1944–1949. Cambridge 1996; zur Rolle der Reparationsfrage vgl. vor allem Fisch, Jörg: Von der Schwächung des Gegners zur Stärkung des Verbündeten. Die USA und die deutschen Reparationen. In: Junker (wie Anm. 11), S. 424–434.
22 Benz, Wolfgang: Die Gründung der Bundesrepublik Deutschland. Von der Bizone zum souveränen Staat. 5. Aufl., München 1999, S. 42; zur amerikanischen Wirtschaftspolitik gegenüber Deutschland vor allem Mausbach, Wilfried: Zwischen Morgenthau und Marshall. Das wirtschaftspolitische Konzept der USA 1944–1947. Düsseldorf 1996.
23 Byrnes, James F.: Stuttgarter Rede, 6. September 1946. In: Landeszentrale für Politische Bildung Baden-Württemberg. Informationsportal zur Stuttgarter Rede (2016), http://www.byrnes-rede.de/byrnes_rede_deutsch.html.
24 Wala, Michael: Der Marshallplan und die Genese des Kalten Kriegs. In: Junker (wie Anm. 11), S. 124–131.
25 Remarks by the Honorable George C. Marshall, Secretary of State at Harvard University, 5. Juni 1947, https://www.marshallfoundation.org/marshall/the-marshall-plan/marshall-plan-speech/.
26 Vgl. Parish, Scott D.: The Turn Toward Confrontation. The Soviet Reaction to the Marshall Plan, 1947. In: New Evidence on the Soviet Rejection of the Marshall Plan. In: Cold War International History Project, Working Paper 9. Washington, DC 1994, S. 1–40.
27 Vgl. Zubok, Vladimir/Pleshakov, Constantine: Inside the Kremlin's Cold War. From Stalin to Khrushev. Cambridge (MA) 1996, S. 132 f.
28 Mählert, Ulrich: Kleine Geschichte der DDR. Aufl. München 2004, S. 34.

29 Zur Chronologie und zur Forschung Hoffmann, Dierk: Nachkriegszeit. Deutschland 1945–1949. Darmstadt 2011; Wilke (wie Anm. 20), S. 83–118.

30 Vgl. Abelshauer, Werner: Deutsche Wirtschaftsgeschichte. Von 1945 bis zur Gegenwart. 2. Aufl. München 2011, S. 59 ff.; Steiner, André: Von Plan zu Plan. Eine Wirtschaftsgeschichte der DDR. München 2004, S. 19 ff.

31 Zu den Protesten gegen die Währungsreform und Liberalisierung der Preise in den Westzonen vgl. Gassert, Philipp: Bewegte Gesellschaft. Deutsche Protestgeschichte seit 1945. Stuttgart 2018, S. 47 ff.

32 Vgl. Ahrens, Ralf/Steiner, André: Wirtschaftskrisen, Strukturwandel und internationale Verflechtung. In: Bösch, Frank (Hrsg.): Geteilte Geschichte. Ost- und Westdeutschland 1970–2000. Göttingen 2015, S. 79–115, hier: S. 81.

33 Kleßmann, Christoph: Die doppelte Staatsgründung. Deutsche Geschichte 1945–1955. 4. Aufl. Bonn 1986, S. 191.

34 Vgl. Pauls, Florian: Breaking News? Die Berichterstattung über die Luftbrücke in amerikanischen Tageszeitungen 1948/49. In: Defrance, Corine/Greiner, Bettina/Pfeil, Ulrich (Hrsg.): Die Berliner Luftbrücke. Erinnerungsort des Kalten Kriegs. Berlin 2018, S. 55–73.

35 Vgl. Rupieper, Hermann-Josef: Die USA und die Gründung der Bundesrepublik 1948/49. In: Junker (wie Anm. 11), S. 143–149.

36 Mählert (wie Anm. 28), S. 53.

37 Vgl. Hofmann, Dierk: Zweierlei Neuanfang. Die Gründung der Bundesrepublik und der DDR 1949. Erfurt 2009.

38 Vgl. Möller, Horst: Zwei deutsche Staaten, eine Nation? Zum nationalen Selbstverständnis in den Verfassungen der Bundesrepublik Deutschland und der DDR. In: Wengst, Udo/Wentker, Hermann (Hrsg.): Das doppelte Deutschland. 40 Jahre Systemkonkurrenz. Berlin 2008, S. 15–33.

39 Sälter, Gerhard/Dietrich, Johanna/Kuhn, Fabian: Die vergessenen Toten. Todesopfer des DDR-Grenzregimes in Berlin von der Teilung bis zum Mauerbau (1948–1961). Berlin 2016, S. 9.

40 Da dieser Aspekt an anderer Stelle dieses Bandes behandelt wird, habe ich auf eine genaue Chronologie der Abschließung der innerdeutschen Grenze verzichtet; allgemein Wilke (wie Anm. 20).

41 Das Konzept geht vor allem auf den US-Historiker Wolfgang Hanrieder zurück. Vgl. Hanrieder, Wolfgang: Deutschland, Europa, Amerika. Die Außenpolitik der Bundesrepublik Deutschland 1949–1994. 2. Aufl. Paderborn 1995, S. 6; zur Debatte: Junker (wie Anm. 11), S. 37 f.

42 Vgl. Doering-Manteuffel, Anselm: Wie westlich sind die Deutschen? Amerikanisierung und Westernisierung im 20. Jahrhundert. Göttingen 1999; zur Debatte zuletzt: Bavaj, Riccardo/Steber, Martina: Germany and ‚The West'. The Vagaries of a Modern Relationsship. In: dies. (Hrsg.): Germany and ‚The West': The History of a Modern Concept. New York 2015, S. 1–37.

43 Vgl. Niedhart, Gottfried: Entspannung in Europa. Die Bundesrepublik Deutschland und der Warschauer Pakt 1966 bis 1975. München 2014.

Diana Unkart und Klaus Hartwig Stoll

Schwarzmarkt, Schmuggel, Grenzgängerei

*Wiederabdruck aus: Unkart, Diana/Stoll, Klaus Hartwig: Das war die Teilung. Grenzge-
schichte und Grenzgeschichten aus der Rhön von 1945 bis 1990. Red.: Volker Bausch (=
Schriftenreihe Point Alpha Bd. 3). Fulda 2015, S. 25–27.*

Abb. 9: Schwarzmarkt in der Sowjetischen Besatzungszone, Januar 1949.

Abb. 10: Ein des Schmuggels Verdächtiger
im Verhör durch die Thüringer Grenzpolizei,
10. Oktober 1949.

Aus welchen Gründen ging man über die Grenze? Da war zunächst der harmlose Verwand-
tenbesuch, wie ihn Elfriede Gärtner[1] schildert, bei dem man außer ein paar Habseligkeiten

nichts mitführte. Wenn man so ertappt wurde, drohte höchstens die oft erwähnte dreitägige Haft und Verschleppung. Bedenklich war es aber schon, wenn man etwa Dokumente aus dem Osten bei sich hatte, denn das konnte auf bevorstehende Flucht hindeuten. So erging es einem geübten Grenzgänger, der auf dem nächtlichen Weg nach Theobaldshof von einer russischen Streife gesehen und angerufen wurde. Er hatte noch so viel Zeit, die Papiere am Wegrand zu verstecken und sich die Stelle zu merken, dann waren sie da und durchsuchten ihn. Da er nichts Verdächtiges bei sich trug und im östlichen Grenzort wohnte, wurde er nur zurückgeschickt. Einem guten Freund aus dem Dorf gelang es, nach der Beschreibung das Versteck zu finden und die Papiere sicherzustellen.

Anders verhielten sich die Streifen bei Personen, die Waren mit sich führten. Aber gerade wegen der Waren wollten die meisten über die Grenze. Wie an jeder Grenze entwickelte sich auch hier ein lebhaftes Schmuggelwesen. In den meisten Fällen handelte es sich dabei eher um den Austausch dringend notwendiger Waren, nicht um Schmuggel des Gewinns wegen. Die freundschaftlichen Beziehungen zu den Anwohnern und der Grenzverlauf, der einige Ortschaften fast streifte, begünstigten bestimmte Plätze als ideale Übergabestellen für Mangelwaren – obwohl jedes Grenzdorf seinen Verbindungspfad nach Westen hatte. Sämtliche Nahrungsmittel, alle Gebrauchsgüter und erst recht die Genussmittel gab es auf beiden Seiten nur auf Karten oder amtlich ausgestellte Bezugsscheine. Die Bauern als Selbstversorger unterlagen einer Ablieferungspflicht für ihre Produkte, von denen sie nur eine begrenzte Menge für sich behalten durften, was schwer zu kontrollieren war.

Der Osten war in erster Linie Lieferant von Schnaps, er wurde manchmal in Kanistern befördert; der Westen hingegen konnte mit den begehrten amerikanischen Zigaretten aufwarten. Aber es ging auch um notwendige Bedürfnisse. Da im Osten die jungen Schweine nach vier bis fünf Wochen abgeliefert werden mussten, brauchte man dringend Ferkel, um sie heimlich aufzuziehen und schlachten zu können. Die Tiere waren im Westen zu haben. Immer wieder wurde von dem geschmuggelten Ferkel erzählt, das man im Rucksack transportierte, nachdem es mit ein wenig Schnaps eingeschläfert worden war. Sein Quieken hätte beim Grenzübergang gefährlich werden können. Im Austausch konnte man Zucker anbieten, der im Osten reichlicher vorhanden war.

Selbst die Besatzungsmacht war einem Tauschhandel nicht abgeneigt. So erzählte man in Tann, dass die sudetendeutschen Vertriebenen Eichenstämme aus dem Osten gegen Schnaps gehandelt hätten. Der Alkohol sei aus Bayern besorgt und in Kanistern bei Günthers an die Grenze gebracht worden. Im Gegenzug hätten die Russen die Eichen, die dort im Wald geschlagen worden waren, an die unterbrochene Reichsstraße gefahren. Das Eichenholz brauchten die Vertriebenen in Tann, um Webstühle herzustellen, damit sie wieder produzieren konnten.

Dass aber Waren aller Art im Grenzbereich begehrt waren, davon geben die Bestände des Stadtarchivs Tann ein anschauliches Bild. Immer wieder wurden von der Gendarmerie unterschiedliche Waren sichergestellt und dem Bürgermeister zur Verwahrung übergeben. Einmal waren es 113 Flaschen Branntwein, der offenbar selbst hergestellt worden war, dann Schuhe und Textilien, Stoffe, Leder, 40 Paar Damenstrümpfe, Wurst und Speck, einmal 100 Dynamos. Im November 1947 aber fand eine Hausdurchsuchung statt, die ein Warenlager von Schmuggel- oder Schwarzmarktgütern zutage förderte. Nur einige Angaben: Zwei Kisten mit Gardinenstangen, zwei weitere mit Häkelnadeln, 500 Einmachgläser, 200 Flaschen Schnaps, 400 Flaschen Parfüm, 20 Bügelsägen, verschiedene Posten von Messern, 187 Stück „Schwimmseife" (das war die bessere im Vergleich zur „Einheitsseife"), ferner Kisten mit 300 Hämmern, Likör und Stoffen. Die unvollständige Aufstellung zeigt, dass ein Schwarzhändler größeren Kalibers entdeckt worden war. Ende Dezember 1947 waren in Tann sogar „1 Lkw Citroen, 1 Lkw Klöckner Deutz und 1 Pkw Mercedes" im Zuge eines Grenzübertritts beschlagnahmt worden. Die außerdem in Tann so oft sichergestellten Alkoholika zeugen von der Bedeutung der Stadt als Umschlagplatz für den Osten; doch erzählten die Einwohner vieler Orte von solchen Geschäften.

Anmerkung

1 In: Jahrbuch des Landkreises Fulda 1996, S. 60.

Mathias Friedel
„Abstimmung mit den Füßen": Die Fluchtbewegung aus der DDR

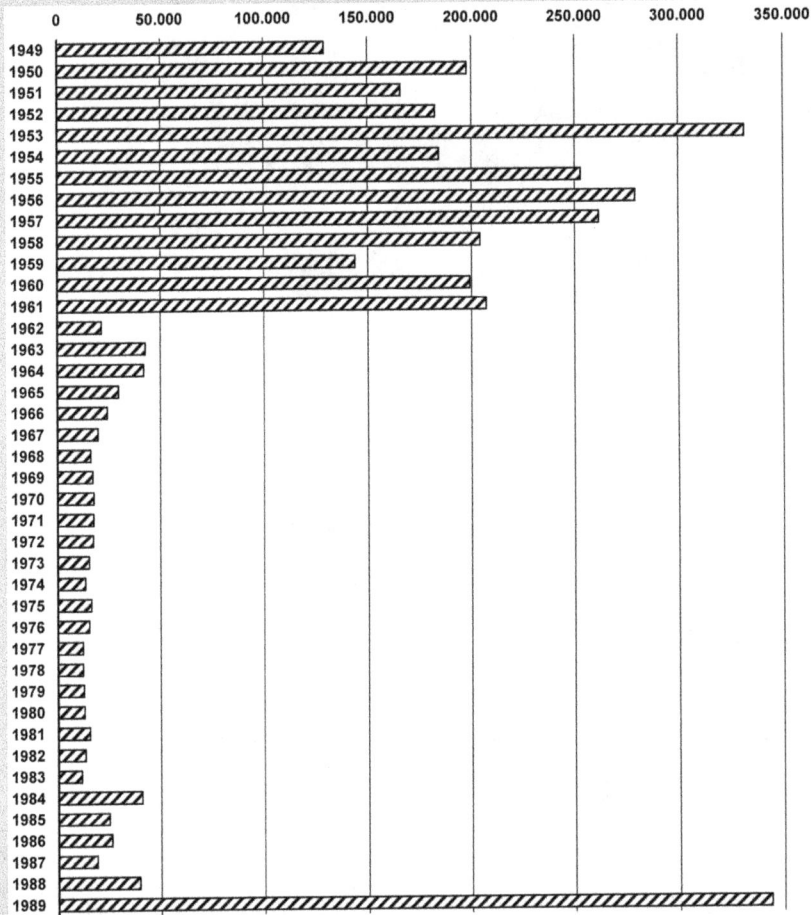

	0	50.000	100.000	150.000	200.000	250.000	300.000	350.000

1949
1950
1951
1952
1953
1954
1955
1956
1957
1958
1959
1960
1961
1962
1963
1964
1965
1966
1967
1968
1969
1970
1971
1972
1973
1974
1975
1976
1977
1978
1979
1980
1981
1982
1983
1984
1985
1986
1987
1988
1989

Diagramm 1: Übersiedler und Flüchtlinge aus der DDR (1949–1989)

Quelle: Eigene Darstellung auf der Basis von Friedel, Mathias (Hrsg.) unter Mitarbeit von Axel Knoblich: Von der Teilung zur Wiedervereinigung. Dokumente zur Deutschen Frage in der Zeit des Kalten Krieges (1945–1989/90). Wiesbaden 2009, S. 198.

Die Abriegelung der innerdeutschen Grenze, wie sie ab 1952 schrittweise erfolgte, war für die DDR geradezu eine Frage der Selbsterhaltung, denn die Menschen liefen dem kommunistischen Regime in Scharen davon.

Abb. 11: Flüchtlinge in den 1950er Jahren in der Rhön.

Abb. 12: Flüchtlinge und Übersiedler aus der DDR im Notaufnahmelager Gießen, 1984.

Alleine in den Jahren 1945 bis 1948 verließen über 700.000 Menschen[1] die damalige Sowjetische Besatzungszone über die noch weitgehend offene „grüne" Grenze gen Westen. Nach Gründung der DDR im Jahr 1949 bis zum Mauerbau 1961 pendelten die Zahlen der Flüchtlinge und Übersiedler zwischen 100.000 und 200.000 Menschen pro Jahr. Ungefähr ein Prozent der Gesamtbevölkerung der DDR wanderte ab. Die Bevölkerung schrumpfte kontinuierlich.

Höhepunkte erreichte die Abwanderung aus der DDR in besonders repressiven Phasen, vor allem 1953, als der Volksaufstand vom 17. Juni von sowjetischen Truppen und DDR-Sicherheitskräften blutig niedergeschlagen wurde. Nach der Niederschlagung des Aufstandes, der sich wie ein Flächenbrand in der ganzen DDR ausgeweitet hatte, wuchsen die Flüchtlingszahlen aus der DDR nochmals erheblich auf über 300.000 Menschen an.

Fast 300.000 Menschen flohen wiederum im Jahr 1956, als die Aufstände in Ungarn und Polen ebenfalls gewaltsam unterdrückt wurden.

Etliche Menschen verließen die DDR aus politischen Gründen, die von der Abneigung des kommunistischen Systems bis zur Ablehnung der Zwangskollektivierung in der Landwirtschaft reichten.[2] Und es waren vor allem junge Menschen, die dem repressiven System den Rücken zukehrten.

Die Reaktionen des SED-Staates waren harsch: Nach Gesetzesänderungen in den Jahren 1954 und 1968 wurde die sogenannte Republikflucht (bzw. amtlich der illegale Grenzübertritt) in der DDR mit hohen Freiheitsstrafen geahndet.

Nach 1952, als die Befestigungen entlang der gesamten innerdeutschen Grenze und entlang den Außengrenzen Berlins ausgebaut wurden, verlagerten sich die Fluchtwege markant: Sehr viele Flüchtlinge verließen die DDR seither über die Berliner Sektorengrenzen, da diese noch nicht abgeriegelt waren.

Erst der Mauerbau ab 1961 kappte die Fluchtbewegung aus der DDR massiv und wirkungsvoll. Sie ging drastisch zurück und erreichte erst in den Jahren 1984 und 1988 wieder vergleichsweise hohe Werte von rd. 40.000 Menschen pro Jahr.

Nach 1961, als sowohl die innerdeutsche Grenze als auch die Grenze innerhalb Berlins abgeriegelt waren, erfolgten Fluchten vor allem über sozialistische Drittstaaten wie Ungarn und die ČSSR.

Seit Anfang der 1960er Jahre war DDR-Bürgern auch die legale Ausreise möglich, und solche Menschen, die einen Antrag auf dauerhafte Übersiedlung in die Bundesrepublik gestellt hatten, machten auch einen erheblichen Teil der Bevölkerungsabwanderung in den Jahren nach dem Mauerbau aus. Jedoch genehmigten die DDR-Behörden Ausreiseanträge, wenn überhaupt, nur quälend langsam erst Jahre nach der Antragstellung. Seit den 1960er Jahren waren von der Bundesrepublik freigekaufte politische Häftlinge überdies Teil der Abwanderung aus der DDR.

Die Ausreisen aus der DDR stiegen im Jahr des Mauerfalls 1989 schließlich drastisch an und erreichten mit knapp 350.000 Menschen den Höchststand für den Gesamtzeitraum, in dem die DDR existierte. Auch dies hatte einen erheblichen Anteil am Zusammenbruch der SED-Diktatur.

Anmerkungen

1 Vgl. Friedel (wie Diagramm 1), S. 198.
2 Vgl. Wendt, Hartmut: Die deutschen Wanderungen – Bilanz einer 40jährigen Geschichte von Flucht und Ausreise. In: Deutschland Archiv Bd. 4 (1991), Heft 24, S. 386–395.

Rainer Potratz

Die Zwangsaussiedlungen aus dem Grenzgebiet der DDR an der innerdeutschen Grenze 1952 bis 1989

Hintergründe, Planung und Durchführung

Zwischen dem 29. Mai und dem 15. Juni 1952 wurden mehr als 8.300 Menschen aus ihrer Heimat in dem am 27. Mai 1952 geschaffenen Sperrgebiet der DDR an der Demarkationslinie zur Bundesrepublik Deutschland zwangsausgesiedelt und im Innern der DDR untergebracht.[1] Das Ereignis erschütterte die Betroffenen zutiefst, fraß sich in ihre Seelen und veränderte ihr Leben und das ihrer nächsten Angehörigen. Die Maßnahmen der DDR an der Demarkationslinie wurden in der Bundesrepublik wahrgenommen, doch im Verlauf der Jahrzehnte verschwanden sie aus dem Gedächtnis der bundesrepublikanischen Gesellschaft und in den wenigen Büchern zur Geschichte der DDR, die vor 1990 erschienen, wurden sie nicht erwähnt.

Am 3. Oktober 1961 wurden nahezu 3.200 Menschen aus dem Sperrgebiet an der „Staatsgrenze West" der DDR zwangsausgesiedelt und im Innern der Grenzbezirke angesiedelt. Auch dieses Ereignis zerstörte den geplanten Lebensweg der Betroffenen und prägte ihr weiteres Leben und das ihrer Kinder. Der Bau der Mauer am 13. August 1961 in Berlin war immer und ist Teil der deutschen Erinnerungskultur. Von den Zwangsaussiedlungen an der innerdeutschen Grenze in der DDR erfuhr bis 1990 kaum jemand.

Unabhängig von diesen beiden zentral gesteuerten Kampagnen gab es bereits im September 1961 die ersten Zwangsaussiedlungen aus dem Grenzgebiet der DDR und diese hielten bis zur Mitte der 1980er Jahre an. Grundlage hierfür war die Verordnung des Ministerrates der DDR über Aufenthaltsbeschränkungen vom 24.8.1961[2] und das Grenzgesetz der DDR vom 25.3.1982.[3] Hiervon waren auch Bürgerinnen und Bürger aus dem Bezirk Potsdam – heute Land Brandenburg –, die nahe der Grenze zu West-Berlin bzw. in dem am 23. Juni 1963 geschaffenen Grenzgebiet gegenüber West-Berlin lebten, betroffen. Ihre Zahl ist bisher nicht bekannt.

In meinem Beitrag möchte ich vor allem auf drei Komplexe eingehen:
1. Warum kam es 1952 zu den Zwangsaussiedlungen und wer führte sie durch?

2. Was waren die Gründe für die Zwangsaussiedlungen 1961, wer organisierte sie?
3. Gab es später noch Zwangsaussiedlungen aus den Grenzgebieten der DDR zur Bundesrepublik und zu West-Berlin und worin unterschieden sich die Aktionen jeweils voneinander?

Die Aktion „Grenze" 1952

Im Frühjahr 1952 hatte die Sowjetunion beschlossen, die DDR vollständig in ihren Block einzubeziehen und Maßnahmen zu treffen, die in Polen, Ungarn und der ČSSR bereits vollzogen waren, wie z. B. die Kollektivierung der Landwirtschaft, um die Schaffung einer sogenannten Volksdemokratie auch in der DDR durchzusetzen. Hierzu gehörte, soweit es möglich war, die innerdeutsche Grenze zu einer Systemgrenze auszubauen.

Das Ende des Zweiten Weltkriegs führte zu einem Zusammenbruch der alten Ordnung, die in Ostmitteleuropa bis zum deutschen Überfall sehr fragil war und nun durch die Dominanz der Sowjetunion abgelöst wurde. Die alten Eliten, die die Nationalsozialisten nicht umgebracht hatten, wurden nun von der Sowjetunion nahestehenden, in der Regel kommunistischen, Parteien beiseitegeschoben und verfolgt. Aber auch die großen Mächte Frankreich und Großbritannien litten unter den Folgen des Krieges. Sie verloren ihre Führungspositionen und in den Kolonien in Asien waren nach der Niederlage der Japaner die Völker nicht bereit, erneut von britischer, französischer oder niederländischer Seite beherrscht zu werden. China, Korea, Vietnam, Indonesien und Indien wurden bis Ende 1949 unabhängig. In China, Korea und Vietnam dominierten mit der Sowjetunion verbundene kommunistische Parteien. Die USA gaben ihre Politik der „splendid isolation" auf, was natürlich für den pazifischen Raum schon seit 1900 nicht galt, aber waren bereit, in Europa zu bleiben – im Gegensatz zu der Zeit nach dem Ersten Weltkrieg. Die Welt entwickelte sich zu einer bipolaren, die letztendlich von der Sowjetunion und den USA beherrscht bzw. angeführt wurde. Im Juni 1950 brach in Korea der Krieg aus, in dem sich mehr oder weniger offen die beiden Lager gegenüberstanden.

Demgegenüber ging es in Europa friedlich zu. Die Mehrheit wollte keinen Krieg, sondern in Frieden die Trümmer beseitigen und einen neuen Anfang nehmen. Offen war die deutsche Frage, nachdem die Zusammenarbeit der vier Siegermächte USA, Sowjetunion, Großbritannien und Frankreich schnell endete und aus den vier Besatzungszonen 1949 zwei Staaten wurden. Beide entwickelten sich sehr unterschiedlich in politischer, wirtschaftlicher und ideologischer Hinsicht.

Spätestens der Beginn des Korea-Krieges 1950 führte zu einem Umdenken bei vielen westlichen ehemaligen deutschen Kriegsgegnern. Statt einer Entindustrialisierung Deutschlands war die Wirtschaftskraft gefordert und eine Integration Westdeutschlands in wirtschaftliche und sicherheitspolitische Zusammenschlüsse erwünscht. Aus bundesdeutscher Sicht war der Weg nicht unumstritten, würde er doch die schnelle Wiedervereinigung erschweren. Doch er bot auch den Vorteil der Herausbildung eines gleichwertigen Partners, der Souveränität und des stabilen wirtschaftlichen Wachstums. Diese Gründe führten dazu, dass sich die Bundesregierung sämtlichen Werbungen der Sowjetunion und der SED verweigerte, mit letzterer nicht einmal sprach. Auch das scheinbar großzügige Angebot der Sowjetunion vom 10. März 1952 wurde zurückgewiesen[4], obwohl es durchaus zahlreiche konservative und sozialdemokratische Vertreter gab, die für dessen Prüfung eintraten. Nachdem die zurückhaltenden Antworten aus Washington, Paris und London in Moskau einige Wochen später eingegangen waren, kamen führende Funktionäre der SED Anfang April 1952 in die Sowjetunion: Wilhelm Pieck, Vorsitzender der SED und Präsident der DDR, Otto Grotewohl, ebenfalls Vorsitzender der SED und Ministerpräsident der DDR, sowie Walter Ulbricht, Generalsekretär der SED und stellvertretender Ministerpräsident der DDR.

In zwei Gesprächen mit Stalin unterbreitete dieser seine Pläne für die weitere Umgestaltung der DDR.[5] Viele der Maßnahmen wurden später als Beschlüsse der 2. Parteikonferenz der SED bekannt, die drei Monate später, vom 9. bis 12. Juli 1952, in Berlin stattfand und auf der Walter Ulbricht in einem achtstündigen Vortrag den „planmäßigen Aufbau des Sozialismus" in der DDR verkündete. Die wichtigsten Maßnahmen, die als Folge der 2. Parteikonferenz gesehen wurden, waren die Abschaffung der Länder und die Bildung von Bezirken sowie die Verkleinerung der Kreise, die Kollektivierung der Landwirtschaft, der Aufbau einer Rüstungsindustrie, die Schaffung einer Freiwilligen Armee – der Kasernierten Volkspolizei (KVP) – die Bildung der Gesellschaft für Sport und Technik (GST), die Gründung des „Dienstes für Deutschland", in dem männliche und weibliche Jugendliche Kasernen für die KVP errichten sollten, und die Stärkung der SED im Staatsapparat. Sie alle wurden bereits in den beiden Gesprächen mit Stalin Anfang April vereinbart bzw. von Stalin verordnet und in weiteren Gesprächen zwischen der SED-Führung und der Sowjetischen Kontrollkommission (SKK) in Ost-Berlin weiterentwickelt. Viele dieser Maßnahmen führten zur ersten schweren Krise der DDR im Winter 1952/53, die nach einer Terrorwelle mit dem Aufstand am 17. Juni 1953 endete.

Abb. 13: Walter Ulbricht in Moskau zu Stalins 70. Geburtstag, 21. Dezember 1948.

Die Demarkationslinie sah Stalin im April 1952 als „eine gefährliche Grenze", die eine besondere Sicherung verlangte.[6]

Am 5. Mai 1952 unterbreiteten die für Sicherheitsfragen zuständigen Mitarbeiter der SKK in Ost-Berlin dem Operativstab der gerade unter die Fittiche des Ministeriums für Staatssicherheit (MfS) geratenen Deutschen Grenzpolizei (DGP) das Konzept für ein Sperrgebiet an der innerdeutschen Grenze. Hier wurde bereits von sowjetischer Seite die Aussiedlung von Menschen aus dem 500-m-Schutzstreifen angekündigt.[7] Auf der Sitzung des Politbüros des ZK der SED am 13. Mai 1952 konnte Wilhelm Zaisser, damals Minister für Staatssicherheit sowie Mitglied des Politbüros und des Sekretariats des Zentralkomitees der SED, ein ganzes Maßnahmenbündel für die Schaffung des neuen Grenzregimes an der Demarkationslinie vorstellen. Es war von den „Freunden" (dies war die SED-interne Bezeichnung für die sowjetischen Berater) entwickelt worden und sah eine zentrale Kommission mit Sondervollmachten unter Zaissers Leitung vor, die sämtliche Maßnahmen vorzubereiten hatte, um sie schnell umsetzen zu können. Zur Legitimation der schweren Eingriffe in den Alltag und das Leben der Menschen im Grenzgebiet an der Demarkationslinie sollte der Ministerrat der DDR nach der Unterzeichnung des Deutschlandvertrages durch Bundeskanzler Adenauer und die drei Hohen Kommissare zu einer Sondersitzung zusammenkommen und eine Regierungsverordnung beschließen, die dem Minister für Staatssicherheit Sondervollmachten zur Sicherung der Demarkationslinie einzuräumen hätte. Die Verordnung wurde ebenfalls von der zentralen Kommission erarbeitet und lag dementsprechend bereit.

Abb. 14: Wilhelm Zaisser, Minister für Staatssicherheit der DDR, 1950.

Die wichtigsten geplanten Maßnahmen waren:
- Die Schaffung des Grenzgebietes, das aus einem 10 m breiten Kontrollstreifen, einem 500 m tiefen Schutzstreifen und einer 5 km tiefen Sperrzone bestehen sollte, das von Fremden nur in Ausnahmen betreten werden durfte.
- Die Überprüfung der gesamten Bevölkerung und aller Kader in Politik, staatlichen und genossenschaftlichen Unternehmen und gegebenenfalls deren Umsetzung.
- Die Zwangsaussiedlung von angeblich politisch feindlichen und sozial ausgegrenzten Bürgern.
- Die Verlagerung der Betriebe aus der 500-m-Schutzzone in das Innere der DDR.
- Die Kontrolle des Zugangs und Zuzugs in das Grenzgebiet.

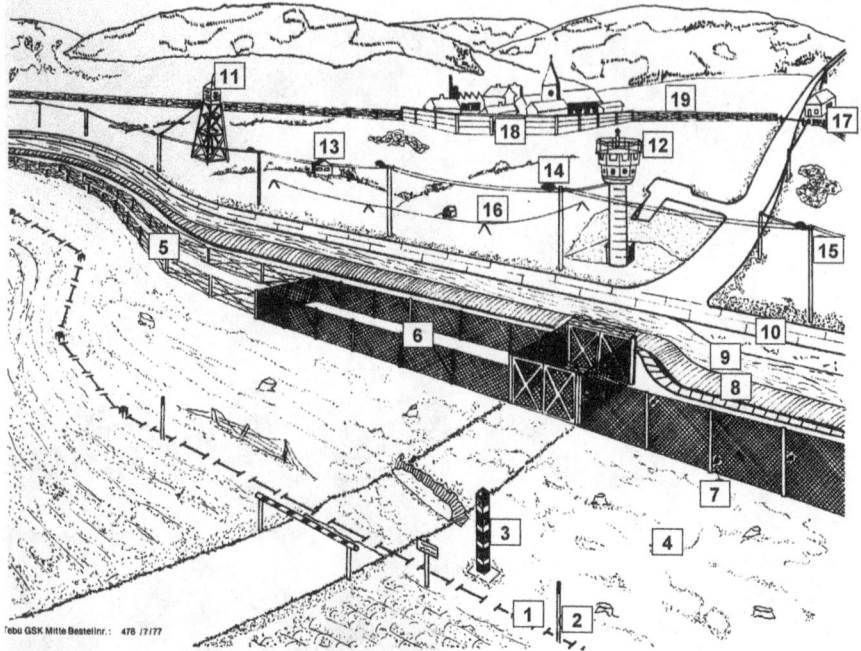

Abb. 15: Aufbau der DDR-Grenzanlagen, um 1969.

1 – Grenzverlauf mit Grenzsteinen
2 – Grenzhinweispfahl (ca. 2 m hoch mit Kappe)
3 – DDR-Markierungssäule (ca. 1,80 m hoch, schwarz-rot-gold mit DDR-Emblem)
4 – Bis zu 100 m breiter Geländestreifen (abgeholzt und geräumt)
5 – Zweireihiger Stacheldrahtzaun (Zwischenraum vermint)
6 – Zweireihiger Metallgitterzaun (ca. 2,40 m hoch) (Zwischenraum vermint)
7 – Einreihiger Metallgitterzaun (ca. 3,20 m hoch) mit Selbstschussanlagen
8 – Kfz-Sperrgraben (mit Betonplatten befestigt)
9 – 6 m breiter Spurensicherungsstreifen
10 – Kolonnenweg
11 – Beobachtungsturm (Holz)
12 – Beton-Beobachtungsturm mit Führungspunkt
13 – Beton-Beobachtungs-Bunker
14 – Lichtsperre
15 – Grenzmeldenetz
16 – Hundelaufanlage
17 – Kontrollpassierpunkt
18 – Betonsperrmauer/Sichtblende (ca. 3,30 m hoch)
19 – Schutzstreifenzaun mit elektrischen und akustischen Signalanlagen

Am Vormittag des 26. Mai 1952 unterzeichneten der Kanzler der Bundesrepublik Deutschland, Konrad Adenauer, und die drei Hohen Kommissare der Vereinigten Staaten von Amerika, des Vereinigten Königreichs und der Republik Frankreich den Deutschlandvertrag auf dem Petersberg bei Bonn. Am folgenden Tag unterzeichneten mehrere westeuropäische Staaten und die Bundesrepublik den Vertrag über eine Europäische Verteidigungsgemeinschaft (EVG) in Paris. Während der Deutschlandvertrag das Besatzungsstatut für die Bundesrepublik ablöste, sollte der EVG-Vertrag zu bundesdeutschen Streitkräften unter einem europäischen Kommando in der NATO führen.

Kurze Zeit nach den Unterschriften in Bonn trat der Ministerrat der DDR zusammen und beschloss eine Verordnung über Maßnahmen an der Demarkationslinie zwischen der Deutschen Demokratischen Republik und den westlichen Besatzungszonen.[8] Diese forderte den Minister für Staatssicherheit auf, „unverzüglich strenge Maßnahmen zu treffen für die Verstärkung der Bewachung der Demarkationslinie zwischen der Deutschen Demokratischen Republik und den westlichen Besatzungszonen, um ein weiteres Eindringen von Diversanten, Spionen, Terroristen und Schädlingen in das Gebiet der Deutschen Demokratischen Republik zu verhindern."[9] All diese Maßnahmen sollten so beschaffen sein, „daß sie bei einer Verständigung über die Durchführung gesamtdeutscher freier Wahlen zur Herbeiführung der Einheit Deutschlands auf demokratischer und friedlicher Grundlage sofort aufgehoben werden können."[10] Dies war die fragwürdige rechtliche Grundlage für die oben beschriebenen Maßnahmen, die nun durchgesetzt wurden.

Nicht alle Planungen der zentralen Kommission konnten realisiert werden. Die Verlagerung von Industriebetrieben war völlig unrealistisch. Nur das Braunkohlegebiet im Raum Helmstedt wurde konsequent getrennt. Auch gelang es nicht, genügend Ersatz an politisch zuverlässigen Mitarbeitern für das Grenzgebiet zu mobilisieren. Es wurden viel weniger Kader ausgewechselt als ursprünglich geplant. Die Anlage des 10-m-Kontrollstreifens dauerte ebenfalls mehrere Monate.

Der Zugang in das Gebiet an der Demarkationslinie wurde erschwert. Fremde waren von der Bevölkerung der Grenzpolizei zu melden, Busse und Bahnen fuhren teilweise nicht mehr in das Grenzgebiet, in ihnen fanden Kontrollen statt. All dies würde auch zu einer Dämmung der Fluchtzahlen führen – und tat es später auch. Doch für die SED-Führung war zu diesem Zeitpunkt das Schwinden der Bevölkerung kein Problem. Auch in der Begründung Stalins und der SKK wurde dies nie erwähnt. 1952 wurde das Verlassen der DDR nicht bestraft – erst 1954 wurde mit dem ersten Passgesetz das Verlassen des Landes unter Strafe gestellt. Die SED registrierte natürlich den Verlust an Menschen. Doch betrachtete sie ihn damals noch nicht als existenzgefährdend.

Wer führte die Zwangsaussiedlungen durch?

Die auf der Politbürositzung am 13. Mai 1952 nach sowjetischem Vorschlag eingesetzte zentrale Kommission unter der Leitung von Wilhelm Zaisser bestand aus zehn SED-Funktionären, die führende Positionen im Staatsapparat und bei der Grenzpolizei bzw. Volkspolizei hatten. Sie leiteten jeder eine zentrale Unterkommission. Neben Fragen der Infrastruktur, der Organisation des Grenzausbaus (z. B. Pflügen und Roden des 10 m breiten Kontrollstreifens) standen vor allem die Überprüfung der Bewohner des zu schaffenden Grenzgebiets sowie der Kader in diesem und in den Grenzkreisen an. Dieser Prozess verlief im Hintergrund und heimlich. Auf einer Sitzung der Kommission wurde ein Befehl zu Zwangsaussiedlungen diskutiert, der vermutlich von den „Freunden" kam und vorsah, alle Umsiedler mitauszusiedeln, also all jene, die aus den deutschen Siedlungsgebieten östlich von Oder und Neiße zum Ende des Zweiten Weltkriegs oder anschließend geflüchtet waren oder vertrieben wurden und nun an der innerdeutschen Grenze in der DDR eine neue Heimat gefunden hatten. Dies wurde verworfen. Der Befehl über Zwangsaussiedlungen trat am 26. Mai 1952 nach der Sitzung des Ministerrats in Kraft und war vom Chef der Hauptverwaltung der Deutschen Volkspolizei (HVDVP), Karl Maron, unterschrieben. Bereits am 21. Mai wurden die Chefs der Landesbehörden der Volkspolizei (VP) über die geplanten Maßnahmen an der Demarkationslinie unterrichtet. Noch am gleichen Tag informierten die Chefs der Landespolizeiverwaltungen die Leiter der Volkspolizeikreisämter in den Grenzkreisen. Hier wurden auch Erläuterungen zu den Aussiedlungsbefehlen gegeben.

Der Befehl 38/52 des Chefs der HVDVP bestimmte vier Gruppen von Menschen, die aus dem neuen Sperrgebiet an der Demarkationslinie, also dem 500-m-Schutzstreifen und der 5 km tiefen Sperrzone auszusiedeln waren:

    a) Ausländer, Staatenlose,

    b) dort nicht polizeilich Gemeldete,

    c) Kriminelle, die vermutlich erneut straffällig werden,

    d) „Personen, die wegen ihrer Stellung in und zur Gesellschaft eine Bedrohung für die antifaschistisch-demokratische Ordnung darstellen".[11]

Die Kriterien a) und b) sind eindeutig. Die Kriterien c) und d) sind problematisch und ungenau. Jemand, der eine Strafe verbüßt hatte, kann nicht ohne weiteres erneut ohne Anlass bestraft werden. Kriterium d) ist sowohl sozial bestimmt – „Stellung in [...] der Gesellschaft" – als auch politisch-ideologisch definiert – „Stellung zur Gesellschaft". Damit können einerseits Angehörige des Mittelstands oder Besitzer größerer Landwirtschaftsbetriebe gemeint sein als aber auch sozial Ausgegrenzte und politische oder vermeintliche politische Gegner der Entwicklung in der DDR. Diese Unschärfe überforderte die Angehörigen in den Kreisen bei der Volkspolizei und dem MfS. Sie sollten laut dem Befehl 38/52 Anzeigentagebücher, Berichte des Sektionsdienstes (Spitzelberichte der Abteilung Schutzpolizei der Volkspolizei), die Karteien der Abteilung Pass- und Meldewesen in den Volkspolizeikreisämtern (VPKÄ) auswerten und anschließend eine Liste mit einer kurzen Begründung erstellen. Angesichts der Ungenauigkeit der Kriterien gab es z. B. in Thüringen noch einige Hinweise zur Beschreibung des Kreises. So sollten bekannte „Grenzgänger", Personen, die nach dem Befehl 201 der SMAD (Übergabe der Entnazifizierungsverfahren von der sowjetischen Besatzungsmacht an die deutschen Behörden in der SBZ) verurteilt worden waren, und Haushaltsmitglieder eines geflüchteten Haushaltsvorstandes ausgesiedelt werden.[12] Einige der Begründungen zur Zwangsaussiedlung sind überliefert und veranschaulichen deren ‚Seriosität':

- „L. ist Gegner der Volkspolizei, [...] er hat im angetrunkenen Zustand einen VP-Angehörigen beschimpft und beleidigt [...]. Die Polizisten sollten lieber eine Mistforke in die Hand nehmen und nicht Steuergelder verbrauchen".
- „Grenzgängerin, Schieberin, hatte Kontakte zur VP [...], da es bekannt ist, daß der Mensch bei Geschlechtsverkehr und Alkoholgenuß gesprächiger ist als im Allgemeinen, besteht der Verdacht, daß die [...] versucht, im Verkehr [...] Angehörige der Grenzpolizei auszuhorchen."
- „Genannter ist schon lange als Gegner der VP bekannt. Im Dorf versucht er stets seinen Einfluß auf die Kleinbauern auszuüben und diese von sich abhängig zu machen. Bei der Volksbefragung stimmte fast die gesamte Gemeinde offen, während er geheim abstimmte."
- „X. ist selbständiger Uhrmacher. Er ist ein großer Gegner der DDR, welches dadurch zum Ausdruck kommt, daß er laufend versucht, seine Kunden negativ zu beeinflussen. Als Geschäftsmann preist er den Kunden alles Westliche als vorzüglich, demgegenüber alle Erzeugnisse der DDR als minderwertig an. Hierbei versteht er es aber, sich meisterhaft zu tarnen."[13]

Solche Vorschläge waren von einer Kommission im Kreis (SED, Landkreis, VP, MfS) zu beschließen und einer vergleichbaren Kommission beim Landesinnenministerium zur Bestätigung vorzulegen. Während ursprünglich der Befehl vorsah, dass die Betroffenen selbständig innerhalb von 48 Stunden den Ort verlassen und einen neuen Wohnort aufsuchen sollten, wurden sie in der Praxis abtransportiert und an einen fremden, ihnen zuvor nicht mitgeteilten Ort mit der Bahn und Lastwagen sowie Treckern verbracht.

Allein aus den Grenzkreisen des Landes Thüringen wurden von den VPKÄ 6.686 Personen zur Aussiedlung vorgeschlagen. Davon übernahmen die Kreiskommissionen 5.136 Personen. Dies illustriert die Ungenauigkeit der Kriterien des Befehls 38/52, aber auch wie viele Bürgerinnen und Bürger als Gegner der SED-Politik betrachtet wurden.

Die Aktion war sehr konspirativ vorbereitet worden und vor allem vor Ort wurden die staatlichen Instanzen sehr spät einbezogen. Vor den Zwangsaussiedlungen wurden noch die Bürgermeister und Landräte in den Grenzdörfern und -kreisen überprüft und vereinzelt abgesetzt, um auch zu verhindern, dass Kritiker Informationen vorzeitig weiterreichen könnten. Wenn es dennoch zu vorherigen Gerüchten gekommen sein mag, waren dies die Ausnahmen. Überhaupt: Die SED misstraute noch dem Staatsapparat und schuf deshalb operative Kommissionen, die für jeweils zwei Grenzkreise zuständig waren und die Verbindung zwischen der Zentrale in Berlin und den Kreisen aufrechterhielten. Landräte, die nicht der SED angehörten, waren nicht in die Vorbereitungen einbezogen. Auch die zahlreichen Befehle, die zum 26. Mai 1952 nach dem Beschluss des Ministerrats in Kraft traten, wurden durch Boten am Tag zugestellt.

In den Vormittagsstunden des 30. Mai wurden die Auszusiedelnden im Land Sachsen-Anhalt von Angehörigen der Volkspolizei und des Kreises aufgesucht. Sie wurden aufgefordert, ihre Personalausweise abzugeben und mussten ihren persönlichen Besitz zusammenpacken. Ihnen stand hierfür ein halber Güterwaggon zur Verfügung. Der Rest musste zurückbleiben. Das Eigentum der Bauern und der selbständigen Handwerker wurde von Kommissionen der VEAB (Volkseigener Erfassungs- und Aufkaufbetrieb für landwirtschaftliche Erzeugnisse), der Vereinigung der gegenseitigen Bauernhilfe und der Handwerkskammern erfasst und bewertet. Um die Bewirtschaftung der Betriebe aufrechtzuerhalten, musste das Inventar im Grenzgebiet bleiben. Entschädigungen gab es keine.

Am frühen Abend hatten die Auszusiedelnden sich an Sammelpunkten einzufinden, während die persönlichen Habseligkeiten mit Traktor- und Pferdefuhrwerken zu abgelegenen Güterbahnhöfen gefahren wurden. Dorthin mussten die Auszusiedelnden in einer Gruppe hin marschieren – unter den Augen ihrer Nachbarn, Verwandten und Freunde. In alten Personenwagen wurden die Menschen untergebracht und die Güterwagen befanden sich ebenfalls an dem Zug. Das Ziel der Zwangsaussiedlung wurde ihnen nicht mitgeteilt. Die Züge fuhren in der Regel erst im Dunkeln los, hielten nachts auf offener Strecke oder an geschlossenen Bahnhöfen und fuhren dann weiter. Im Morgengrauen erreichten die Züge die Zielbahnhöfe, wo bereits Lastwagen, Traktoren mit Anhängern und Pferdefuhrwerke bereitstanden, um die Menschen und ihr Gepäck zu den neuen Unterkünften zu bringen. Erst jetzt erfuhren sie ihren Zielort.

Wer kam wohin?

Am 30. Mai wurden aus dem Kreis Gardelegen 225 Personen in den Kreis Herzberg umgesiedelt, 117 aus dem Kreis Haldensleben in den Kreis Zerbst, 178 Menschen aus dem Kreis Osterburg in den Kreis Kölleda und 227 Betroffene aus Salzwedel in den Kreis Delitzsch. Aus den Kreisen Wernigerode und Oschersleben wurden 158 bzw. 287 Bürgerinnen und Bürger in die Kreise Torgau und Querfurt transportiert.

Die Unterbringungen waren unmenschlich: ehemalige Stallungen, Gasthausräume. Für 337 Familien mit durchschnittlich mehr als drei Angehörigen standen gerade einmal 78 Wohnungen mit mindestens drei Zimmern zur Verfügung. Die Mehrzahl der Familien muss auf kleine Wohnungen und Einzelzimmer verteilt worden sein.[14] Angesichts der von der Zentralen Kommission am 30. Juni 1952 festgestellten Mängel bei der Durchführung der Aussiedlungsaktionen sollten nun die Ballung von Auszusiedelnden und Massentransporte vermieden werden. In Sachsen-Anhalt wurde am 7. Juni eine zweite Aussiedlungsaktion durchgeführt, in deren Rahmen bis zum 10. Juni erneut 951 Personen zwangsumgesiedelt wurden.

Das MfS Thüringen sprach von der „Aktion Ungeziefer".[15] Hier wurden zwischen dem 5. und dem 7. Juni 3.540 Menschen zwangsumgesiedelt. Darunter viele Landwirte und auch einzelne Gastwirte aus dem Kreis Nordhausen nach Mecklenburg, Kreis Neustrelitz. Vielen gelang während der Aktion in Thüringen die Flucht in den Westen und in Streufdorf und Dorndorf kam es zu Protestaktionen.[16]

In Mecklenburg kam es zu einigen Verwirrungen bei den Organisatoren vor Ort, und sie siedelten am 6. Juni nur Bewohner des Schutzstreifens aus, insgesamt 1.012 Personen. Nachdem der „Genosse Warnke" (damals Staatssekretär beim Ministerium des Innern der DDR) „korrigierend eingriff", wurde der Kreis der Auszusiedelnden auf die 5-km-Sperrzone erweitert und weitere Aktionen fanden zwischen dem 10. und 14. Juni statt. Insgesamt 1.949 Menschen wurden aus ihrer Heimat in Mecklenburg in das Innere des Landes zwangsumgesiedelt.[17]

Das Land Brandenburg hatte damals in der Prignitz ein Grenzgebiet an der Elbe zu Niedersachsen. Verantwortlich war hier die gleiche Operative Kommission wie jene für Ludwigslust und Hagenow-Süd. Hier wurden 157 Personen in die Kreise Ruppin, Oberbarnim, Prenzlau und Templin zwangsumgesiedelt. Die Betroffenen wurden direkt mit Lastwagen transportiert.

Sachsen hatte zwei Kreise an der Demarkationslinie zur Bundesrepublik – Plauen und Oelsnitz. Hier wurden bis zum 7. Juni 128 Familien zwangsausgesiedelt und bis zum 18. Juni 332 Personen aus dem Kreis Oelsnitz und 214 aus Plauen.[18]

Den Zwangsausgesiedelten wurde in der Regel 1952 nicht mitgeteilt, warum sie und nicht ihre Nachbarn ausgewählt wurden und die Heimat verlassen mussten. Insbesondere mehrere Besitzer größerer landwirtschaftlicher Betriebe nahmen an, dass die SED ihren Hof für eine zu gründende Landwirtschaftliche Produktionsgenossenschaft (LPG) wollte. Doch dies erwies sich zumeist als falsch, denn die SED hatte große Probleme, die frei gewordenen Höfe fachkundig zu bewirtschaften. Die Gründung der LPGen begann erst im August 1952. Nach der Bodenreform 1945 in der SBZ, in deren Rahmen alle landwirtschaftlichen Betriebe ab 100 ha großer Landwirtschaftlicher Nutzfläche (LNF) enteignet wurden, wuchs der Einfluss der größeren Bauern auf den Dörfern. Dies ist mit ein Grund für den überdurchschnittlich hohen Anteil von Besitzern größerer landwirtschaftlicher Betriebe unter den Ausgesiedelten. Dennoch waren die meisten Landwirte unter den Zwangsausgesiedelten Besitzer kleinerer Betriebe. Markant ist die große Gruppe von Gastwirten. Ein Grund hierfür ist, dass nach der Polizeiverordnung vom 27. Mai 1952 alle Gaststätten im 500-m-Schutzstreifen schließen mussten. Zugleich waren die Gaststätten im Grenzgebiet Kommunikationszentren, die die SED kontrollieren wollte. Nicht selten wird der Aufenthalt von Grenzpolizisten in den Gaststätten als Aussiedlungsgrund genannt. Auch verkehrten viele Grenzgänger aus beiden deutschen Staaten in ihnen. Zweifelsohne sind auch Gewerbetreibende und Handwerker überdurchschnittlich stark vertreten. Insgesamt scheinen aber vor allem die spezifischen Bedingungen in den Grenzkreisen die Zusammensetzung der Zwangsausgesiedelten zu bewirken. In einigen Kreisen mit engen Bindungen der Bevölkerung zum Westen, wie im Eichsfeld oder in Hildburghausen, dominierte der Vorwurf des „Grenzgängertums". Auffällig, die aus dem Grenzgebiet des Kreises Sonneberg ausgesiedelten 23 Angehörigen der Glaubensgemeinschaft der Zeugen Jehovas – eine Glaubensgemeinschaft, die 1950 in der DDR verboten worden war. Letztendlich dominieren politische Kriterien die Auswahl der Zwangsausgesiedelten: „negative Einstellung", „Unzuverlässige", „Reaktionäre" oder „Politische Gründe" sind die meist vergebenen Kategorien zur Klassifizierung der Aussiedlungsgründe in den Ländern Mecklenburg und Thüringen.[19]

Die Quartiere an den Zielorten waren mehrheitlich menschenunwürdig und nicht wenige der Zwangsausgesiedelten wurden argwöhnisch von der ortsansässigen Bevölkerung beobachtet. Für die Zurückgebliebenen wirkte die Maßnahme einschüchternd, denn es waren Menschen aus der Mitte der Gesellschaft, die oftmals seit Generationen dort lebten und wie viele andere auch unzufrieden mit der von außen aufgezwungenen SED-Diktatur waren. Die Zwangsaussiedlungen sollten helfen, das Grenzregime durchzusetzen.

Die meisten Betroffenen konnten diese Zwangsmaßnahmen nicht verstehen. Sie suchten nach Fehlern bei sich selbst oder nahmen von ihnen unabhängige politische Hintergründe an. Wer eine Chance für eine Flucht sah, z. B. mit der S-Bahn nach West-Berlin, versuchte diese. Doch die meisten blieben in der DDR und wandten sich mit Eingaben an den Präsidenten der DDR, Wilhelm Pieck, den Ministerpräsidenten Otto Grotewohl oder andere bekannte Vertreter des Staates und baten um Rückkehr, da es sich sicher um einen Irrtum gehandelt haben musste. Diese Eingaben wurden an die entsprechenden Kreise zur Beantwortung weitergeleitet. Seit dem 9. Juni gab es in den Grenzkreisen und Ländern an der Demarkationslinie Kommissionen, die für Zuzüge und Baumaßnahmen im Grenzgebiet zuständig wurden. Diese hatten auch über die Eingaben zu entscheiden und lehnten bis 1956 nahezu alle ab. Die Gründe wurden den Betroffenen nicht mitgeteilt. Sie erhielten vom Rat des Kreises, Abteilung Inneres, an ihrem neuen Wohnort mündlich die Ablehnung übermittelt.[20]

Die Zwangsaussiedlungen an der innerdeutschen Grenze – der Demarkationslinie zwischen der DDR und der Bundesrepublik Deutschland – wurden auf Geheiß der Sowjetunion durchgeführt. Sie bestimmten die Eckpfeiler der Aktion und begutachteten diese permanent. In mehreren Gesprächen während und nach der Aktion kritisierten Vertreter der SKK gegenüber dem Minister für Staatssicherheit, Wilhelm Zaisser, die Durchführung. Sie erschraken über die hohe Zahl von Flüchtlingen während und nach der Aktion und einen aus ihrer Sicht zu hohen Anteil kleiner Landwirte unter den Zwangsausgesiedelten.

Die SED setzte die Vorgaben um. Hierbei ging sie konspirativ vor. Bis zum 26. Mai 1952 waren ausschließlich Funktionäre der SED im Partei-, Staats- und Sicherheitsapparat in die Planungen einbezogen. Vom 26. Mai an wurde der Kreis erweitert und zahlreiche Mitarbeiter anderer Institutionen kamen hinzu: Reichsbahnmitarbeiter, die die Züge zusammenstellten und in die Lücken des Fahrplans einpassten, sowie Lokomotivführer, Lkw-Fahrer, die die Möbel zu den Bahnhöfen transportierten, Mitarbeiter der VEAB, der Handwerkskammern und der Genossenschaftsbanken, die das zurückgelassene Eigentum erfassten und bewerteten, und Mitarbeiter der Wohnungsämter in den neuen Wohnorten, die den Unterbringungsraum für die Zwangsausgesiedelten aussuchten und bereit stellten. Zeugen waren die Nachbarn, die Angehörigen der Blockparteien, die zumeist nach der Aussiedlungsaktion diese in einer Resolution der Nationalen Front befürworteten, und schließlich die Pfarrer und Bischöfe der beiden christlichen Kirchen, die das beobachteten und zum Teil dagegen protestierten – vergeblich.

1961 – „Aktion Festigung"

1961 war eine völlig andere Situation. Einerseits stand die DDR erneut am Rande einer schweren Krise, dieses Mal auch und gerade wegen der vielen, vor allem jungen Menschen, die das Land verließen. Zum anderen hatte die Sowjetunion unter ihrem Generalsekretär Nikita Chruschtschow hoch gepokert, den Westalliierten mit einem Berlin-Ultimatum im Dezember 1958 gedroht und heimlich Atomraketen in die DDR verlegt, was aber im Sommer 1961 rückgängig gemacht wurde.[21]

Andererseits hatte die SED den Staatsapparat im Griff. Überall dominierten SED-Funktionäre, Abweichler waren ebenso kaltgestellt wie Vertreter abweichender Meinungen in den Blockparteien. Hatte der Volksaufstand am 17. Juni 1953 gezeigt, dass der Sicherheitsapparat völlig unfähig war, wurden auch hier Konsequenzen gezogen. 1954 wurden die Betriebskampfgruppen gebildet und im gleichen Jahr die Kreis- bzw. Bezirkseinsatzleitungen (KEL, BEL) gebildet. Unter Leitung des 1. Sekretärs der SED-Gebietsleitung waren hier die Chefs der Sicherheitsorgane zusammengefasst. Ihnen waren Stäbe bei den Bezirksverwaltungen der Deutschen Volkspolizei (BdVP) zugeordnet. Das Ministerium für Staatssicherheit – nun mit Erich Mielke als Minister – hatte personell aufgestockt.

Abb. 16: Ausbau der Grenzanlagen in der Thüringer Rhön, 1962.

Abb. 17: Ein DDR-Grenzaufklärer vor dem US-Beobachtungsposten Point Alpha bei Rasdorf/Hessen.

Die Errichtung der Mauer in Berlin am 13. August 1961 war der von der Sowjetunion zugelassene Weg, das Verlassen der DDR über West-Berlin zu verhindern. Bereits zwei Tage später ordnete das Sekretariat des ZK der SED in einer Direktive an die 1. Sekretäre der SED-Bezirks- und Kreisleitungen erneute Maßnahmen an der innerdeutschen Grenze, die nun Staatsgrenze West hieß, an.[22] Hier wurden bereits erneute Zwangsaussiedlungen angekündigt. Der pioniertechnische Ausbau wurde unter sowjetischer Leitung angeordnet und die Kader und Bewohner in den Grenzkreisen und im Sperrgebiet sollten überprüft und eine entsprechende geringe Anzahl ausgesiedelt werden. Nun vertraute die Partei dem Staatsapparat. Die SED-Minister für Inneres, Sicherheit und Nationale Verteidigung sollten sich auf einen Aussiedlungsbefehl einigen, der erneut von Karl Maron, nun Minister des Innern, erarbeitet und erlassen wurde. MfS und VP in den Grenzkreisen stellten erneut die Listen zusammen. Der Befehl 35/61 von Karl Maron bestimmte nun, dass ehemalige Nazis, die nicht durch ihr bisheriges Handeln gezeigt hätten, dass sie sich gesellschaftlich positiv engagieren, ebenso auszusiedeln seien wie andere vermeintliche oder wirkliche politische Gegner. Auch Rückkehrer und ehemalige Bundesbürger wurden zu Aussiedlungskandidaten. Unabhängig voneinander agierten MfS und VP bei der Aufstellung der Listen, obgleich die Begründungen ziemlich ähnlich waren.[23] Doch dieses Mal hatte man mehr Zeit, so dass die anfangs viel zu langen Listen in mehreren Schritten gekürzt werden konnten. In den Kreisen und in den Bezirken entschieden die KEL bzw. BEL über die Liste der Auszusiedelnden. Für einzelne Bezirke und Kreise in diesen Orten liegen Tabellen vor, aus denen die Zuordnung der Kriterien hervorgeht. So wurde im Bezirk Rostock 1 % der Betroffenen die Mitgliedschaft in der SS vorgeworfen und 10 % die in der NSDAP. Über Funktionen in der Parteihierarchie gibt es keine Auskunft. In einer Aufstellung vom 19.9.1961 des Bezirks Erfurt wird 33 % der Auszusiedelnden die NS-Belastung vorgeworfen, 39 % waren „sonstige reaktionäre Elemente", 2 % Erstzuziehende und 14 % Rückkehrer, 10 % galten als Grenzgänger, 1 % wurde als asozial bezeichnet und 1 % sollte wegen Verletzung der Meldepflicht ausgesiedelt werden. Im Bezirk Schwerin hieß es am 2.10.1961, 37 % hätten eine NS-Belastung, 35 % wären „sonstige reaktionäre Elemente", 5 % Zuziehende und 11 % Rückkehrer, 8 % galten als „Asoziale" und 3 % als Grenzgänger. Im Bezirk Karl-Marx-Stadt wurde 29 % der Auszusiedelnden vorgeworfen, Rückkehrer zu sein und 63 %, also nahezu zwei Drittel, galten als Grenzgänger.[24] Ob diese Zuordnungen stimmen, kann nicht nachgeprüft werden. Aus einzelnen Berichten Betroffener ist zu entnehmen, dass sie z. B. keine NS-Belastung gehabt hätten.

Abb. 18: DDR-Innenminister Karl Maron bei der Vereidigung von Grenzsoldaten bei Erfurt am 17.3.1958.

Die Rolle des MfS wuchs auch weiter, indem Mielke eigene Offiziere in die Grenzkreise schickte, die dort anleitend tätig werden sollten. Bereits am 30. August wurde im Bezirk Schwerin eine „Probeaktion" durchgeführt, in deren Rahmen 162 Menschen aus ihren Heimatorten an der Grenze in das Innere des Bezirks zwangsumgesiedelt wurden. Die Erfahrungen wurden einen Tag später bei einer Versammlung der Vorsitzenden der Kreise und Bezirke an der Grenze erläutert. Doch ein Termin wurde nicht genannt. Die zentrale Aktion sollte Ende September/Anfang Oktober stattfinden.

Der Alarm wurde am 1. Oktober ausgelöst. Die Lastwagen und Helfer wurden in der Nacht vom 2. auf den 3. Oktober mobilisiert – ohne zu erfahren, worum es ging. Die Führung der Aktion lief bei den Stäben der Bezirksverwaltungen der VP in den Grenzkreisen. Generalstabsmäßig war die Aktion geplant. Es gab Handlungsgruppen für jede Familie, die Möbelpacker und Fahrzeuge wurden um Mitternacht in der Nähe der Ortschaften positioniert, der gesamte Vorgang wurde von den Stäben protokolliert, Handlungsfilme angelegt, es bestand ein Funkkontakt. Erklärungen mit der Begründung der Zwangsaussiedlungen und der Angabe des Zielortes wurden den verantwortlichen Funktionären für die jeweilige Familie vorab ausgeteilt. Zwischen 5 und 6 Uhr wurden die Gemeindevertretungen zusammengetrommelt und zur Abstimmung über die Aussiedlung der Familien gedrängt. Zu der Zeit waren die Orte und Häuser bereits von der Grenzpolizei, die nun als Kommando Grenze in die Nationale Volksarmee (NVA) eingegliedert war, und der Bereitschaftspolizei umstellt. Nahezu zur gleichen Zeit standen die Trupps vor den Häusern und überrumpelten die Familien von der Lübecker Bucht bis nach Hof. Die Zeit zum Zusammenpacken war noch kürzer, um 11 Uhr setzten sich viele der Fahrzeuge bereits in Bewegung und am Abend war die Aktion beendet. Ca. 3.175 Personen wurden insgesamt im Rahmen der Aktion „Festigung", so der Tarnname des MfS, aus ihrer Heimat im Sperrgebiet zwangsausgesiedelt. Die Zielorte lagen in den gleichen Bezirken, die neuen Quartiere unterschieden sich nicht von denen, die man bereits den 1952 Zwangsausgesiedelten zugemutet hatte. 541 zwangsausgesiedelte Familien besaßen eigene Häuser, nach der Zwangsaussiedlung niemand von ihnen. 123 Familien wohnten zuvor in einer 5-Zimmerwohnung, nun 58, 236 lebten zuvor in einer 4-Zimmerwohnung, nun 168, aber 278 Familien lebten zuvor in einer 3-Zimmmerwohnung, nun 361. Dies sagt wenig über die Qualität des Wohnraums aus, gibt aber bereits einen Eindruck von der Verschlechterung der Wohnsituation.

Flüchten konnte nun niemand mehr und auch die Eigentumsfragen wurden schneller angegangen: Das Nationale Verteidigungsgesetz vom 20.9.1961 bildete hierfür die Grundlage.

Die soziale Zusammensetzung der Zwangsausgesiedelten spiegelt in gewisser Weise die wirtschaftliche Struktur des Grenzgebiets wider. Von den 920 Ausgesiedelten (ohne Familienangehörige) waren 443 LPG-Bauern. In einem Kraftakt hatte die SED im Sommer 1960 die Zwangskollektivierung abgeschlossen und unter den zwangsausgesiedelten LPG-Angehörigen waren auch Landwirte, die sich der Kollektivierung widersetzt hatten. Auffällig hoch ist der Anteil der Angestellten mit 221 Betroffenen. Nur sechs Personen zählte das MfS der Intelligenz zu und 67 waren Gewerbetreibende, 39 Handwerker, 281 waren Facharbeiter und 263 Angelernte.[25] Im Durchschnitt wurden 0,99 % der Anwohner des Sperrgebiets zwangsumgesiedelt. In Oelsnitz (3,81 %) und in Ludwigslust (2,95 %), wozu nun auch die Westprignitz mit der Stadt Lenzen zählte, war der Anteil besonders hoch und in Wernigerode (0,32 %) und Sonneberg (0,35 %) auffällig niedrig. Im Kreis Sonneberg lebten sehr viele Menschen – 47.947 – im Sperrgebiet an der Grenze.

Das MfS begann unmittelbar nach der Ankunft der Zwangsausgesiedelten am Zielort mit der Bespitzelung. Inoffizielle Mitarbeiter (IM) sollten die Ankommenden unterstützen und Berichte schreiben. Nach einigen Monaten sollte über eine weitere Beobachtung entschieden werden. In der Kerblochkarte bei der Abteilung Pass- und Meldewesen in den VPKÄ sollte eine Kerbe die Zwangsaussiedlung markieren. Damit waren die Betroffenen auch weiterhin erfasst.

Die Zwangsaussiedlungen am 3. Oktober 1961 wurden von der SED-Führung angeordnet. Die sowjetischen Armee- und Sicherheitsorgane waren über alle Aktivitäten im Zusammenhang mit der „Berlin-Krise 1961" und dem Mauerbau informiert, aber griffen nicht in die Zwangsaussiedlungen ein. Die hohe Zahl von Flüchtlingen aus der DDR in die Bundesrepublik über West-Berlin war die Ursache für den Mauerbau und den pioniertechnischen Ausbau an der Staatsgrenze West. In diesem Zusammenhang sollte eine politische Überprüfung der Organe in den Grenzkreisen und der Bevölkerung im Grenzgebiet stattfinden. Ziel war, die Unterstützung der Grenzbevölkerung bei der Sicherung der Grenze von der DDR zur Bundesrepublik zu gewinnen. Wer Fremde nicht denunzieren oder die Kooperation mit den Grenztruppen verweigern würde, müsste eine Zwangsaussiedlung befürchten. Der Aufbau der Bezirks- und Kreiseinsatzleitungen hatte sich im Rahmen der Aktion bewährt. Die verschiedenen Sicherheitsorgane wurden vor Ort koordiniert und operierten gemeinsam. Die Volkspolizei hatte aber auch bei der Aktion eine besondere Bedeutung: Sie war an der Auswahl der Auszusiedelnden ebenso beteiligt wie das MfS und stellte die Angehörigen zur Umzingelung der Grenzorte. Die staatlichen Fuhrbetriebe und die Angehörigen der Kampfgruppen organisierten den Transport der Familien aus ihrer Heimat und beeilten sich dabei sehr, sodass die gesamte Aktion vor dem Abend abgeschlossen war. Die Grenztruppen sicherten die Grenze, wo noch keine Minen lagen, und verhinderten damit die Flucht der Betroffenen in die Bundesrepublik. Nur ganz erfolgreich scheint die Konspiration nicht verlaufen zu sein, denn viele Bewohner aus dem thüringischen Grenzort Bösekendorf, von denen einige zur Aussiedlung vorgesehen waren, flüchteten in der Nacht vom 2. zum 3. Oktober 1961 nach Niedersachsen.

Aussiedlungen in Einzelfällen

Neben diesen beiden zentralen Aktionen 1952 und 1961 gab es noch einzelne Zwangsaussiedlungen aus dem Grenzgebiet. Die Grundlage bildete hierfür anfangs die Verordnung über Aufenthaltsbeschränkungen vom 24. August 1961 der Justizministerin der DDR, Hilde Benjamin. Später bot das 1982 in Kraft getretene Grenzgesetz der DDR die Grundlage. Während formal nach der Verordnung von 1961 Kreisgerichte die Aussiedlung anordnen mussten, waren es in vielen mir bekannten Fällen die Abteilungen Inneres beim Rat des Kreises. Nach dem Grenzgesetz wurden die Aussiedlungen in der Regel auf Antrag des lokalen Kommandeurs der Grenztruppen durch den Vorsitzenden BEL, also den 1. Sekretär der SED-Bezirksleitung, angeordnet. Diese sind weder in ihrer Quantität noch in ihrer Qualität ausreichend aufgearbeitet worden. Aus einem Dokument der Grenztruppen der DDR geht hervor, dass „in der Zeit vom 01.12.1979 bis zum 31.05.1982 [...] 25 Anträge zur Aussiedlung von Personen aus dem Grenzgebiet an die jeweiligen Räte der Kreise gestellt und in 14 Fällen realisiert [wurden].“[26] Im Norden, beim Grenzkommando Nord, wurden alle elf beantragten Zwangsaussiedlungen realisiert, beim Grenzkommando Süd nur zwei von zwölf und beim Grenzkommando Mitte, was für die Grenze um West-Berlin zuständig war, wurde ein Antrag von zweien realisiert.[27]

In Großburschla, GK Süd, wurde die Familie Müller am 28. April 1982 in die Uckermark im Bezirk Neustrelitz zwangsumgesiedelt, weil der älteste Sohn zuvor in den Westen geflüchtet war. Der Familie gelang es, nach einigen Jahren dank der Hilfe des evangelischen Bischofs Demke, ins eigene Haus zurückzukehren. Sie erlebte die Öffnung der Grenze im November 1989 bereits im eigenen Haus.

Die Zwangsaussiedlungen gegen einzelne Personen und Familien wurden in den 1970er und 1980er Jahren vor allem durchgeführt, weil die Personen als „Unsicherheitsfaktoren“ von den Grenztruppenoffizieren und der Linie I des MfS in den Grenzregimentern eingeschätzt wurden. Bei der Familie Müller ist die Zwangsaussiedlung nicht nachvollziehbar, da nach der Flucht des ältesten Sohnes keine Gefahr für die Ordnung im Grenzgebiet ausging. Es ist schade, dass die gegen den 1. Sekretär der SED-Bezirksleitung Suhl, der die Ausweisung angeordnet hatte, gerichtete Anzeige von den Ermittlungsbehörden nach 1990 nicht verfolgt wurde. Für die Betroffenen eine nicht nachvollziehbare Entscheidung.

Anmerkungen

1 Bennewitz, Inge/Potratz, Rainer: Zwangsaussiedlungen an der innerdeutschen Grenze. Analysen und Dokumente, 4., aktualisierte und erweiterte Auflage, Berlin 2012, S. 66. Die Gesamtzahl der 1952 Zwangsausgesiedelten differiert in den Dokumenten der SED und der staatlichen Behörden leicht.

2 Verordnung über Aufenthaltsbeschränkungen vom 24.8.1961, GBl. der DDR II, S. 344.

3 Gesetz über die Staatsgrenze der Deutschen Demokratischen Republik (Grenzgesetz), GBl. der DDR I vom 29. März 1982, S. 197 ff.

4 Hierzu – der „Stalin-Note" – gab es eine jahrzehntelange Debatte unter Publizisten, Politologen und Historikern. Hierzu u. a.: Wettig, Gerhard: Die Deutschlandnote vom 10. März 1952. In: Deutschland Archiv (DA) 6/1992, S. 790 ff. Außerdem Zarusky, Jürgen (Hrsg.): Die Stalin-Note vom 10. März 1952. Neue Quellen und Analysen mit Beiträgen von Winfried Loth, Hermann Graml und Gerhard Wettig. München 2002.

5 Das fast vollständige offizielle sowjetische Protokoll der Gespräche: Bonwetsch, Bernd/Kudrjašov, Sergej: Stalin und die II. Parteikonferenz der SED. Ein Besuch der SED-Führung in Moskau, 31. März – 8. April 1952, und seine Folgen (Dokumentation). In: Zarusky, Jürgen (Hrsg.): Stalin und die Deutschen. Neue Beiträge der Forschung (= Schriftenreihe der Vierteljahrshefte für Zeitgeschichte, Sondernummer). München 2006, S. 173–206 (zit. nach https://www.degruyter.com/downloadpdf/books/9783486706338/9783486706338.173/9783486706338.173.pdf, zuletzt eingesehen am 06.10.2019).

6 Ebd., S. 200.

7 Vgl. Bennewitz/Potratz (wie Anm. 1), S. 28.

8 GBl. 65 vom 27.5.1952, S. 405 f.

9 Ebd.

10 Ebd.

11 Befehl 38/52 des Leiters der HVDVP Deutsche Demokratische Republik, Berlin, den 26. Mai 1952, zit. nach Bennewitz/Potratz (wie Anm. 1), S. 266 ff.

12 Vgl. Bennewitz/Potratz (wie Anm. 1), S. 39.

13 Vgl. ebd., S. 43 f.

14 Vgl. ebd., S. 47 f.

15 Vgl. ebd., S. 37.

16 Vgl. ebd., S. 52 ff.

17 Vgl. ebd., S. 280.

18 Vgl. ebd., S. 54.

19 Vgl. ebd., S. 278 f.

20 Vgl. ebd., S. 88 f.

21 Uhl, Matthias: Krieg um Berlin? Die sowjetische Militär- und Sicherheitspolitik in der zweiten Berlin-Krise 1958 bis 1962. München 2008, S. 103 ff.

22 Vgl. Bennewitz/Potratz (wie Anm. 1), S. 107.

23 Vgl. ebd., S. 110.

24 Vgl. ebd., S. 319.

25 Vgl. ebd., S. 320 ff.

26 Vgl. ebd., S. 327.

27 Ebd.

Mathias Friedel

Die Zwangsaussiedlungen 1952 und 1961 in Zahlen

Für die folgende Aufstellung sind die Karten 1 bis 3 im Bildteil dieses Bandes mitzubenut-
zen. Die Zahlen zu den Zwangsaussiedlungen beruhen gänzlich auf den Angaben bei Ben-
newitz, Inge/Potratz, Rainer: Zwangsaussiedlungen an der innerdeutschen Grenze. Analy-
sen und Dokumente. Berlin, 4. Aufl. 2012.
Abkürzungen: BY = Bayern; HE = Hessen; NI = Niedersachsen; SH = Schleswig-Holstein.

Für die rein administrative Seite der Zwangsaussiedlungen ist erheblich, dass die erste große Aktion von 1952 sich noch in den Ländern der DDR abspielte, während die Aktion 1961
auf Bezirksebene ablief.

Zunächst waren im Juli 1945 und im Februar 1947 mit der Auflösung Preußens durch
die SMAD in der sowjetischen Besatzungszone wieder Länder geschaffen worden, nämlich
Mecklenburg (Hauptstadt: Schwerin), Brandenburg (Potsdam), Sachsen-Anhalt (Halle),
Sachsen (Dresden) und Thüringen (Erfurt). Der üblich gewesene Ländername Mecklenburg-
Vorpommern wurde noch 1947 zugunsten von Mecklenburg aufgegeben. Ost-Berlin war we-
der ein Land noch einem Land zugehörig.

Am 25. Juli 1952 wurden im Zuge der kommunistischen Zentralisierung der DDR die
fünf Länder abgeschafft und durch 14 Bezirke ersetzt. Durch diese Maßnahme wurden die
historisch gewachsenen Ländertraditionen willentlich gekappt und Bezirksgrenzen nach
anderen Gesichtspunkten, v. a. wirtschaftlichen, eingezogen, die die ehemaligen Länder
zersplitterten. Damit einher ging die Abschaffung der bisherigen Länderverwaltungen, z. B.
der Ministerien, und deren Übergang in rund dreimal so viele Bezirksverwaltungen.

Jeder der 14 Bezirke wurde nunmehr mit einer Bezirkshauptstadt versehen und die Bezirke i. d. R. jeweils nach dieser benannt (z. B. Bezirk Gera = Bezirkshauptstadt Gera). Der
Bezirk Chemnitz wurde 1953 mit der Umbenennung der Stadt ebenfalls Karl-Marx-Stadt ge-
tauft.

Auch auf Ebene der Landkreise erfolgten 1952 größere territoriale Neuordnungen.
Nach 1945 bestanden die bisherigen Landkreise zunächst fort. Per Gesetz von 1950 wurden
bereits diverse Kreisgrenzen neu gefasst, bis schließlich im Juli 1952 mit der Einführung
der Bezirke DDR-weit auch einige bestehende Landkreise zerschlagen und durch Neugrün-
dungen ersetzt wurden. Dies geschah jedoch – bezogen auf die Kreise an der innerdeutschen Grenze – nicht in größerem Umfang. Die Bezeichnung Landkreis wurde zugunsten
von Kreis aufgegeben.

Die Zwangsaussiedlungen 1952 und 1961 spielten sich also in recht wenigen Fällen in
Gebieten ab, die anderen Kreisen zugewiesen wurden. Diese Veränderungen sind in den
folgenden Aufstellungen jeweils angegeben und erläutert.

Mecklenburg(-Vorpommern) und westlichster Teil Brandenburgs

Grenzgebiet zu Zeiten der DDR			(Grenze zum Alt-Bundes-land)	Zwangsausgesiedelte		Aufgegangen in den heutigen Landkreisen
Land (bis 1952)[1]	Bezirke (1952–90)	Grenzkreise (1945–90)		1952 / 1961	gesamt	
Mecklen-burg	Rostock	Grevesmühlen	(SH)	529 / 202	731	Nordwestmeck-lenburg
	Schwerin	Schwerin / Gadebusch[2]	(SH)	385 / 65	450	Nordwestmeck-lenburg
		Hagenow	(SH u. NI)	813 / 349	1.162	Ludwigslust-Parchim
		Ludwigslust[3]	(NI)	222 / 304	526	Ludwigslust-Parchim
Branden-burg		Westprignitz / Perleberg[4]	(NI)	148 / –	148	Prignitz (Brandenburg)[5]
					3.017	

Sachsen-Anhalt

Grenzgebiet zu Zeiten der DDR			(Grenze zum Alt-Bundes-land)	Zwangsausgesiedelte		Aufgegangen in den heutigen Landkreisen
Land (bis 1952)	Bezirke (1952–90)	Grenzkreise (1945–90)		1952 / 1961	gesamt	
Sachsen-Anhalt	Magdeburg	Osterburg / Seehausen[6]	(NI)	229 / 14	243	Altmarkkreis Salzwedel und Stendal
		Salzwedel	(NI)	416 / 63	479	Altmarkkreis Salzwedel
		Gardelegen / Klötze[7]	(NI)	470 / 41	511	Altmarkkreis Salzwedel und Börde
		Haldensleben	(NI)	442 / 72	514	Börde
		Oschersleben	(NI)	294 / 76	370	Börde
		Halberstadt[8]	(NI)	– / 52	52	Harz
		Wernigerode	(NI)	297 / 54	351	Harz
					2.520	

Thüringen

Grenzgebiet zu Zeiten der DDR			(Grenze zum Alt-Bundes-land)	Zwangsausgesiedelte		Aufgegangen in den heutigen Landkreisen
Land (bis 1952)	Bezirke (1952–90)	Grenzkreise (1945–90)		1952 / 1961	gesamt	
Thüringen	Erfurt	Nordhausen	(NI)	467 / 108	575	Nordhausen
		Worbis	(NI)	336 / 64	400	Eichsfeld
		Heiligenstadt[9]	(NI u. HE)	– / 147	147	Eichsfeld
		Mühlhausen	(HE)	343 / 125	468	Unstrut-Hainisch
		Eisenach	(HE)	284 / 132	416	Wartburgkreis
	Suhl	Bad Salzungen	(HE)	384 / 116	500	Wartburgkreis
		Meiningen	(HE u. BY)	494 / 144	638	Schmalkalden-Meiningen
		Hildburghau-sen	(BY)	283 / 111	394	Hildburghausen
		Sonneberg	(BY)	381 / 168	549	Sonneberg
		Neuhaus am Rennweg[10]	(BY)	– / 23	23	Sonneberg und Saalfeld-Rudol-stadt
	Gera	Saalfeld	(BY)	186 / 99	285	Saalfeld-Rudol-stadt
		Lobenstein[11]	(BY)	– / 254	254	Saale-Orla[12]
		Schleiz	(BY)	382 / 214	596	Saale-Orla
					5.245	

Sachsen

Grenzgebiet zu Zeiten der DDR			(Grenze zum Alt-Bundes-land)	Zwangsausgesiedelte		Aufgegangen in den heutigen Landkreisen
Land (bis 1952)	Bezirke (1952–90)	Grenzkreise (1945–90)		1952 / 1961	gesamt	
Sachsen	Karl-Marx-Stadt	Plauen	(BY)	214 / 64	278	Vogtlandkreis
		Oelsnitz	(BY)	332 / 114	446	Vogtlandkreis
					724	

An der innerdeutschen Grenze in den Aktionen 1952 und 1961 Zwangsausgesiedelte

	Anzahl	in %
Mecklenburg(-Vorpommern)	3.017	26,2
Sachsen-Anhalt	2.520	21,9
Thüringen	5.245	45,6
Sachsen	724	6,3
Gesamt	**11.506**	**100,0**

Anmerkungen

1 Auch im Folgenden beziehen sich die Angaben zu den Ländern und Bezirken jeweils auf die Zeit vor bzw. nach dem 25. Juli 1952.

2 Der Kreis Gadebusch entstand nach dem 25. Juli 1952 aus dem Landkreis Schwerin.

3 Ab Juli 1952 wurde der Westzipfel des Kreises Westprignitz in den Kreis Ludwigslust inkorporiert.

4 Der Kreis Perleberg entstand nach dem 25. Juli 1952 aus dem Restgebiet des Landkreises Westprignitz. Er hatte seither keinen Anteil an der innerdeutschen Grenze mehr.

5 Heute ist der größte Teil des ehemaligen DDR-Kreises Westprignitz/Perleberg im Süden zum Land Brandenburg gehörig; der nördliche Teil gehört zu Mecklenburg-Vorpommern.

6 Der Kreis Seehausen bestand, gebildet aus den nordwestlichsten Teilen des Kreises Osterburg, nur vom 25. Juli 1952 bis 1965. Danach wurde der Kreis wieder aufgelöst und erneut in den Kreis Osterburg eingegliedert. D. h. die Zwangsaussiedlungsaktion 1952 bezieht sich auf den Kreis Osterburg, die von 1961 auf den Kreis Seehausen.

7 Der Kreis Gardelegen war bis zum 25. Juli 1952 ein Grenzkreis. Danach ging der Westteil des ehemaligen Kreises Gardelegen in den (Grenz-)Kreis Klötze über. Der weiterhin bestehende, verkleinerte Kreis Gardelegen hatte nach 1952 somit keine Grenze zu Westdeutschland mehr.

8 Am 25.7.1952 gebildet aus Teilen der Kreise Oschersleben und Wernigerode.

9 Am 25.7.1952 gebildet aus Teilen des Kreises Worbis.

10 Am 25.7.1952 gebildet aus Teilen der Kreise Sonneberg, Rudolstadt und Saalfeld.

11 Am 25.7.1952 gebildet hauptsächlich aus Gemeinden des Kreises Schleiz.

12 Mit Ausnahme der Stadt Lehesten, die nach 1990 zum Schwarza-Kreis kam.

Bildteil

Karte 1: Die DDR nach Bildung der Bezirke (1952–1990).

Schleswig-
Holstein

Grevesmühlen

**Mecklen-
burg**

Schwerin

Hagenow

Ludwigslust

West-
prignitz

**Bran-
den-
burg**

BUNDESREPUBLIK

DEUTSCHLAND

Salzwedel

Osterburg

Nieder-
sachsen

Gardelegen

Haldensleben

Oschers-
leben

**Sachsen-
Anhalt**

Wernigerode

Nordhausen

Worbis

Mühlhausen

Hessen

Eisenach

Bad
Salzungen

Thüringen

Meiningen

Saalfeld

Schleiz

Plauen

**Sach-
sen**

Hildburg-
hausen

Sonneberg

Oelsnitz

Bayern

Karte 2: Westliche Kreise in den Ländern der DDR vor dem 25.7.1952.

Schleswig-
Holstein

Grevesmühlen

Gadebusch

Schwerin

Hagenow

Schwerin

Ludwigslust

Perleberg

BUNDESREPUBLIK

DEUTSCHLAND

Osterburg

Salzwedel

Nieder-
sachsen

Klötze

Magdeburg

Gardelegen

Haldensleben

Oschers-
leben

Halberstadt

Wernigerode

Nordhausen

Halle

Heiligen-
stadt

Worbis

Mühlhausen

Hessen

Eisenach

Erfurt

Bad
Salzungen

Rudol-
stadt

Gera

Meiningen

Saalfeld

Schleiz

Plauen

**Chem-
nitz /
Karl-
Marx-
Stadt**

Neuhaus

Loben-
stein

Suhl

Hildburg-
hausen

Sonneberg

Oelsnitz

Bayern

Karte 3: Westliche Kreise in den Bezirken der DDR nach dem 25.7.1952.

Quelle Karten 1–3: Hessische Landeszentrale für politische Bildung. Bearbeitung von: Wikimedia Commons, Germany, German Democratic Republic, administrative divisions (+districts) –
de – colored.svg, Autor: TUBS, Lizenz: CC BY-SA 2.5.

Leben mit und an der Grenze

Abb. 19: Eine westdeutsche Postkarte „Auch drüben ist Deutschland!" mit Motiven von den Grenzanlagen in der Rhön, 1950er Jahre.

Abb. 20: Bau des Grenzsignalzauns in den 1980er Jahren.

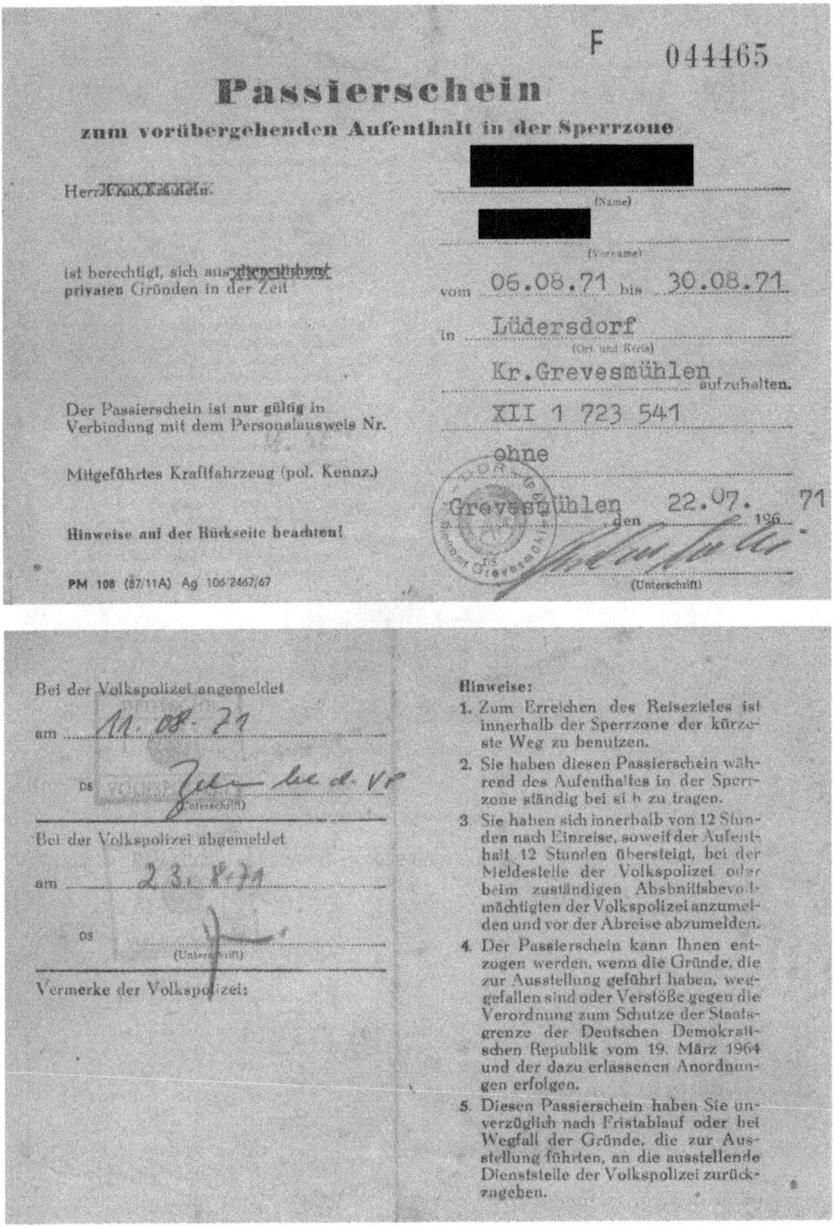

F 044465

Passierschein
zum vorübergehenden Aufenthalt in der Sperrzone

Herr ~~XXXXXXXX~~

_____
(Name)

ist berechtigt, sich aus ~~dienstlichen~~
privaten Gründen in der Zeit

_____
(Vorname)

vom **06.08.71** bis **30.08.71**

in **Lüdersdorf**
(Ort und Kreis)

Kr.Grevesmühlen aufzuhalten.

Der Passierschein ist nur gültig in
Verbindung mit dem Personalausweis Nr.

XII 1 723 541

Mitgeführtes Kraftfahrzeug (pol. Kennz.)

ohne

Hinweise auf der Rückseite beachten!

Grevesmühlen den **22.07.** 196 **71**

PM 108 (87/11A) Ag 106/2467/67

_____
(Unterschrift)

Bei der Volkspolizei angemeldet

am _11.08.71_

DS _____
(Unterschrift)

Bei der Volkspolizei abgemeldet

am _23.8.71_

DS _____
(Unterschrift)

Vermerke der Volkspolizei:

Hinweise:

1. Zum Erreichen des Reiszieles ist innerhalb der Sperrzone der kürzeste Weg zu benutzen.
2. Sie haben diesen Passierschein während des Aufenthaltes in der Sperrzone ständig bei sich zu tragen.
3. Sie haben sich innerhalb von 12 Stunden nach Einreise, soweit der Aufenthalt 12 Stunden übersteigt, bei der Meldestelle der Volkspolizei oder beim zuständigen Abschnittsbevollmächtigten der Volkspolizei anzumelden und vor der Abreise abzumelden.
4. Der Passierschein kann Ihnen entzogen werden, wenn die Gründe, die zur Ausstellung geführt haben, weggefallen sind oder Verstöße gegen die Verordnung zum Schutze der Staatsgrenze der Deutschen Demokratischen Republik vom 19. März 1964 und der dazu erlassenen Anordnungen erfolgen.
5. Diesen Passierschein haben Sie unverzüglich nach Fristablauf oder bei Wegfall der Gründe, die zur Ausstellung führten, an die ausstellende Dienststelle der Volkspolizei zurückzugeben.

Abb. 21: Der Zutritt war streng reglementiert: ein Passierschein für das Sperrgebiet, 1971.

Abb. 22: Mahnmal „Gegen das Vergessen. Zwangsaussiedlung und Flucht aus Streufdorf".

```
vorläufige
Zahl              7448
```

*Otto, diese Zahlen hat mir eben
Gen. König durchgegeben. Das wäre
das Ergebnis der Kommissionsarbeit
zur Beseitigung des Ungeziefers.*

　　　　　Geb.

Abb. 23: In menschenverachtender Diktion schrieb der Thüringer Innenminister Willy Gebhardt von der „Beseitigung des Ungeziefers" in der Aktion von 1952 (Abschrift/Grafik vom Original).

REGIERUNG DER DEUTSCHEN DEMOKRATISCHEN REPUBLIK
    Ministerium für Staatssicherheit
      - Verwaltung Thüringen -
    Kreisverwaltung Bad Salzungen

                 Bad Salzungen, den 9.6.1962

An die   Tgb. Nr.: 99/52
Landesverwaltung Thüringen
- L e i t u n g -

W e i m a r   Termin: 9.6.1952 - 14.00 Uhr -

Betr.: Aktion „Ungeziefer".
Bezug: FS Nr. 192 vom 8.6.1952

I.)   Zur Umsetzung vorgesehene Personen.
     307 Familien = 989 Personen

II.) Ausgesiedelt wurden.
     112 Familien = 350 Personen

III.) Durch Flucht entzogen haben sich.
     195 Familien = 637 Personen

     Die angegebenen Zahlen sind nicht alles Republikflucht, weil
     sich zum Teil nur Personen versteckt gehalten haben, die nicht
     aufgefunden wurden, so dass mit einer Rückkehr zu rechnen ist.

IV.) Soziale Aufgliederung der für die Aussiedlung vorgesehenen
     Personen

     Es kann nur die Aufgliederung der auszusiedelnden Personen
     angegeben werden, weil die tatsächlich Ausgesiedelten noch
     nicht namentlich erfasst und aufgeschlüsselt vorliegen.

     a) 35 Landwirte
     b) 20 Geschäftsleute und Gastwirte
     c) 19 selbständige Unternehmer
     d) 28 selbständige Handwerker
     e) 52 Handwerksgehilfen
     f) 31 Angestellte
     g) 67 Arbeiter
     h) 15 Hausfrauen
     i) 5 Rentner
     j) 35 sonstige, zum Teil ohne Beruf

Abb. 24: „Aktion Ungeziefer" – Bericht der MfS-Kreisverwaltung Bad Salzungen, 9.6.1952 (Abschrift/Grafik vom Original).

Abb. 25: Marie-Luise Tröbs, die mit ihrer Familie 1961 zwangsausgesiedelt wurde, vor ihrem Elternhaus in Geisa.

Abb. 26: Georg Wagner war von 1995 bis 2007 Präsident des Bundes der in der DDR Zwangs-ausgesiedelten. Ihm zu Ehren ist die Straße in Geisa benannt.

Point Alpha

Abb. 27: Der Beobachtungsturm im US-Camp in den 1980er Jahren.

Abb. 28: ... und heute. Der Turm wurde vollständig im Original bewahrt und ist markanter Teil der Gedenkstätte Point Alpha.

Abb. 29: Tor im Grenzsignalzaun vor Geisa.

Abb. 30: Blick vom Beobachtungsturm, 1980er Jahre.

Abb. 31: Grenzbesucher am Point Alpha in den 1970er Jahren.

Schifflersgrund

Abb. 32: Blick von der Westseite auf den Schifflersgrund, 1989.

Abb. 33: ... und heute.

Abb. 34: Blick von der Ostseite her.

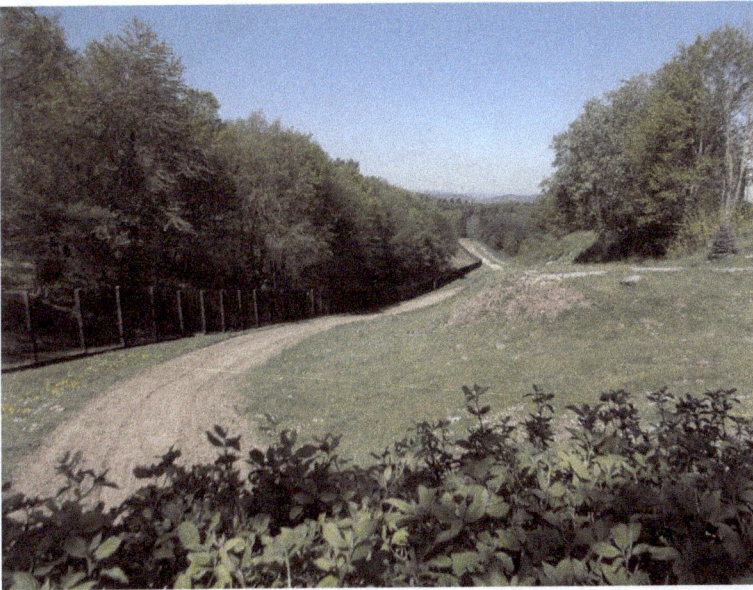

Abb. 35: Der 1.500 Meter lange Metallgitterzaun mit Kolonnenweg ist im Original erhalten und heute Teil des Grenzmuseums Schifflersgrund.

Abb. 36: Ein BGS-Hubschrauber am Schifflersgrund, 1985.

Abb. 37: Relikte der Grenzanlagen in der heutigen Gedenkstätte.

Abb. 38: Der DDR-Beobachtungsturm im Jahr 1991. Das Grenzmuseum Schifflersgrund wurde am 3. Oktober 1991 eröffnet und gehört somit zu den ältesten Grenzmuseen in Deutschland.

Abb. 39: Grenzzaun mit Selbstschussanlage Typ „SM 70".

Teil II: **Zwangsaussiedlungen in Thüringen**

Anke Geier

Der Auftakt zur Zwangsaussiedlung 1952: Kreisverweise in Thüringen 1945–1951

Einführung

Ausweisungen von Personen und auch ganzer Bevölkerungsgruppen aus einem Gebiet sind bereits für die Epoche der Frühen Neuzeit belegt und keine ausschließliche Begleiterscheinung der totalitären Systeme des 20. Jahrhunderts.[1] Der Landesverweis in der Frühen Neuzeit, die sogenannte Relegation, wurde als eine schwere Strafe und Alternative zur Todesstrafe angewandt und hatte seinen Ursprung im römischen Recht. In das deutsche Strafrecht wurde der Landesverweis in zweifacher Form übernommen. Er konnte zum einen für eine bestimmte Zeit und zum anderen auf ewige Dauer angeordnet werden.[2] Die Strafe ermöglichte einen Neuanfang, denn mit Ausnahme von der Region, aus der die Person relegiert wurde, konnte sie sich überall frei bewegen. Den frühneuzeitlichen obrigkeitsstaatlichen Institutionen war bewusst, dass das „Unruhepotential" mit der Verhängung des Landesverweises in vielen Fällen lediglich in ein anderes Territorium verlagert wurde, so dass die Relegation als Strafform schließlich kaum mehr angewandt wurde. Zudem machte die Etablierung des Zuchthaussystems die Anwendung dieser Strafform bald immer unattraktiver.[3] Der Blick in die Bestandsverzeichnisse der staatlichen Archive in Thüringen lässt jedoch erahnen, dass die Ausweisung auch bis ins 20. Jahrhundert eine bewährte Methode war, unliebsame Personen – nicht nur Landfremde – aus dem Gebiet zu entfernen. In der Form eines Verwaltungsaktes wurden Einzelpersonen auch im Kaiserreich, in der Weimarer Republik und im Nationalsozialismus aus entsprechenden Gebieten verwiesen.[4]

Nach dem Ende des Zweiten Weltkrieges wurden in der SBZ und DDR Ausweisungen mittels Kreisverweis zu einem Instrument der sich etablierenden kommunistischen Partei, um unerwünschte Personen zu vertreiben. Ausweisungen aus dem Kreis gingen einher mit Enteignungen landwirtschaftlicher Güter, aber auch privatwirtschaftlicher Betriebe, Hotels und Pensionen. Die Kreisverweise können bislang für den Zeitraum zwischen 1945 und 1953 belegt werden. In der wissenschaftlichen Literatur findet sich nur wenig zum Thema. Vereinzelte Hinweise auf Kreisverweise enthalten vor allem Publikationen, die sich mit der Verstaatlichung und Kollektivierung der Landwirtschaft befassen.[5] Ausweisungen im Zusammenhang mit Enteignungen wurden damals in der Öffentlichkeit als Kampagnen gegen die Parteigänger des nationalsozialistischen

Regimes begründet. Später, als die Entnazifizierung offiziell als abgeschlossen galt, genügte der Verweis auf das Wirtschaftsstrafrecht und auf entsprechende Verordnungen, um in inszenierten Prozessen die Beschlagnahmungen und Aussiedlungen zu legitimieren. Hierzu liegen ein paar wenige Ausarbeitungen unter rechtswissenschaftlichen und rechtshistorischen Aspekten vor.[6] Ein im Internet abrufbarer populärwissenschaftlicher Artikel zur „Aktion Oberhof" erschien 2010.[7] Einen ersten Einblick in das Thema der Kreisverweise in Thüringen habe ich im Jahr 2017 in der Zeitschrift „Gerbergasse 18" veröffentlicht.[8] Aussagekräftige Quellen liegen in den thüringischen Staats- und Kreisarchiven vor allem in Akten, die die Durchführung der Bodenreform dokumentieren, aber auch in Dokumenten der Verfolgerinstanzen (Volkspolizei, Staatssicherheit, Innenministerium Thüringens, Staatsanwaltschaften) vor.[9]

Kreisverweise im Zusammenhang mit der Bodenreform

In Thüringen sind die ersten Kreisverweise im Zusammenhang mit der Bodenreform nachweisbar und betrafen viele landwirtschaftlich geprägte Orte. Ab September 1945 wurde in allen Ländern der SBZ eine Bodenreform beschlossen. Unter der sozialistischen Parole „Junkerland in Bauernhand" kam es auch in Thüringen zu Vertreibungen enteigneter Landbesitzer aus ihren Heimatkreisen. Formale Grundlagen hierzu bildeten das Gesetz über die Bodenreform im Land Thüringen vom 10. September 1945, die Ausführungsverordnung zum Gesetz und weitere Verordnungen der Landesregierung. Im Bodenreformgesetz wurden zweierlei Motive für die umfassende Enteignung von Grundbesitzern deutlich. Neben dem vor allem propagierten politischen Motiv, die „Herrschaft der Junker und Großgrundbesitzer im Dorfe"[10] zu brechen und damit dem Faschismus den Nährboden zu entziehen, wurde ein sozialer Beweggrund genannt: Die Versorgung der vielen „Umsiedler", die aus den ehemaligen deutschen Ostgebieten in die SBZ strömten. Unter dem Druck der „Umsiedlerfrage" schlossen sich auch die bürgerlichen Parteien der Forderung nach einer Enteignung der Großgrundbesitzer an.[11] Das Enteignungskonzept sah vor, landwirtschaftliche Betriebe über 100 Hektar ohne Berücksichtigung des individuellen Verhaltens im Nationalsozialismus zu enteignen. Auch kleinere Höfe wurden beschlagnahmt, sofern die Besitzer als Kriegsverbrecher oder aktive NSDAP-Mitglieder eingestuft wurden. Das gesamte Vermögen der Familien wurde eingezogen und die Höfe unter treuhänderische Verwaltung gestellt. Innerhalb weniger Tage oder Stunden, nachdem der Kreisverweis mündlich oder schriftlich übermittelt wurde, mussten die Enteigneten dann mit ihren Familien den Hof und den Kreis verlassen. Eine Rückkehr in den Heimatort wurde untersagt. Die Betroffenen durften nur wenige persönliche Sachen und Hausrat mitnehmen. Mitunter überwachten Polizisten die Ausweisung. In vielen Fällen wurden bereits im Vorfeld zahlreiche Großgrundbesitzer verhaftet und in Speziallagern interniert.[12]

Die Sowjetische Militäradministration erklärte zum 1. Juni 1948 die Bodenreform als offiziell abgeschlossen. Bis dahin und auch danach traten aber immer wieder Probleme, Kritik und auch Widerstand gegen die Enteignungen und Kreisverweise auf. Die Bodenreform und die damit verbundenen Enteignungen unterschieden sich in Thüringen von der Gesamtentwicklung in der SBZ: Das „Junkertum" spielte hier eine untergeordnete Rolle, da sich 1945 nur etwa 1 Prozent des Bodens in der Hand von Großgrundbesitzern befand. Der ehemalige Besitz der thüringischen Landesherren war bereits in den 1920er Jahren in Staatsgut aufgegangen. Enteignet wurden vor allem Klein- und Mittelbauern, deren landwirtschaftliche Betriebe weit unter 100 Hektar lagen. Insgesamt wurden 1.011 Betriebe beschlagnahmt und das Land in den staatlichen Bodenfonds aufgenommen.[13] Die Zahl der mittels Kreisverweis aus Thüringen vertriebenen Bauern ist noch nicht erforscht.

Kreisverweise im Zusammenhang mit der Enteignung von Hotel- und Pensionsbesitzern in Oberhof – Die „Aktion Oberhof"

Der Archivar Norbert Moczarski machte bereits 1992 in einem Aufsatz auf die Zwangsaussiedlungen in Südthüringen aufmerksam. Darin schildert er auch detailliert die sogenannte „Aktion Oberhof". Diese Polizeiaktion umfasste die Enteignungen privater Hotels, Pensionen und Betriebe in Oberhof und die Ausweisung der Besitzer und Bewohner dieser Häuser aus dem Landkreis Suhl mittels des sogenannten Kreisverweises.[14] Die „Aktion Oberhof" verlief in drei Wellen zwischen dem 3. November 1950 und dem 7. Februar 1951. Entsprechend der eingesehenen Quellen wurden 51 Personen und ihre Familienangehörigen, d. h. zwischen 150 und 160 Personen, per Kreisverweis aus Oberhof zwangsausgesiedelt. Des Weiteren wurden ca. 30 Häuser (Hotels, Pensionen, Gasthäuser, private Betriebe) enteignet. Da zu diesem Zeitpunkt die Möglichkeit der Enteignung auf der Grundlage von SMAD-Befehlen – wie bei der Bodenreform und den Enteignungen von Industrieunternehmen – nicht mehr genutzt werden konnte, griff das Thüringer Innenministerium auf den Beschluss über die Abwehr der Sabotageakte des Ministerrates vom 26. Januar 1950 und nachfolgende Regelungen zurück.

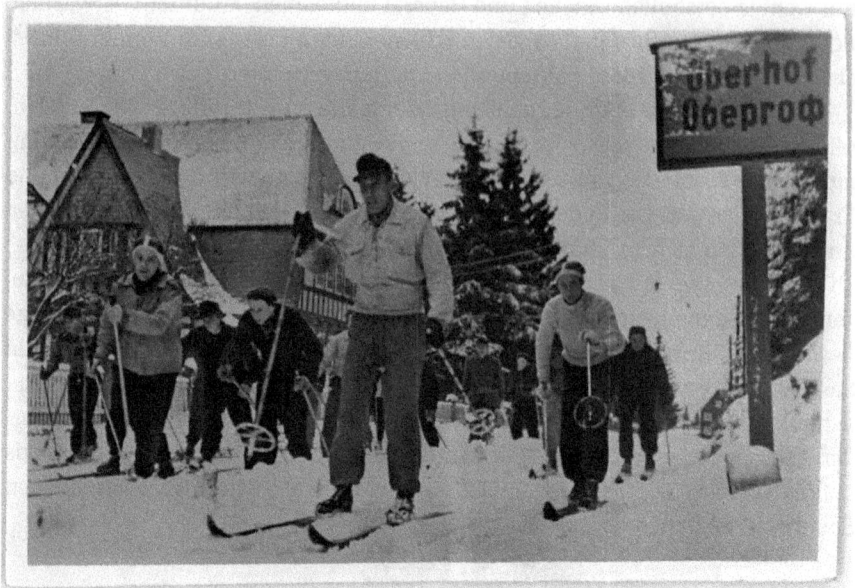

Abb. 40: Wintersportler in Oberhof im November 1950.

Abb. 41: Sporthotel in Oberhof, von der DDR-Propaganda als „Schiebernest" bezeichnet, 16. November 1950.

Abb. 42: 2. Wintersportmeisterschaften vom 11.–18.2.1951 in Oberhof.

Um die „Aktion Oberhof" zu verstehen, muss in das Jahr 1949 zurückgegangen werden. Im Kur- und Wintersportort Oberhof verschärfte sich im Frühjahr 1949 die Wohnraumlage zusehends. Etwa 1.100 Einwohner sowie 600 „Umsiedler" lebten in dem Ort, in dem bereits einige Häuser privater Hoteliers und Pensionsbesitzer enteignet und vom Feriendienst des Freien Deutschen Gewerkschaftsbundes (FDGB) übernommen worden waren.[15] Die Gemeinde Oberhof hatte nicht nur Schwierigkeiten, die neuen Einwohner angemessen unterzubringen, sondern auch die Kurgäste in Hotels und Pensionen zu beherbergen. Die „Umsiedler" belegten mindestens 300 Zimmer in den Ferienunterkünften und viele Häuser wurden bereits vom FDGB, dem Industrieministerium und weiteren staatlichen Einrichtungen für ihre Feriengäste in Anspruch genommen.

Zwischen dem 11. und 18. Februar 1951 sollten nun auch noch die zweiten Wintersportmeisterschaften der DDR in Oberhof ausgerichtet werden. Mit diesem Wettbewerb wurde beabsichtigt, Oberhof in Zukunft als *das* Wintersportzentrum der DDR und als *den* Kur- und Erholungsort der „Werktätigen" zu inszenieren. Den Ruf als exklusiven Erholungsort der Reichen und Mächtigen („das deutsche Sankt Moritz") hatte Oberhof auch noch nach 1945 inne. Teilweise wurde dieses Image dann zur Begründung der „Aktion Oberhof" herangezogen. So hieß es in einem Entwurf des Abschlussberichtes vom Einsatzleiter:

> Oberhof, ehemals einer der exklusivsten Kurorte Deutschlands, war auch nach 1945 wieder zum Tummelplatz von Leuten geworden, die ihr Geld auf leichte Art und Weise verdienen konnten. Schieber und Spekulanten beherrschten das Bild und Werktätige konnten in der reinen guten Luft Oberhofs keineswegs Erholung finden. Entsprechend dem sich immer mehr festigenden Bewusstsein unserer Menschen wurde jahrelang, von Jahr zu

Jahr heftiger, gegen dieses reaktionäre, militaristische Nest von Saboteuren und Agenten
inmitten unserer DDR angekämpft. Fruchtlose Beschwerden der einheimischen Werktätigen, von einzelnen proletarischen Kurgästen, Hinweise unserer Presse, des „Neuen
Deutschland", des „Volk" und der „Täglichen Rundschau" rissen zwar die Zustände in
Oberhof auf, konnten aber auch nicht verhindern, dass diese bis in die jüngste Zeit anhiel-
ten.[16]

Die Wintersportmeisterschaften im Februar 1951 waren schließlich propagandistisch extrem aufgeladen, da hier vor internationalem Publikum der Friedenswil-
le der noch jungen DDR und der Wille zur Einigung Deutschlands inszeniert
werden sollten. Die immense propagandistische Bedeutung wurde auch deutlich, da die Regierungsmitglieder Otto Grotewohl, Wilhelm Pieck und Walter
Ulbricht die Wintersportwettbewerbe besuchten.

Ein wesentlicher Grund für die Enteignungen und die in diesem Zusammenhang verhängten Kreisverweise gegen bestimmte Personen war also die Aus-
richtung der zweiten Wintersportmeisterschaften der DDR. Gleichzeitig bot sich
die Möglichkeit, „unliebsame" Personen aus Oberhof zu vertreiben. Es wurde
dem Deutschen Sportausschuss[17], der sich für die Organisation der einwöchigen
Wintersportveranstaltung verantwortlich zeichnete, schnell bewusst, dass ausreichend (staatliche) Unterkünfte für die aktiven Sportler, für die ausländischen
und inländischen Ehrengäste nicht zur Verfügung standen. Zahlreiche Hotels
und Pensionen befanden sich in Privatbesitz, d. h. die verantwortliche Quartierkommission des Deutschen Sportausschusses hatte keinen Zugriff auf diese Unterkünfte. Daher wurde eigens vom Thüringer Innenministerium die Polizeiverordnung zur Sicherung der Wintersportkämpfe in Oberhof im Winter 1950/51 erlassen, die am 8. November 1950 in Kraft trat.[18] Dem Deutschen Sportausschuss
und dessen Quartierkommission wurden hierin weitreichende Rechte zugestan-
den.

Um einen Zugriff auf die Hotels und Pensionen zu erhalten, wurde schließlich zum Mittel der Enteignung gegriffen. Hierzu war es jedoch notwendig, Beweise gegen die Besitzer zu finden, die eine Enteignung rechtfertigen würden.
Also sollten mit einer unangekündigten Durchsuchung der ausgewählten Häuser durch die Polizei Belege für diverse Vergehen gefunden werden.

Schon am 2. November 1950 erhielt der Thüringer Innenminister Willy Gebhardt ein vertrauliches Schreiben eines Vertreters des Deutschen Sportausschusses, in dem 18 Hotels und Pensionen sowie Wohnhäuser aufgeführt waren, „auf die der Deutsche Sportausschuss Wert legt".[19] Die ausgesuchten Häuser wurden ausführlich beschrieben: mit der Anzahl ihrer Zimmer, den
Besitzern und Angestellten sowie den dort wohnenden Familien und einquartierten „Umsiedlern" (mit Personenzahl und Beruf des Familienoberhauptes).

Dann folgte der „Vorschlag" des Verfassers, was mit den Bewohnern des Hauses zu geschehen sei: Bei den meisten schlug er die „Umquartierung", d. h. die Aussiedlung aus Oberhof, vor. So hieß es beispielsweise: „Wir sind der Auffassung, dass Frau H. ihren Lebensabend nicht unbedingt in Oberhof verbringen muss."[20]

Am selben Tag erhielt der Leiter des Dezernates B der Abteilung K[21] der Landespolizeibehörde der Volkspolizei in einer Besprechung von seinem Abteilungsleiter die Weisung, „die Säuberung Oberhofs durchzuführen".[22] Nachdem ihm das Ziel der Aktion aufgezeigt worden war, begannen die Vorbereitungen: Sofort erstellte er einen Einsatzplan und zog die „politisch klarsten und qualifiziertesten" Kräfte zusammen. Es sollten nur Volkspolizisten eingesetzt werden, die die Politik der SED stützten, mitunter sogar SED-Mitglied waren. Insgesamt wurden 29 Volkspolizisten der Abteilungen K sowie für finanzielle Überprüfungen drei Mitarbeiter der Landesfinanzdirektion und zwei Prüfer der Deutschen Notenbank nach Weimar bestellt. Noch am Abend des 2. November wurden sie „gemäß ihres politischen Bewußtseins" über ihren Einsatz instruiert und zur strengsten Verschwiegenheit verpflichtet.[23]

Am nächsten Tag, dem 3. November 1950, begann die „Aktion Oberhof" mit der Durchsuchung der 18 ins Auge gefassten Hotels und Pensionen. Früh um 6 Uhr fuhren die Einsatzkräfte mit einem Omnibus nach Oberhof. Dort wurden sie im Polizeigruppenposten über die Ermittlungen und die geplanten Kontrollen, die Durchführung und die entsprechenden Richtlinien genauestens informiert. Um 11.30 Uhr wurde der „erste Schlag" gegen die elf wichtigsten „Objekte"[24] geführt. Für jedes Haus war eine Einsatzgruppe von vier Personen – ein Gruppenleiter, zwei Sachbearbeiter und ein Finanzprüfer – vorgesehen. Eine Plankarte mit den gekennzeichneten Hotels und Pensionen in Oberhof half den ortsfremden Kräften bei der Orientierung.

Die Einsatzgruppen hatten das Überraschungsmoment auf ihrer Seite. Sie durchsuchten die Gebäude, überprüften und verhörten die angetroffenen Personen und verhafteten in der Folge einige Besitzer und deren Angehörige sowie Geschäftsführer und weitere in ihren Augen verdächtige Personen. In allen Häusern fanden sich Beweise gegen die Besitzer, denen schließlich vorgeworfen wurde, sich „mehr oder weniger staatsfeindlicher Umtriebe sowie [wegen] Verstöße[n] gegen wirtschaftliche Anordnungen"[25] strafbar gemacht zu haben. Die Vorwürfe lauteten: Verstöße gegen die Wirtschaftsstrafverordnung, gegen die Preisverordnung, gegen Meldevorschriften, antisowjetische Propaganda, republikfeindliche Bestrebungen und verbotene Beziehungen zum Ausland und zu Westdeutschland. Weitere sieben der ausgewählten 18 Häuser wurden am folgenden Tag durchsucht.

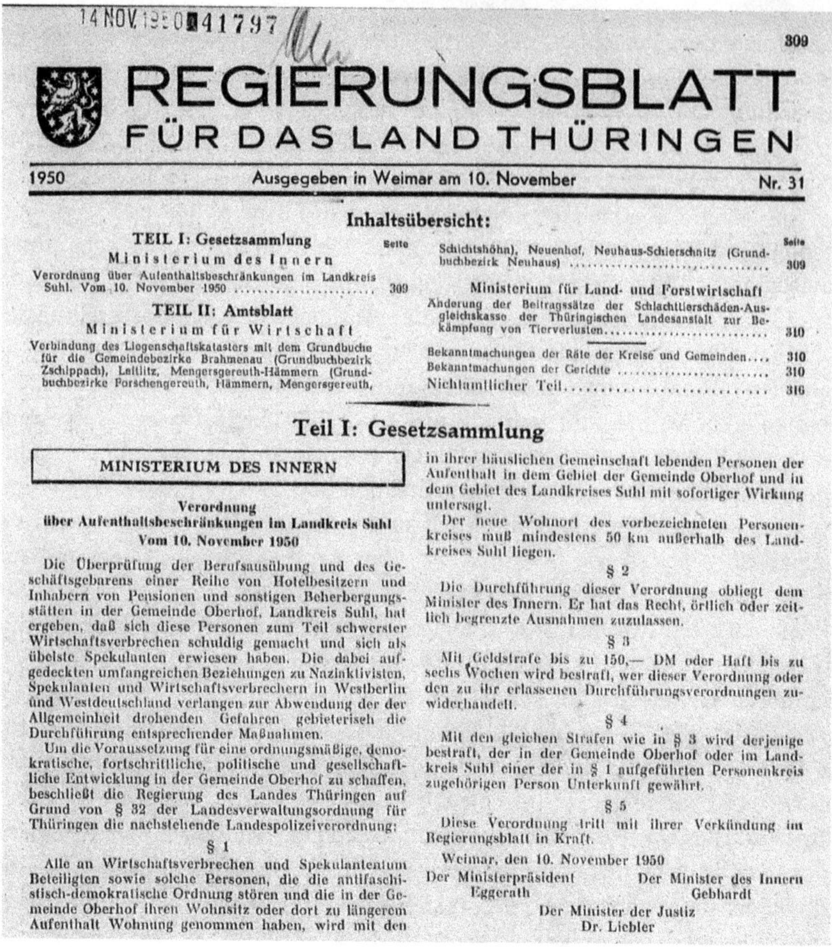

14 NOV 1950 41797

309

REGIERUNGSBLATT
FÜR DAS LAND THÜRINGEN

1950 Ausgegeben in Weimar am 10. November Nr. 31

Inhaltsübersicht:

Teil I: Gesetzsammlung

MINISTERIUM DES INNERN

Verordnung
über Aufenthaltsbeschränkungen im Landkreis Suhl
Vom 10. November 1950

Die Überprüfung der Berufsausübung und des Geschäftsgebarens einer Reihe von Hotelbesitzern und Inhabern von Pensionen und sonstigen Beherbergungsstätten in der Gemeinde Oberhof, Landkreis Suhl, hat ergeben, daß sich diese Personen zum Teil schwerster Wirtschaftsverbrechen schuldig gemacht und sich als übelste Spekulanten erwiesen haben. Die dabei aufgedeckten umfangreichen Beziehungen zu Naziaktivisten, Spekulanten und Wirtschaftsverbrechern in Westberlin und Westdeutschland verlangen zur Abwendung der der Allgemeinheit drohenden Gefahren gebieterisch die Durchführung entsprechender Maßnahmen.

Um die Voraussetzung für eine ordnungsmäßige, demokratische, fortschrittliche, politische und gesellschaftliche Entwicklung in der Gemeinde Oberhof zu schaffen, beschließt die Regierung des Landes Thüringen auf Grund von § 32 der Landesverwaltungsordnung für Thüringen die nachstehende Landespolizeiverordnung:

§ 1

Alle an Wirtschaftsverbrechen und Spekulantentum Beteiligten sowie solche Personen, die die antifaschistisch-demokratische Ordnung stören und die in der Gemeinde Oberhof ihren Wohnsitz oder dort zu längerem Aufenthalt Wohnung genommen haben, wird mit den in ihrer häuslichen Gemeinschaft lebenden Personen der Aufenthalt in dem Gebiet der Gemeinde Oberhof und in dem Gebiet des Landkreises Suhl mit sofortiger Wirkung untersagt.

Der neue Wohnort des vorbezeichneten Personenkreises muß mindestens 50 km außerhalb des Landkreises Suhl liegen.

§ 2

Die Durchführung dieser Verordnung obliegt dem Minister des Innern. Er hat das Recht, örtlich oder zeitlich begrenzte Ausnahmen zuzulassen.

§ 3

Mit Geldstrafe bis zu 150,— DM oder Haft bis zu sechs Wochen wird bestraft, wer dieser Verordnung oder den zu ihr erlassenen Durchführungsverordnungen zuwiderhandelt.

§ 4

Mit den gleichen Strafen wie in § 3 wird derjenige bestraft, der in der Gemeinde Oberhof oder im Landkreis Suhl einer der in § 1 aufgeführten Personenkreis zugehörigen Person Unterkunft gewährt.

§ 5

Diese Verordnung tritt mit ihrer Verkündung im Regierungsblatt in Kraft.

Weimar, den 10. November 1950

Der Ministerpräsident
Eggerath

Der Minister des Innern
Gebhardt

Der Minister der Justiz
Dr. Liebler

Abb. 43: Verordnung über Aufenthaltsbeschränkungen im Landkreis Suhl, 10. November 1950.

Die polizeilichen Ermittlungen Anfang November waren allerdings nur der Auftakt der „Aktion Oberhof". Fotografen und Reporter von „Das Volk" und der „Neuen Berliner Illustrierten" wurde nach Oberhof geschickt, um über die Ereignisse zu berichten. Die Ermittlungsergebnisse wurden in vorbereiteten Pressemeldungen ganz im Sinne der Kommunisten kommentiert: So enthielten beispielsweise die Artikel, die am 10. November 1950 und am 11. November in der Zeitung „Das Volk" abgedruckt wurden, Vorverurteilungen gegen die Hotel- und Pensionsbesitzer: „Nazistische Umtriebe und Schiebereien in Oberhof aufgedeckt" und „Eine lange Liste von Verbrechen. Das Ergebnis der polizeilichen Ermittlungen über die republikfeindlichen Umtriebe von Hoteliers und Pensionsbesitzern in Oberhof".[26] So hätten sich die Hotel- und Pensionsbesitzer gegen die Aufbauarbeit in der DDR betätigt und ihre Bestrafung würde

> ... ein weiterer Akt der Demokratisierung und der Säuberung unseres Landes von feindlichen Elementen sein. Ihre Bestrafung wird weiter dazu beitragen, daß Oberhof den Sportlern unserer Deutschen Demokratischen Republik zur Erreichung von Höchstleistungen offensteht. Oberhof ist nicht mehr der Kurort einer dünnen Schicht von Ausbeutern. Oberhof muß der Erholungsort der Werktätigen sein.[27]

Um die Beschlagnahme der Häuser abzuschließen und die geplante Ausweisung der Hotel- und Pensionsbesitzer, einiger Angestellter und einquartierten „Umsiedler" in der Öffentlichkeit zu legitimieren, erließ das thüringische Ministerium des Innern am 10. November 1950 die Verordnung über Aufenthaltsbeschränkungen im Landkreis Suhl.[28] Damit wurde „alle[n] an Wirtschaftsverbrechen und Spekulantentum Beteiligten sowie solche[n] Personen, die die antifaschistisch-demokratische Ordnung stören"[29], der Aufenthalt in der Gemeinde Oberhof und dem Landkreis Suhl untersagt. Die Verordnung war derart weit gefasst, dass zahlreiche Personen auf ihrer Grundlage ausgewiesen werden konnten. Im Prinzip fiel hierunter jeder, der sich gegen die Politik der SED positionierte, der durch seine nationalsozialistische Vergangenheit auffiel, der verwandtschaftliche Beziehungen nach Westdeutschland hatte oder der beispielsweise keiner geregelten Arbeit nachging.

Die Polizeiverordnung erschien im Regierungsblatt am 13. November 1950. An diesem Tag wurden die ersten 26 Personen und ihre Familienangehörigen – insgesamt 89 Personen – per Kreisverweis aus Oberhof und dem Landkreis Suhl ausgewiesen.[30] Ähnlich den im Juni 1952 stattgefundenen Aussiedlungen in vielen Orten im Sperrgebiet an der innerdeutschen Grenze, traf der Kreisverweis die Betroffenen völlig überraschend. Unter polizeilicher Bewachung wurde dem jeweiligen Familienvorstand ab früh um 9 Uhr die Aussiedlung übermittelt. Es wurde erlaubt, Möbel und persönliche Gegenstände mitzunehmen. Den Transport der Möbel und des Eigentums übernahmen Mitarbeiter des Ministeriums für Verkehr. Volkspolizisten überwachten die Transporte. Um 17.45 Uhr war der Großteil der Ausweisungsaktion abgeschlossen. „Spontan" wurden noch einige zusätzliche Personen auf die Umsiedlungsliste geschrieben. Dies geschah unter anderem auf Anweisung des Landespolizeichefs, Chefinspektor König, der gemeinsam mit dem Weimarer Abteilungsleiter der Kriminalpolizei der Landespolizeibehörde früh um 9 Uhr in Oberhof eingetroffen war, um die Ausweisungsaktion persönlich zu verfolgen. So wurde der Besitzer des Kinos (und dessen Frau und Vater) auf Königs Initiative kreisverwiesen. Auch der Pächter des „Kaffee Bobhaus" und dessen Frau wurden ausgesiedelt. In der Begründung hierzu hieß es:

Belastungen gegen diesen wurden erst in der letzten Phase bekannt, so dass nachträglich und zusätzlich noch ein Fahrzeug eingesetzt wurde, um diese Überführung vorzunehmen.[31]

Entsprechend der Abschlussberichte der involvierten Polizisten verlief die Ausweisungsaktion „reibungslos", lediglich der Besitzer des Hauses Quisisana konnte während der Beräumung seiner Pension fliehen. In der Polizeiverordnung über Aufenthaltsbeschränkungen im Landkreis Suhl war festgelegt worden, dass der neue Wohnort mindestens 50 Kilometer außerhalb des Landkreises liegen musste. Aus den Quellen im Hauptstaatsarchiv wurde deutlich, dass als neue Wohnorte der kreisverwiesenen Familien die folgenden Orte vorgesehen waren: Bad Köstritz, Berga/Elster, Eisenberg, Gera, Gößnitz, Greußen, Hohenleuben, Münchenbernsdorf, Rastenberg, Schmölln, Weida, Weimar, Wünschendorf und Zeulenroda.[32]

Am 25. November 1950 fand eine zweite Ausweisungs- und Enteignungsaktion statt, bei der 12 Personen mit Familienangehörigen, insgesamt 40 Personen, aus dem Kreis verwiesen wurden. In den Augen der Machthaber stellten diese vorrangig aufgrund ihrer „antidemokratischen und unsozialistischen Verhaltensweise" einen „Unruheherd" in Oberhof dar. Sie waren zwischen 1933 und 1945 in nationalsozialistischen Organisationen organisiert (NSDAP, SS), ihnen wurden „Schwarzhandel", Preisverstöße und „antidemokratische Hetze" vorgehalten. Interessanterweise dienten als Begründung auch Kontakte zum „RIAS-Mann" Heinz Frentzel[33], der nach einem Gefängnisaufenthalt und der anschließenden Flucht aus der SBZ 1949 beim Radiosender RIAS[34] in Westberlin arbeitete. Nun standen dessen Schwiegervater sowie die Mutter eines Freundes auf der Aussiedlungsliste.[35] Nach dieser zweiten Ausweisungsaktion informierte der Innenminister Willy Gebhardt das Büro von Walter Ulbricht, dass die

> ... durch die Polizeimassnahmen in Oberhof freigewordenen Objekte, Hotels und Pensionen [...] dem Deutschen Sportausschuss vorerst für die Abwicklung der Wintersportfeste zur Verfügung gestellt worden [sind].[36]

Eine dritte Aussiedlungs- und Enteignungsaktion fand am 7. Februar 1951, also kurz vor der zweiten Wintersportmeisterschaft der DDR statt. 13 Personen und ihre Familienangehörigen, also über 20 Personen, wurden des Kreises verwiesen. Acht Hotels und Pensionen kamen in treuhänderische Verwaltung des Landes Thüringen und der Gemeinde Oberhof. Zudem wurden mindestens drei Lehrer versetzt. Unter strikter Geheimhaltung wurden diese Ausweisungen seit dem 19. Januar 1951 intensiv vorbereitet, wobei auch hier im Vorfeld eine Liste über auszuweisende Personen erstellt wurde. Unter den Ausgewiesenen befanden sich vor allem Personen, die die vorherigen Aussiedlungen und Enteignungen vom November 1950 missbilligt hatten.[37]

Die Häuser, die während der „Aktion Oberhof" enteignet wurden, wurden zunächst durch Treuhänder des Deutschen Sportausschusses (und damit vom FDGB) verwaltet und später in Volkseigentum als staatliche Erholungs- und Kureinrichtungen überführt.

Kreisverweise als Vorläufer der Zwangsaussiedlungen

Die Kreisverweise in Oberhof im Rahmen der „Aktion Oberhof" zeigen viele Ähnlichkeiten mit den Zwangsaussiedlungen an der innerdeutschen Grenze im Juni 1952. Im Folgenden werden diese Gemeinsamkeiten noch einmal aufgeführt.

Im Vorfeld der Ausweisungsaktion wurde zunächst ein bestimmtes Feindbild generiert, das propagandistisch benutzt wurde, um Stimmung gegen die Menschen, die unter diesem Feindbild subsumiert wurden, zu machen. In den Medien, vor allem in den SED-nahen Zeitungen, wurde dieses Feindbild schon im Vorfeld der Ausweisungsaktion verbreitet. Auch nach den Ausweisungen wurde dieses Bild genutzt, um die Menschen weiter einzuschüchtern. Die Volkspolizei arbeitete den Presseorganen sogar zu und hatte zur letzten Ausweisungswelle am 7. Februar 1951 bereits einen entsprechenden Text vorbereitet. Die Überschrift lautete: „Noch einmal Oberhof!" Im Artikel hieß es dann unter anderem:

> Nachdem die notwendigen Bereinigungsmaßnahmen beendet waren, hat es in Oberhof auch noch Leute gegeben, die unter dem Gefühl, eine schmutzige Weste zu haben, bereits auf ihren gepackten Koffern saßen. Diesen und allen anderen, die nicht gewillt sind, am Aufbau ihrer Gemeinde und damit in der Deutschen Demokratischen Republik mitzuarbeiten, sei mit aller Deutlichkeit gesagt, daß sie jederzeit damit rechnen müssen, für ihr verantwortungsloses und gemeinschaftsschädigendes Verhalten zur Verantwortung gezogen zu werden.[38]

Neben dem Feindbild und der Propaganda im Vorfeld und im Nachgang der Ausweisungsaktion zeigen sich weitere Parallelen zur Zwangsaussiedlungsaktion 1952, beispielsweise in den Begründungen, bestimmte Personen und ihre Familienmitglieder auszuweisen. Die Ausweisungsgründe der Verfolgerinstanzen Volkspolizei und Staatssicherheit gleichen denen der Aussiedlungen an der Grenze 1952: „Sabotage", „Wirtschaftsverbrechen", „antidemokratische Hetze", nationalsozialistische Belastung usw.

Abb. 44: DDR-Propagandaaufnahme arrangierten Schmuggelgutes aus den Oberhofer Hotelbetrieben, 16. November 1950.

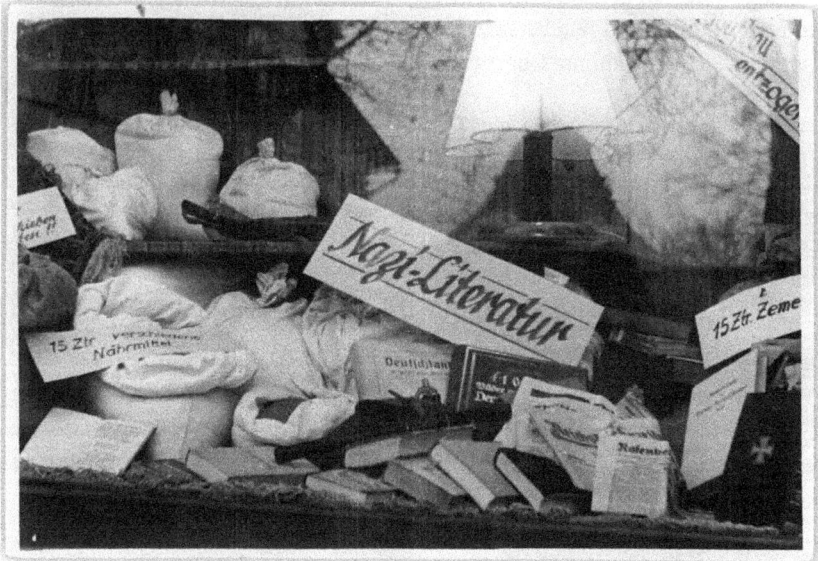

Abb. 45: In Oberhof ausgestellte „Schmuggelware" aus den enteigneten Betrieben, 16. November 1950.

Abb. 46: Die DDR-Nachrichtenagentur ADN meldete: „Werktätige betrachten die Schieberwaren und die Naziliteratur der Schieber in Oberhof", 16. November 1950.

Vorbereitung und Durchführung der „Aktion Oberhof" ähnelten denen der Aussiedlungsaktion 1952 ebenfalls, wobei sich in den Quellen andeutet, dass die Organisation im Mai und Juni 1952 strukturierter ablief und die Umsetzung 1952 straffer geplant war: Über die auszuweisenden Personen wurden listenmäßige „Dossiers" erstellt, die zur Begründung des Kreisverweises herangezogen wurden. Die Dokumente umfassten Name, Vorname, Adresse, Anzahl der Familienmitglieder, Anzahl der bewohnten Räume, Beruf und Beschäftigung und eine ausführliche Begründung für die geplante Ausweisung. Die zur Ausweisung vorgesehenen Personen kamen auf die Liste, da sie in den Fokus der Ermittler gerieten. Im Vorfeld der Ausweisungen in Oberhof ermittelten Volkspolizei, Ministerium für Staatssicherheit (MfS) und „zuverlässige Vertrauensleute" gegen die betreffenden Personen. Um die Besitz- und Finanzverhältnisse der ausgewählten Häuser zu überprüfen und um die Enteignungen der Häuser durchzusetzen, wurden unter anderen beim Amtsgericht Zella-Mehlis durch Vertreter der Landesfinanzdirektion, der Deutschen Notenbank und des Finanzamtes Suhl die Grundbücher durchgesehen und weitere finanzielle Nachforschungen angestellt. Die Volkspolizei sammelte schließlich alle Ermittlungsergebnisse, wertete diese aus und fasste die hierauf beruhenden Ausweisungsvorschläge in einer Liste zusammen. Diese Liste sprachen dann Vertreter der Landesbehörde der Volkspolizeiabteilung K, des MfS, die stellvertretende Bürgermeisterin Oberhofs und der Vorsitzende der SED-Ortsgruppe durch, d. h. die SED wurde auch hier in den Auswahlvorgang einbezogen. Abschließend wurde der auszuweisende Personenkreis festgelegt. Dieser Ausweisungsliste wurde schließlich auf Landesebene vom Landesvorsitzenden der SED, Erich Mückenberger, dem Innenminister, dem Chef der Volkspolizei und einem Vertreter des MfS zugestimmt. Daneben beeinflusste auch der Deutsche Sportausschuss die Entscheidungen maßgeblich – zumindest im Vorfeld der ersten Ausweisungswelle zum 13. November 1950 –, als er die ins Auge gefassten Häuser benannte. Es waren eine

Reihe Institutionen eingebunden: Die in die Vorbereitung eingebundenen Kräfte wurden eben schon erwähnt. Die Durchführung der Aktionen wurde maßgeblich in die Hände der Volkspolizei gelegt. Aber auch andere Behörden waren vertreten, beispielsweise das Ministerium für Verkehr für den Transport der Kreisverwiesenen und ihrer Habseligkeiten und Mitarbeiter des Rates des Kreises für die Inventuraufnahme am Tag der Ausweisung. Auch die Landräte des Kreises, aus dem ausgesiedelt wurde, waren 1950/1951 und 1952 eingebunden. Die Landräte und Oberbürgermeister der aufnehmenden Landkreise und Städte wurden im Vorfeld ebenso informiert, d. h. wie bei der Zwangsaussiedlungsaktion 1952 stand der neue Wohnort der Auszuweisenden bereits vorher fest.

Die Kreisverweise im Zusammenhang mit der Bodenreform konnten nur knapp beleuchtet werden. Diese Kreisverweise unterscheiden sich unter anderem insofern, dass die Betroffenen zwar aus dem Kreis verwiesen wurden, ihren neuen Wohnort aber frei wählen durften. Die Kreisverweise im Zusammenhang mit der Bodenreform sollten diesbezüglich eher als Einzelausweisungen angesehen werden, auch da die Kreisverweise den Betroffenen zeitlich unterschiedlich ausgesprochen wurden, und da die eigentliche Ausweisung nicht in eine „Aktion" eingebunden war, die unter strenger Geheimhaltung vorbereitet und in Nacht-und-Nebel durchgeführt wurde.

Schlussbetrachtungen

Nach der „Aktion Oberhof" fanden in weiteren Ferienorten des Thüringer Waldes (Friedrichroda, Tabarz, Bad Liebenstein, Tambach-Dietharz) Enteignungen von Hotels und Pensionen statt („Sonderaktion Gotha"). Die Enteignung privater Hotel- und Pensionsbesitzer in Oberhof aber war das Schaustück einer wirtschaftlichen und gesellschaftlichen Umwälzung per Gerichtsurteil und zugleich Vorläufer weiterer Enteignungsaktionen zur Verstaatlichung des Tourismus in den ostdeutschen Mittelgebirgen und an der Ostsee. Die umfangreichste Überführung privatrechtlicher in volkswirtschaftliche Strukturen im Fremdenverkehr fand schließlich mit der Aktion „Rose" im Februar und März 1953 an der Ostseeküste statt, als 440 Hotels und Pensionen und 181 Restaurants und Häuser beschlagnahmt und die meisten Besitzer ausgewiesen wurden.[39]

Bei der weiteren Erforschung der Kreisverweise in Thüringen ist es unbedingt notwendig, jeden Fall der Kreisverweisung innerhalb der komplexen Gemengelage der damaligen Zeit zu betrachten. Der Kreisverweis wurde in der SBZ/DDR nicht nur angewandt, um Nationalsozialisten, Kriegsverbrecher, Großgrundbesitzer und sogenannte Wirtschaftsverbrecher zu vertreiben, die die neue sozialistische Ordnung ablehnten, sondern auch um all jene Personen auszuweisen, die sich der neu formierenden Herrschaft der kommunistischen Partei entgegenstellten. Es sind weitere Quellen zu erschließen und in die Betrachtung einzubeziehen.

Vertreibungsereignisse unter der kommunistischen Herrschaft werden zunehmend in der Geschichtsforschung diskutiert. Dem geht eine veränderte Betrachtungsweise der Vertreibungen in der wissenschaftlichen Debatte voraus: Vertreibung und Flucht werden nicht mehr ausschließlich national interpretiert, sondern in größeren, internationalen Zusammenhängen untersucht. Ein vergleichender Ansatz ermöglicht es, die staatlich intendierten Vertreibungen der kommunistischen Diktaturen – zu denen auch die Kreisverweise in Oberhof und die Zwangsaussiedlungen an der innerdeutschen Grenze 1952 und 1961 in der DDR gezählt werden können – als ein wichtiges Instrument der Politik zu begreifen, das auch dazu diente, die Herrschaft der kommunistischen Regime zu etablieren und zu festigen.[40] Die Forschung hierzu befindet sich allerdings noch am Anfang. Auf einer Tagung, die der Landesbeauftragte und die Point Alpha Stiftung gemeinsam am 6. und 7. April 2017 in Geisa ausrichteten, wurde das Thema von jungen Nachwuchswissenschaftlern und renommierten Forschern aus Polen, Russland, Ungarn, Slowenien, Tschechien und Deutschland diskutiert. Hierbei wurde deutlich, dass Vertreibungen und Zwangsaussiedlungen ein länderübergreifendes Phänomen kommunistischer Diktaturen waren.

Anmerkungen

1 Vgl. hierzu die lesenswerte Studie: Steiner, Stephan: Rückkehr unerwünscht. Deportationen in der Habsburgermonarchie der Frühen Neuzeit und ihr europäischer Kontext. Wien/Köln/Weimar 2014.
2 Vgl. Schnabel-Schüle, Helga: Die Strafe des Landesverweis in der Frühen Neuzeit. In: Gestrich, Andreas (Hrsg.): Ausweisung und Deportation. Formen der Zwangsmigration in der Geschichte (= Stuttgarter Beiträge zur historischen Migrationsforschung, Bd. 2). Stuttgart 1995, S. 73–82, hier S. 74.
3 Vgl. Steiner (wie Anm. 1), S. 34–35 und Schwerhoff, Gerd: Vertreibung als Strafe. Der Stadt- und Landesverweis im Ancien Régime. In: Hahn, Sylvia/Komlosy, Andrea/Reiter, Ilse (Hrsg.): Ausweisung – Abschiebung – Vertreibung in Europa. 16.–20. Jahrhundert. Innsbruck/Wien/Bozen 2006, S. 48–72.
4 Im Archivportal Thüringen, das im Internet abrufbar ist, können unter dem Stichwort „Ausweisung" zahlreiche Archivaliensignaturen aufgerufen werden, in denen die Ausweisung von Einheimischen, aber auch von Ausländern, deutlich wird. Im Staatsarchiv Altenburg enthält beispielsweise die Akte mit der Signatur 5291 im Bestand Ministerium zu Altenburg, Abteilung des Innern (1866–1922), Polizeisachen eine Beiakte mit einem Verzeichnis der ausgewiesenen bzw. der mit Ausweisung bedrohten Personen von 1901 bis 1920 aus Sachsen-Altenburg (www.archive-in-thueringen.de; abgerufen am 26.2.2019).

5 Vgl. u. a. die Erinnerungsberichte der Ausgewiesenen im Zusammenhang mit der Bodenreform in: Kruse, Joachim von (Hrsg.): Weißbuch über die „Demokratische Bodenreform" in der Sowjetischen Besatzungszone Deutschlands. Dokumente und Berichte, erweiterte Neuauflage. München/Stamsried 1988, S. 22–93; Schöne, Jens: Das sozialistische Dorf. Bodenreform und Kollektivierung in der Sowjetzone und DDR (= Schriftenreihe des Sächsischen Landesbeauftragten für die Stasi-Unterlagen, Bd. 8). Leipzig 2008, S. 54–82.

6 Vgl. Müller, Klaus: Die Lenkung der Strafjustiz durch die SED-Staats- und Parteiführung der DDR am Beispiel der Aktion Rose. Greifswald 1995; Werkentin, Falco: Politische Strafjustiz in der Ära Ulbricht (= Forschungen zur DDR-Geschichte, Bd. 1). Berlin 1995, S. 52–67; Weber, Petra: Justiz und Diktatur. Justizverwaltung und politische Strafjustiz in Thüringen 1945–1961 (= Quellen und Darstellungen zur Zeitgeschichte, Bd. 46). München 2000, S. 120–132 und S. 196–201. Zur Ausweisung des Thüringer Industriellen Franz Itting (1875–1967): Grafe, Roman: Mehr Licht. Das Lebenswerk des „Roten Itting". Halle (Saale) 2012.

7 Vgl. Taubert, Klaus: Rauswurf aus dem Paradies. Hotelenteignungen in Oberhof. In: Spiegel 2010 (www.spiegel.de/einestages/hotelenteignungen-in-oberhof-a-946622.html; abgerufen am 26.2.2019).

8 Vgl. Geier, Anke: „Die Nichtbefolgung dieser Massnahme zieht Zwangsmassnahme nach sich." Kreisverweise in Thüringen zwischen 1945 und 1951. In: Gerbergasse 18. Thüringer Vierteljahresschrift für Zeitgeschichte und Politik, Nr. 83, 2017, S. 43–47.

9 Vgl. auch Moczarski, Norbert: „Aktion Oberhof" 1950/51. In: Archivalische Quellen über die Vorbereitung und Durchführung der Zwangsaussiedlungen zu Beginn der 50er und 60er Jahre in Südthüringen. In: Jahrbuch des Hennebergisch-Fränkischen Geschichtsvereins, Bd. 7 (1992), S. 317–321.

10 Gesetz über die Bodenreform im Lande Thüringen vom 10. September 1945. In: Regierungsblatt für das Land Thüringen, Nr. 5 (1945) vom 22.9.1945, S. 13.

11 Vgl. Suckut, Siegfried: Der Konflikt um die Bodenreformpolitik in der Ost-CDU 1945. Versuch einer Neubewertung der ersten Führungskrise der Union. In: Deutschland Archiv 15, 1982, Heft 10, S. 1080–1095, hier S. 1084 f.

12 Vgl. das Vorgehen in Mecklenburg-Vorpommern in: Bastian, Uwe: Sozialökonomische Transformationen im ländlichen Raum der neuen Bundesländer (= Dissertation an der FU Berlin), Berlin 2003, S. 90–91.

13 Vgl. Kaiser, Jochen-Christoph: Klientelbildung und Formierung einer neuen politischen Kultur. Überlegungen zur Geschichte der Bodenreform in Thüringen. In: Bauerkämper, Arnd (Hrsg.): „Junkerland in Bauernhand"? Durchführung, Auswirkungen und Stellenwert der Bodenreform in der Sowjetischen Besatzungszone (= Historische Mitteilungen, Bd. 20), Stuttgart 1996, S. 119–131, hier S. 123.

14 Vgl. Moczarski (wie Anm. 9), S. 317–321.

15 Vgl. Gemeinderat Oberhof an den Kreistag des Kreises Gotha am 21.4.1949 (Landesarchiv Thüringen – Staatsarchiv Gotha [LATh – StAG], Kreisrat Gotha 2-34-0496, Nr. 33, Blatt 106–108): Zu den bereits enteigneten Häusern zählten u. a. das Hotel Schweizerhof, die Häuser Eisenhart, Wissner und Ellinor, das Gasthaus zur Post sowie das Hotel Thüringer Wald.

16 Entwurf zu einem ausführlichen Bericht über die Aktion Oberhof vom Einsatzleiter, ohne Datum (vermutlich Dezember 1950) (Landesarchiv Thüringen – Hauptstaatsarchiv Weimar [LATh – HStAW], Land Thüringen – Landesbehörde der Volkspolizei Thüringen, Nr. 142, Bd. 1, Bl. 190).

17 Träger des Deutschen Sportausschusses waren der FDGB und die Jugendorganisation FDJ.

18 Vgl. Landespolizeiverordnung zur Sicherung der Wintersportkämpfe in Oberhof 1950/51 (LATh – HStAW, Land Thüringen – Ministerium des Innern, Nr. 788, Bl. 127).

19 Vgl. Vertrauliches Schreiben an Minister Willy Gebhardt vom 2.11.1950 (LATh – HStAW, Land Thüringen – Ministerium des Innern, Nr. 788, Bl. 114): Das waren Golfhotel, Sporthotel, Haus Horn, Haus Edelweiss, Haus Eulenspiegel, Fremdenhaus Charlottenhaus, Haus Nix, Haus Diana, Fremdenheim Augusta, Haus Donnershaugk, Haus Reyher, Pension Kurmittelheim, Haus Ruheck, Haus in der Sonne, Haus Spangenberg, Haus Quisisana, Haus Morgenstern und Haus Klara.

20 Vgl. LATh – HStAW, Land Thüringen – Ministerium des Innern, Nr. 788, Bl. 119.

21 K steht für Kriminalpolizei.

22 Entwurf zu einem ausführlichen Bericht über die Aktion Oberhof vom Einsatzleiter, ohne Datum (vermutlich Dezember 1950) (LATh – HStAW, Land Thüringen – Landesbehörde der Volkspolizei Thüringen, Nr. 142, Bd. 1, Bl. 190).

23 Vgl. Entwurf eines Berichtes zur „Aktion Oberhof" vom Einsatzleiter, 30.11.1950 (LATh – HStAW, Land Thüringen – Landesbehörde der Volkspolizei Thüringen, Nr. 142, Bd. 1, Bl. 202).

24 Golfhotel, Sporthotel, Haus Nixe, Haus Klara, Haus Diana, Charlottenhaus, Haus Spangenberg, Haus Edelweiß, Haus Eulenspiegel, Haus Augusta, Haus in der Sonne.

25 Entwurf eines Berichtes zur „Aktion Oberhof" vom Einsatzleiter, 30.11.1950 (LATh – HStAW, Land Thüringen – Landesbehörde der Volkspolizei Thüringen, Nr. 142, Bd. 1, Bl. 204).

26 Vgl. die Zeitungsmeldungen vom 10. und 11.11.1950 in „Das Volk" (LATh – HStAW, Land Thüringen – Ministerium des Innern, Nr. 788, Bl. 7–8).

27 Artikel vom 11.11.1950 in „Das Volk", Ausgabe-Nr. 262 (LATh – HStAW, Land Thüringen – Ministerium des Innern, Nr. 788, Bl. 8).

28 Verordnung über die Aufenthaltsbeschränkungen im Landkreis Suhl vom 10. November 1950. In: Regierungsblatt für das Land Thüringen, Nr. 31 (1950) vom 10.11.1950, S. 309.

29 Paragraf 1 der Verordnung über die Aufenthaltsbeschränkungen im Landkreis Suhl vom 10. November 1950. In: Regierungsblatt für das Land Thüringen, Nr. 31 (1950) vom 10.11.1950, S. 309.

30 Vgl. Vorläufiger Abschlussbericht betr. „Aktion Oberhof" vom 18.11.1950 (LATh – HStAW, Land Thüringen – Landesbehörde der Volkspolizei Thüringen, Nr. 142, Bd. 1, Bl. 215). Die Gemeinde Oberhof wechselte mit der Kreisreform in der DDR am 1.7.1950 in den Landkreis Suhl, zuvor zählte sie zum Landkreis Gotha.

31 Telefonische Durchsage vom Einsatzleiter an die Landesbehörde der Volkspolizei, Abteilung K am 13.11.1950 (LATh – HStAW, Land Thüringen – Landesbehörde der Volkspolizei Thüringen, Nr. 142, Bd. 1, Bl. 246).

32 Vgl. Auflistung der Ausgewiesenen mit den neuen Wohnorten (LATh – HStAW, Land Thüringen – Landesbehörde der Volkspolizei Thüringen, Nr. 142, Bd. 1, Bl. 247–249). Die aufnehmenden Kreise waren der Stadt- und Landkreis Weimar, der Stadt- und Landkreis Jena, der Stadt- und Landkreis Gera sowie die Landkreise Greiz und Altenburg.

33 Vgl. zur Vita von Heinz Frentzel: Decker, Kerstin: Heinz Frentzel. Eine freie Stimme der freien Welt. Des Feindes Lieblingsfeind vom 13.4.2007 (www.tagesspiegel.de/wirtschaft/heinz-frentzel/834078.html; abgerufen am 28.2.2019): Frentzel wurde 1921 in Berlin geboren. Nach Oberhof kam er 1945, als er dort eine Verwundung auskurierte, die er sich als Panzerkommandant der Wehrmacht in Jugoslawien zuzog. Im Kaffee Hofmann (Konditorei und Hotel in Oberhof) traf er dann seine künftige Frau Liselotte Hofmann. Frentzel arbeitete zunächst als Regierungsinspektor im Thüringer Volksbildungsministerium in Weimar, danach als Redakteur im Ressort Innenpolitik und Kultur bei der Zeitung Thüringer Landvolk und anschließend beim Thüringer Landessender. Schließlich wurde er verhaftet (die Gründe sind der Autorin unbekannt) und floh nach der Haftentlassung mit seiner Frau und seinen zwei Kindern nach Westdeutschland. Dort arbeitete er ab 1948 als politischer Kommentator beim Süddeutschen Rundfunk und von 1949 bis 1982 beim RIAS.

34 Der RIAS (Rundfunk im amerikanischen Sektor) wurde von der DDR 1949 zum Propagandainstrument des politischen Gegners erklärt. In zahlreichen DDR-Strafprozessen der 1950er Jahre wurde das unerlaubte Hören des RIAS abgeurteilt. Teilweise wurde beim RIAS Propaganda gegen die DDR betrieben, um diese zu destabilisieren, wie Gerhard Löwenthal in seinen Memoiren schrieb: vgl. Arnold, Klaus/Claasen, Christoph (Hrsg.): Zwischen Pop und Propaganda: Radio in der DDR, Berlin 2004, S. 212 f.

35 Vgl. Liste der Objekte (LATh – HStAW, Land Thüringen – Landesbehörde der Volkspolizei Thüringen, Nr. 142, Bd. 1, Bl. 209): Das Kaffee und Hotel des Schwiegervaters von Frentzel war mittlerweile HO-Kaffee. Die Mutter des Freundes von Frentzel war Besitzerin der Gehlberger Mühle in Gehlberg und wurde mit der Begründung der Nachrichtenübermittlung ausgewiesen.

36 Schreiben vom Innenminister Thüringens, Willy Gebhardt, an das Büro des Generalsekretärs des ZK der SED am 7.12.1950 (LATh – HStAW, Land Thüringen – Ministerium des Innern, Nr. 788, Bl. 68).

37 Vgl. Volkspolizeirat Scholz an das Ministerium des Innern über die „Aktion Oberhof" am 10.2.1951 (LATh – HStAW, Land Thüringen – Ministerium des Innern, Nr. 788, Bl. 24–25). Die enteigneten Häuser waren Haus Alexandrine, Haus Fichteneck, Haus Erika, Haus Johanna, Haus Holland, Kaffee Bobhaus, Gasthaus „Zur Post", Haus „Am Berg". Das Schreiben ging auch an Chefinspekteur König und Volkspolizei-Inspekteur Zahmel, an die Landesleitung der SED und an die Sowjetische Kontrollkommission.

38 Anlage zum Schreiben von Volkspolizeirat Scholz an das Ministerium des Innern über die „Aktion Oberhof" am 10.2.1951 (LATh – HStAW, Land Thüringen – Ministerium des Innern, Nr. 788, Bl. 28).

39 Vgl. Müller (wie Anm. 6) und Schaufuß, Thomas: Die politische Rolle des FDGB-Feriendienstes in der DDR. Sozialtourismus im SED-Staat (= Zeitgeschichtliche Forschungen, Bd. 43). Berlin 2011, S. 37–38.

40 Vgl. Landesbeauftragter des Freistaats Thüringen zur Aufarbeitung der SED-Diktatur (Hrsg.): Vertreibungen im Kommunismus. Zwangsmigrationen als Instrument kommunistischer Diktatur. Halle (Saale) 2019.

Anke Geier

Die Zwangsaussiedlungen im Jahr 1952

Einführung

Im Juni 1952 wurden DDR-weit 8.331 Personen umgesiedelt. Auf den Aussiedlungslisten standen ursprünglich mehr Menschen, knapp 2.000 Bürger flohen vor der Aussiedlung nach Westdeutschland.[1] DDR-weit wurde aus folgenden 23 Grenzkreisen ausgesiedelt: in Mecklenburg aus Grevesmühlen, Schwerin, Hagenow, Ludwigslust und in Brandenburg aus Westprignitz. Aus Sachsen-Anhalt wurde aus den Kreisen Salzwedel, Gardelegen, Haldensleben, Oschersleben, Wernigerode und Osterburg umgesiedelt. In Thüringen waren zehn Grenzkreise betroffen: Nordhausen, Worbis, Mühlhausen, Eisenach, Bad Salzungen, Meiningen, Hildburghausen, Sonneberg, Saalfeld und Schleiz. Allein in Thüringen waren über 235 Grenzorte in der 5-Kilometer-Sperrzone von den Aussiedlungsmaßnahmen betroffen.[2] Daneben wurde in Sachsen aus den Kreisen Plauen und Oelsnitz ausgesiedelt.

In Sachsen-Anhalt begannen die ersten Aussiedlungen bereits am 29. Mai 1952. Allerdings waren diese überstürzt und schlecht vorbereitet, so die Kritik in einem Zwischenbericht: Es fehlte an Wohnraum und Arbeitsplätzen für die Ausgesiedelten in den Aufnahmeorten. Während des Transportes mangelte es an ausreichend LKW. Der Besitz wurde nicht ordentlich inventarisiert. Aufgrund dieser Erfahrungen wurden dann genaue Instruktionen und Anweisungen für die weiteren Ausweisungen ausgearbeitet. Eine zweite Welle von Zwangsaussiedlungen fand in Sachsen-Anhalt vom 7. bis 10. Juni statt. In Thüringen begann die Aussiedlungsaktion am 5. Juni und dauerte bis zum 8. Juni 1952 an. In Mecklenburg und Brandenburg wurde zwischen dem 5. und 14. Juni umgesiedelt. Am 15. Juni 1952 war diese erste große Vertreibungswelle in der DDR abgeschlossen.[3]

Die zwangsweise Vertreibung von Personen oder Personengruppen, die ein herrschendes Regime als „unerwünscht" deklariert und dadurch deren Vertreibung rechtfertigt, wurde auch im kommunistischen Herrschaftsbereich seit Langem angewandt.[4] Die Zwangsaussiedlungen, die 1952 und 1961 in der DDR stattfanden und über 11.000 Bürger betrafen, waren eine Form der Vertreibungen. Vertreibungen waren aber keine originäre Erfindung der DDR oder des Kommunismus. Die Opfer der Zwangsmigrationen allein im 20. Jahrhundert gehen in die Millionen.

Die repressive Methode der Zwangsaussiedlung hat viele charakteristische Merkmale, die sich in den beiden großen Aussiedlungsaktionen in der DDR, aber auch schon zuvor in der „Aktion Oberhof" in Thüringen, zeigten: den massiven Einsatz von Propaganda im Vorfeld und im Nachhinein, um ein Feindbild zu erzeugen; dieses Feindbild wurde von der kommunistischen Staatspartei festgelegt; die Auswahl der Auszusiedelnden wurde trotz eines festgelegten Feindbildes oftmals willkürlich vorgenommen; die Mobilisierung der Bevölkerung, an der Ausgrenzung teilzunehmen bzw. mittels „Bestechung" (Vergünstigungen) oder mittels Einschüchterung (durch den ausgeübten Zwang) diese zumindest zu dulden; die SED nutzte die Umsiedlung, um „missliebiges" Personal in entscheidenden Positionen durch regimetreue Personen zu ersetzen; die konspirative Vorbereitung der Aussiedlungsmaßnahme; die Erstellung von Listen mit ausführlichen Angaben zu den auszusiedelnden Personen (Name, Vorname, Geburtsdatum, Geburtsort, Wohnort mit Adresse, Beruf, Angabe zu Familienmitgliedern, Anzahl der bewohnten Räume, ausführliche Bemerkungen zur „Kategorisierung"/zum Aussiedlungsgrund); die Organisation der Ausweisung durch Kommissionen auf verschiedenen Ebenen. In die Zwangsaussiedlungen waren viele Institutionen in allen Verwaltungsebenen eingebunden: SED, Volkspolizei, Ministerium für Staatssicherheit (MfS), des Weiteren die Innenministerien der Länder, Landräte der Grenzkreise, Kreisverwaltungen und viele mehr. Die Aussiedlungen waren zu DDR-Zeiten ein Tabuthema: Die Ausgesiedelten mieden es hierüber zu reden und die beteiligten Ausführenden hatten sich zur Verschwiegenheit verpflichtet.

Die Zwangsaussiedlungen als Teil der Grenzsicherungsmaßnahmen

Die Aussiedlungen müssen als eine Folge der endgültigen Abriegelung der DDR-Grenze zu Westdeutschland und als Sicherungsmaßnahme des SED-Regimes im Auftrag der Sowjetunion zur Sicherung des kommunistischen Machtblockes in den Auseinandersetzungen des Kalten Krieges verstanden werden.

Unmittelbar nach dem Ende des Zweiten Weltkrieges im Mai 1945 wurden die Bewohner der innerdeutschen Grenze mit dem Leben an einer Grenze vertraut. Deutschland wurde in vier Besatzungszonen aufgeteilt und es entstand eine provisorische Grenze zwischen der sowjetischen und der britischen und amerikanischen Besatzungszone: die sogenannte Demarkationslinie. Die Grenze durch Deutschland war etwa 1.350 Kilometer lang. Zunächst patrouillierten amerikanische, ab Juli 1945 sowjetische Soldaten an der Demarkationslinie der sowjetischen Besatzungszone (SBZ).

Ab November 1946 übernahm die neu gegründete Deutsche Grenzpolizei, als Teil der Deutschen Volkspolizei, die Sicherung der Grenze. Jahr um Jahr wuchs die Zahl der Grenzpolizisten und ihre Arbeit professionalisierte sich unter sowjetischer Anleitung. Gleichzeitig gingen jedes Jahr mehrere hunderttausend Grenzbewohner unerlaubt über die wenig befestigte und bewachte „grüne" Grenze. Die Grenzpolizei vermochte es nicht, die „illegalen Grenzgänger" aufzuhalten. Zwar war der Grenzübertritt in die westlichen Zonen theoretisch nur an den dafür vorgesehenen Grenzübergangsstellen möglich.[5] Aber viele Bewohner der Grenzgegenden übertraten die nur spärlich gesicherte Grenze oftmals auf altbekannten Wegen. Diese Wege zu ihren Nachbarn in den Westen waren sie früher ungezählte Male gegangen. Nach dem Ende des Zweiten Weltkrieges gingen sie diese Wege weiterhin, aufgrund familiärer und kultureller Beziehungen, aber vor allem aus wirtschaftlichen Gründen. Der Schmuggel erlebte einen Höhepunkt, auch angesichts des beschränkten Warenangebotes in der zweiten Hälfte der 1940er Jahre in der SBZ.[6] Selbst die sich immer weiter verschärfende Lage an der Grenze vermochte die Grenzgänger nicht aufzuhalten. Ab Oktober 1947 wurde der Gebrauch der Schusswaffe den Grenzern zur Vorschrift. Die kurzfristigen Festnahmen von sogenannten Grenzverletzern sowie die Beschlagnahmungen der mitgeführten Güter stiegen außerordentlich an. Aus dem Jahresbericht der Thüringer Grenzpolizei für das Jahr 1949 wird deutlich, dass allein 1949 in Thüringen fast 200.000 Personen von der Grenzpolizei als „illegale Grenzgänger" kurzzeitig festgenommen wurden. Die Dunkelziffer der Grenzgänger dürfte weit höher gewesen sein. Der Großteil von ihnen wohnte in der SBZ. Auffallend war hier, dass die Mehrzahl Frauen waren. Unter den von den Grenzern eingezogenen Waren befanden sich vor allem Lebensmittel und zahlreiche Industrieerzeugnisse, vor allem Christbaumschmuck, Thermometer, Puppenaugen und vieles mehr. In der Statistik der Thüringer Grenzpolizei für das Jahr 1949 wird ebenso erwähnt, dass von über 6.500 abgegebenen Schüssen, knapp 6.000 Warnschüsse waren. 40 Personen wurden von den Schüssen verletzt und zwölf Personen von den Grenzpolizisten an der Thüringer Grenze im Jahr 1949 getötet.[7]

Die Zuspitzung des Ost-West-Konflikts, unter anderem im Koreakrieg ab 1950, aber auch die Annäherung der Bundesrepublik Deutschland an den westlichen Machtblock durch die Unterzeichnung des Deutschlandvertrages am 26. Mai 1952, führten schließlich dazu, dass entlang der innerdeutschen Grenze ein verschärftes „Grenzregime" eingeführt wurde. Die Grenzsicherungsmaßnahmen begannen auf Anordnung der Sowjets und wurden als „Verteidigung gegenüber den westdeutschen Aggressionen" propagiert. Die Gründe für die endgültige Abschottung der innerdeutschen Grenze im Jahr 1952 lagen ursächlich in der sowjetischen Außen- und Deutschlandpolitik.

Dem Entschluss, die Grenze endgültig abzudichten, ging ein Treffen der Führungsmitglieder des Politbüros der SED mit dem Politbüro der Kommunistischen Partei der Sowjetunion (KPdSU) im Kreml in Moskau am 7. April 1952 voraus. Stalin gab unmissverständlich zu verstehen, dass sich der sowjetische Block endgültig formiert habe und dass harte Maßnahmen nötig seien, um seine Grenzen zu schützen. Die Führungsriege der SED um Pieck, Grotewohl und Ulbricht wies er an, einen eigenen Staat zu gründen. Bezüglich der Grenze sagte Stalin:

> Die Demarkationslinie zwischen West- und Ostdeutschland muß man als eine Grenze ansehen, und zwar nicht einfach als Grenze, sondern als eine gefährliche Grenze. Der Schutz dieser Grenze muß verstärkt werden. [...] Agenten der Westmächte bewegen sich viel zu frei auf dem Gebiet der Deutschen Demokratischen Republik. Sie könnten zu äußersten Maßnahmen greifen und Sie oder den Genossen Čujkov umbringen. Damit muß man rechnen. Deshalb ist eine scharfe Bewachung der Grenze nötig.[8]

Am 14. Mai 1952 beschloss der Ministerrat der Sowjetunion die Schließung der DDR-Grenze.[9] Bereits im April hatte die Sowjetische Kontrollkommission (SKK) ihre Vorstellungen über die vorzunehmenden Maßnahmen zur Grenzsicherung an die SED-Führung weitergegeben. Spätestens Anfang Mai 1952 wurde deutlich, dass in diesem Zusammenhang auch Zwangsaussiedlungen bestimmter Personengruppen an der innerdeutschen Grenze vorgenommen werden sollten. Begründet wurde diese Maßnahme mit der Sicherung der Grenze.[10]

Die Verordnung über Maßnahmen an der Demarkationslinie zwischen der DDR und den westlichen Besatzungszonen Deutschlands, die am 26. Mai 1952 von der Regierung der DDR erlassen wurde, legitimierte schließlich die Errichtung eines verschärften Grenzregimes und setzte den politisch-ideologischen Rahmen für die Zwangsaussiedlungen.[11] Mittels dieser Verordnung wurde unter anderen das noch junge MfS befugt, seinerseits Maßnahmen zu treffen, „um ein weiteres Eindringen von Diversanten, Spionen, Terroristen und Schädlingen" in die DDR zu verhindern. Schon im Vorfeld wurde die vermeintlich durchlässige Grenze propagandistisch genutzt, um ein Bedrohungsszenario aufzubauen, in dem die Westmächte Agenten, Saboteure, Terroristen und Schmuggler in das Gebiet der DDR schleusen würden, um den wirtschaftlichen und kulturellen Aufbau der DDR zu stören.[12]

Auf der Grundlage der Verordnung über Maßnahmen an der Demarkationslinie zwischen der DDR und den westlichen Besatzungszonen Deutschlands wurde am selben Tag eine Polizeiverordnung über die Einführung einer besonderen Ordnung an der Demarkationslinie veröffentlicht, die fortan das Leben im

Grenzgebiet regelte und das zukünftige Grenzsicherungssystem definierte.[13] Die Grenze zu Westdeutschland hatte künftig aus einem dreifach gestaffelten Sicherungssystem zu bestehen: aus einem zehn Meter breiten Kontrollstreifen unmittelbar an der Demarkationslinie, einem daran anschließenden 500-Meter-Schutzstreifen und einer 5-Kilometer-Sperrzone. Diese Grenzstaffelung wurde zuvor von den Sowjets festgelegt. Weitere Maßnahmen der Polizeiverordnung schränkten das Leben im 5-Kilometer-Sperrgebiet stark ein: Die Bewohner des Sperrgebietes erhielten keine Interzonenpässe, und Personen, die in Westdeutschland lebten und sich bislang mit dem Interzonenpass in der DDR aufhielten, erhielten für das Sperrgebiet keine Aufenthaltsgenehmigung mehr. Überhaupt wurde die Einreise mit Interzonenpass oder Visum verboten. Auch der „kleine Grenzverkehr" wurde aufgehoben. Die Bewohner des 500-Meter-Streifens mussten zudem weitere Einschränkungen hinnehmen. Beispielsweise durften sie die Straßen lediglich zwischen Sonnenaufgang und Sonnenuntergang betreten. Auch durften nur bestimmte Wege, die die Grenzpolizei festlegte, benutzt werden. Nächtliche Ausgangssperren und Versammlungsverbote beeinträchtigten das Leben in den Grenzorten. Kulturveranstaltungen, Kino und vieles mehr wurden verboten. Gasthäuser und Pensionen im 500-Meter-Streifen mussten schließen. Zahlreiche Gasthausbetreiber wurden dann einige Tage später ausgesiedelt. Das Überschreiten des 10-Meter-Kontrollstreifens war für alle Personen verboten.

Abb. 47: Polizeiverordnung über die Einführung einer besonderen Ordnung an der Demarkationslinie.

Mit der am 27. Mai 1952 in Kraft getretenen Polizeiverordnung über die Einführung einer besonderen Ordnung an der Demarkationslinie wurden diese und weitere Maßnahmen zur Grenzsicherung juristisch legitimiert. Bis zu diesem Zeitpunkt wurde die Grenze zwar auch bewacht und phasenweise gesperrt und der Übertritt war nur an Grenzübergangsstellen möglich, aber nun wurde das Grenzgebiet auch für die eigene Bevölkerung abgeriegelt. Mit Inkrafttreten der Polizeiverordnung begann schließlich die Aussiedlungsaktion.

Die Registrierung der Sperrgebietsbewohner als vorbereitender Teil der Aussiedlungsaktion

Am 27. Mai 1952 wurde die Polizeiverordnung in allen Grenzorten deutlich sichtbar ausgehangen. Zur Absicherung der Maßnahmen der Verordnung wurden nach einem vorher festgelegten Plan zusätzliche bewaffnete Polizeikräfte als sogenannte Gruppen- und Einzelposten in jedem Ort der Aussiedlung stationiert.[14] Ihre generelle Aufgabe war es, die Sicherheit und Ordnung in den Grenzgemeinden aufrechtzuerhalten und die Maßnahmen der Polizeiverordnung zu überwachen und gegebenenfalls auch die Durchführung zu unterstützen. Hierzu zählten unter anderem die Registrierung der Bewohner des 5-Kilometer-Sperrgebietes, aber auch die Meldung *„feindlicher und antidemokratischer Elemente"* an den Operativstab und die Beteiligung an der später folgenden Aussiedlungsaktion. Die Polizisten waren mit Pistole und Gummiknüppel bewaffnet, die sie verdeckt trugen.[15]

Als erstes wurde das Sperrgebiet abgeriegelt. Dann begann die Registrieraktion aller Bewohner der 5-Kilometer-Sperrzone, was auch die Einwohner des 500-Meter-Schutzstreifens einschloss. Innerhalb von 48 Stunden, also bis zum Abend des 28. Mai 1952, waren alle Bewohner von der Volkspolizei der Grenzkreise registriert worden, d. h. die Mitarbeiter der Abteilung Pass- und Meldewesen der Volkspolizei stempelten in „fliegenden Meldestellen" die Personalausweise mit der Aufenthaltsgenehmigung für die 5-Kilometer-Sperrzone. Die Bewohner des 500-Meter-Schutzstreifens erhielten zusätzlich noch einen Stempel der Grenzpolizei.[16] Es wurden 389.267 Bewohner im Sperrgebiet der DDR registriert.[17] Damit war der erste Teil der Aussiedlungsaktion abgeschlossen.

Abb. 48: Grenzhinweisschild in den 1950er Jahren an der Grenze zwischen Bayern und Thüringen.

Abb. 49: Grenze mit Doppelzaun zwischen Grüsselbach und Buttlar in der Thüringer Rhön.

Räumung des 10-Meter-Kontrollstreifens

Im Zusammenhang mit der Befestigung der Grenze wurde ebenfalls innerhalb von 48 Stunden nach Inkrafttreten der Polizeiverordnung der 10-Meter-Kontrollstreifen geräumt; d. h. alle Häuser und Höfe unmittelbar an der Demarkationslinie wurden evakuiert. Das Vorgehen bei der Räumung glich der wenige Tage später stattfindenden Zwangsaussiedlung: Zunächst eröffnete der Bürgermeister, beschützt von einem Volkspolizisten, den Bewohnern, dass diese ihr Anwesen zu räumen haben und nicht mehr wiederkehren dürfen. Später am Tag kamen weitere Polizisten und Hilfskräfte, die die Evakuierung überwachten, die Inventarisierung des Besitzes vornahmen und beim Aufladen der Habseligkeiten und Möbel auf Wagen halfen. Einige der Evakuierten sind zunächst im Ort untergekommen, manche von ihnen wurden Tage später mitausgesiedelt. In vielen Fällen flohen die Betroffenen in den folgenden Tagen über die Grenze nach Westdeutschland.[18] Die Gebäude im 10-Meter-Streifen standen ab diesem Zeitpunkt leer, meist wurden sie in den kommenden Jahren abgerissen, um den Grenzern ein freies Schussfeld und den Flüchtenden aus der DDR keine Versteckmöglichkeit zu bieten. Die Felder im 10-Meter-Streifen lagen nun brach und wurden nicht mehr bestellt. Zudem erfolgte eine großangelegte Rodung des Streifens, um eine bessere Überwachung der Grenze zu erreichen. Die Grenzlinie wurde mit Stacheldraht versehen und die drei Abschnitte der Sperrzone beschildert. Die Wege in die Bundesrepublik wurden mit barrikadenähnlichen Verbauen gesperrt. Letztlich wurden die Grenzsperranlagen bis zum Ende der DDR immer weiter ausgebaut und perfektioniert.[19]

Abb. 50: Spätere Ausbaustufen der Grenzanlagen. Die Streckmetallzäune waren so gefertigt, dass man keinen Halt mit den Fingern finden konnte.

Abb. 51: Eine Selbstschussanlage vom Typ „SM 70".

Abb. 52: Kfz-Sperrgraben der DDR-Grenzanlagen bei Point Alpha. Die Sperren richteten sich gegen Durchbrüche von der Ostseite aus – nicht von der Westseite.

Diskrepanz zwischen Auszuweisenden und tatsächlich Ausgesiedelten

Parallel zur Registrieraktion der Sperrgebietsbewohner wurden Listen mit den Umzusiedelnden erstellt, in denen Name, Anschrift, Alter, Beruf, die Anzahl der Familienmitglieder und der bewohnten Räume festgehalten waren. Des Weiteren wurde eine teilweise ausführliche Begründung für die geplante Aussiedlung hierin festgehalten. Die Kriterien, wer für eine Aussiedlung aus dem Grenzgebiet vorgesehen war, legten die SED und die Verfolgerbehörden, MfS und Polizei, fest. Hilfestellung gaben die sowjetischen Freunde mit ihren vielfältigen Erfahrungen bezüglich Vertreibungen. Die Propaganda über Zeitungen, Aushänge, Rundfunk usw. hatte bereits ein klares Feindbild konstruiert: der „feindliche Agent" des Klassengegners. Dieser würde durch Helfer in der DDR unterstützt. Diese von den Verfolgerbehörden als „unzuverlässige Elemente" bezeichneten Personen müssten daher aus den Grenzorten entfernt werden. Vom erklärten Feindbild war es also nur noch ein kleiner Schritt, um auf eine Aussiedlungsliste geschrieben zu werden.

In Thüringen wurden die Polizeiführung des Landes, die Abteilungsleiter der Dienststellen und die Amtsleiter aller Volkspolizeikreisämter schon am 21. Mai 1952 über die bevorstehenden Maßnahmen an der Grenze informiert. Unter anderen sollte die „gründliche Säuberung dieser Sperrzone von allen asozialen Elementen"[20] erreicht werden. Hierzu waren Listen zu erstellen, die die „kriminellen, feindlichen und verdächtigen Elemente" verzeichneten. Die Thüringer Polizei konnte in vielen Fällen auf Listen zurückgreifen, die bereits existierten[21]: Seit Ende Dezember 1951 erstellte die Abteilung Kriminalpolizei mit Hilfe der Landräte diese Verzeichnisse in einigen Thüringer Kreisen, die als „wirtschaftliche Aufbaugebiete" geführt wurden.[22]

Freilich, so der Chefinspekteur König in der Dienstbesprechung am 21. Mai 1952, würde die Zahl der Personen auf den Listen noch erheblich ansteigen, da weitere Vorschläge des MfS, des Landrates und der Partei hinzukämen. Mit der Direktive zur Erhöhung der Sicherheit im Gebiet der Demarkationslinie, die den Amtsleitern im Anschluss an die Hand gegeben wurde, wurde der aus der Sperrzone auszuweisende Personenkreis sowie das Vorgehen zur Erstellung der Namenslisten und die Arbeit der Auswahlkommissionen in den Volkspolizeiämtern definiert. Entsprechend der Direktive waren auszuweisen:

a) Ausländer und Staatenlose; b) Personen, die nicht polizeilich gemeldet sind; c) Personen, die kriminelle Handlungen begangen haben und bei denen zu vermuten ist, dass sie erneut straffällig werden; d) Personen, die wegen ihrer Stellung in und zu der Gesellschaft eine Gefährdung der antifaschistisch-demokratischen Ordnung darstellen.[23]

Vor allem unter dem Punkt „Gefährdung der antifaschistisch-demokratischen Ordnung" konnte eine Vielzahl an Personen subsumiert werden. Laut der Direktive sollten insbesondere Personen aus sozialen Randgruppen ausgewiesen werden: Zu den als „deklassierte" bzw. „asoziale Elemente" bezeichneten Personen zählten die DDR-Behörden Landstreicher, Obdachlose, Geschlechtskranke, Prostituierte, sogenannte Arbeitsscheue, aber auch wegen Diebstahl, Raub, Mord, Störung der öffentlichen Ruhe und Ordnung vorbestrafte Personen.[24] Die Volkspolizei überprüfte daher die Einwohnermeldekartei, die polizeilichen Listen der Abteilung Pass- und Meldewesen, die sogenannte Beschuldigten- und Verdächtigenkartei und die Anzeigetagebücher der Abteilung Kriminalpolizei sowie die Unterlagen der Abteilung Schutzpolizei. Zudem wurden die Strafregisterauszüge eingesehen.[25]

Am 23. Mai 1952 wurde der Personenkreis, der aus der Sperrzone auszuweisen war, noch einmal entscheidend erweitert: Es sollten nun auch sogenannte Grenzführer, die anderen Personen zum Grenzübertritt verholfen hatten, „illegale Grenzgänger", die des Öfteren die Grenze illegal überschritten hatten, Personen die nach dem Befehl Nr. 201 der sowjetischen Militäradministration (SMAD) verurteilt waren, d. h. die während des Nationalsozialismus verantwortliche Funktionen innehatten, und Personen, die zum Haushalt eines „republikflüchtigen Haushaltsvorstandes" zählten, auf die Listen geschrieben werden. Die Informationen zu den „illegalen Grenzgängern" wurden der sogenannten Grenzgängerkartei der Grenzpolizei entnommen, die Angaben zu den verurteilten Nationalsozialisten der „201-Kartei".[26] Demnach bestanden bei den Thüringer Polizeibehörden in den Kreisen bereits Zusammenstellungen von Bürgern, die die Aufmerksamkeit der Verfolgerbehörden des Regimes hervorgerufen hatten.

Betrachtet man die Statistiken, die nach der Aussiedlung aufgestellt wurden, wird deutlich, dass in Thüringen vor allem Personen ausgesiedelt wurden, die als „Grenzgänger und Schieber" (41,9 Prozent) und aufgrund ihrer „negativen Einstellung" (39,9 Prozent) als „politisch unzuverlässig" bezeichnet wurden. Das Etikett „politisch unzuverlässig" traf auf viele Personen zu, auch auf unpolitische Grenzbewohner, denen eine negative Einstellung gegenüber dem Staat schlichtweg unterstellt wurde. Auch diejenigen, die weiterhin verwandtschaftliche Verbindungen zum Westen hielten, die den RIAS hörten oder eine Gastwirtschaft betrieben, gerieten auf die Liste. Auch Neid und Missgunst spielten eine Rolle bei der Auswahl der Auszusiedelnden. Nur etwa drei Prozent der Ausgesiedelten waren aufgrund von „organisierter gegnerischer Tätigkeit" erfasst. Interessanterweise wurden in Thüringen mehr SED-Angehörige als Vorbestrafte und Kriminelle umgesiedelt: Das von der SKK dargestellte Feindbild der „kriminellen, feindlichen und verdächtigen Elemente", das in der Polizeiverord-

nung des MfS unter dem Stichwort „Kriminelle, Asoziale und politische Gegner
des Systems" aufgenommen wurde, hatte nicht viel mit den tatsächlich Ausgesiedelten gemein.[27]

Ob man auf eine Liste geriet, war schließlich auch sehr stark davon abhängig, dass ein „Fehltritt" beobachtet und weitergegeben wurde, beispielsweise
eine Meinungsäußerung, die Kritik an der Entwicklung in der DDR enthielt usw.
Auch die SED sammelte zahlreiche Informationen zu den Bewohnern in den
Grenzorten. Sie baute hierbei auf ein Netz aus Informanten bzw. Denunzianten
sowie auf Informationen offizieller Institutionen wie der Grenzpolizei, dem MfS
oder den Volkspolizisten in den Orten. Gerade die Instrukteure der Kreisleitungen sammelten bei ihren Einsätzen eifrig Eindrücke zu bestimmten Personen
und Ereignissen.[28]

```
zu 2)   Frau ▮ überschritt in den letzten Jahren laufend illegal
        die Grenze von Ost nach West und betrieb Tauschhandel mit
        Textilien. Grenzübertritt bei Oberzella.
zu 6)   ▮ provakiert für Bibelstunden und soll angeblich auch schon
        welche durchgeführt haben.
zu 7)   ▮ sowie deren Tochter überschritten in den Jahren 51/52
        laufend illegal die D-Linie und betrieben Schwarzhandel (An-
        gaben durch zuverlässige Genossen).
zu 8)   ▮ ist Besitzer einer größeren Landwirtschaft (üb. 10 ha),
        welche ca. 300 m an der D-Linie liegt.
zu 11)  ▮ ist Besitzer einer größeren Landwirtschaft (üb. 10 ha),
        welche ca. 200 m von der D-Linie liegt. Des Weiteren trieb er
        Anfang 1952 reaktionäre Äußerungen gegen die DDR und die
        Volkspolizei.
zu 12)  ▮ der Ehemann der ▮ war bis 1950 ehemaliger Volkspolizist
        und ist 1950 nach dem Westen übergesiedelt (mit seiner Toch-
        ter).
zu 13)  Herr ▮ ist als Betriebsleiter ist der Grube ▮ einge-
        setzt, Er verhält sich sehr zurückhaltend und will von der
        Partei nichts wissen.
zu 49)  ▮ zeigt auf Grund seiner langjährigen Mitgliederschaft zur
        NSDAP eine antidemokratische Einstellung.
zu 51)  ▮ war seit 1928 aktiver Nazi, nach 45 2-3 Monate in ameri-
        kanischer Gefangenschaft und vertritt heute noch eine sehr
        reaktionäre Einstellung.
zu 52)  ▮ seine Tochter ist Mitte 1949 illegal nach dem Westen ver-
        zogen. Dieselbe besucht jetzt noch ständig ihre Eltern.
zu 53)  Frau ▮ ist seit 1945 als ständige Grenzgängerin bekannt.
```

Abb. 53 und 54: Liste von aus dem Sperrgebiet Auszusiedelnden des Volkspolizei-Kreisamts
Bad Salzungen mit Ausweisungsgründen, Mai 1952 (Auswahl, Abschrift/Grafik vom Original).

zu 55) ███ besitzt eine antidemokratische Einstellung. Er betreibt
Hetze gegen die VP und die Partei. Er äußerte vor kurzem,
dass er jeden zum Krüppel schlagen wolle, der zur VP ginge.

zu 56) ███ ist ein Freund des unter lfd. Nr. 55 genannten ███ und
besitzt die gleiche Einstellung.

zu 58) ███ wurde 1951 aus der VP entpflichtet und beantragte nach
der Parteiüberprüfung Austritt aus der SED. Seit dieser Zeit
zahlte er keine Beiträge mehr. Er steht stark unter dem Einfluss seiner Frau und Schwiegermutter, die stark katholisch
sind.

zu 60) ███ ist als Chefarzt im katholischen Krankenhaus in ███ tätig. Er verweigerte 1951 die Aufnahme eines VP-Angehörigen in
das Krankenhaus, obwohl noch Betten freiwaren. Der Vater des
betr. VP-Angehörigen ist Funktionär unserer Partei.

zu 63) ███ ist ebfs. als illegaler Grenzgänger bekannt. Er ist bei
seinen Eltern in der Land- und Gastwirtschaft tätig. Es ver-
kehren dort noch bürgerliche Elemente und werden Diskussionen
gegen die DDR geführt.

zu 68) ███ war als SS Bewachungsmann im KZ Buchenwald. Ist 1945 interniert worden. Besucht heute keine Versammlung nationale
Front oder Friedenskundgebung.

zu 69) ███ ist wegen seiner negativen Einstellung bei der Parteiüberprüfung ausgeschlossen worden.

zu 71) ███ ist Großbauer mit ca. 25 ha Land. Besitzt eine sehr negative Einstellung gegenüber der DDR.

zu 72) ███ hat eine Landwirtschaft von ca. 2-3 ha, arbeitet nicht,
kaufte sich jedoch in letzter Zeit ein Motorrad, Marke BMW.
Vater 1946 entnazifiziert und illegal nach dem Westen verzo-
gen.

zu 74) Die ███ ist als Prostituierte bekannt. Seit 1948 verkehrt
bald das ganze Kommando der Grenzpolizei bei der ███.

Abb. 54

Wer entschied über die Aussiedlung?

Zwar erstellte die Volkspolizei entsprechend den vorgegebenen Kriterien die Namenslisten mit den zur Aussiedlung vorgesehenen Personen, die abschließende
Entscheidung trafen jedoch „Operative Kommissionen". Nachdem in jedem
Grenzkreis die Liste von den Mitarbeitern der Volkspolizeikreisämtern erstellt
worden war, wurde sie zunächst einer übergeordneten Kreiskommission beim
Landrat vorgelegt. Die Mitglieder der Kreiskommissionen kamen von der SED,
der Grenzpolizei, der Volkspolizei und dem MfS des Grenzkreises. Sie ergänzten
die Namensliste oder strichen Namen von der Liste. In Thüringen beispielsweise
reduzierte sich die Zahl der Auszusiedelnden, nachdem die Kreiskommission
die Listen besprochen hatte.

Zur endgültigen Bestätigung der Aussiedlungsliste wurde diese der „Operativen Kommission" des Kreises vorgelegt. Eine „Operative Kommission" war für jeweils zwei Grenzkreise zuständig und hatte drei Mitglieder: ein Mitarbeiter aus dem ZK-Apparat der SED, einer aus der Bürokratie des Ministerrates bzw. der Ministerien und ein Mitarbeiter aus dem Partei- oder Staatsapparat des jeweiligen Landes. Die „Operativen Kommissionen" wurden von einer zentralen Regierungskommission[29] ab dem 16. Mai 1952 angeleitet und waren gegenüber den Institutionen in den Grenzkreisen weisungsbefugt. So instruierten sie ab dem 19. Mai in den Ländern die Landesleitungen der SED, die Innenminister und in den Grenzkreisen die ersten und zweiten Parteisekretäre der SED-Kreisleitungen und die Landräte oder ihre Stellvertreter (wenn diese der SED angehörten) über die geplanten Maßnahmen. Weiterhin leiteten sie auf der Kreisebene die Kommissionen an, die die Personalüberprüfungen in den Grenzkreisen übernahmen.[30] Eine tiefer gehende Untersuchung der Kommissionen auf Regierungs-, Landes- und Kreisebene steht noch aus. Dies dürfte vor allem hinsichtlich ihrer Mitglieder und deren Biografien interessante Ergebnisse versprechen.

Die Aussiedlung

Die Aussiedlungsaktion begann in allen Grenzkreisen der DDR sehr früh. Bevor die eigentliche Aktion startete, wurden die angeforderten Helfer über die zu treffenden Maßnahmen belehrt. Meist erfuhren die Helfer, die fast ausschließlich Mitglied der SED und ihrer Organisationen waren, und die aus der Verwaltung, der Partei, der Polizei und anderen Institutionen kamen, erst zu diesem Zeitpunkt von der Aussiedlung bestimmter Personen. Sie wurden genauestens instruiert und mit ihren jeweiligen Aufgaben betraut.

Ab 4 Uhr morgens wurden dann die Haushaltsvorstände der auszusiedelnden Familien aufgesucht. Ein Volkspolizist, in Begleitung von SED-Agitatoren, klopfte in den frühen Morgenstunden bei den Betroffenen an. Diese öffneten noch völlig schlaftrunken die Tür und mussten ihre Personalausweise abgeben. Ihnen wurde eröffnet, dass sie aus dem Gebiet des 5-Kilometer-Sperrgebietes mit ihren Familienmitgliedern und dem persönlichen Eigentum ausgesiedelt werden. Sie hätten ihr Haus oder ihre Wohnung zu räumen und dürften nicht mehr wiederkehren. Für die Verpackung der persönlichen Gegenstände wie Möbel, Wäsche, Bekleidungsstücke, jedoch kein Inventar des betreffenden Betriebes wie Vieh, Maschinen usw., hatten sie sofort selber Sorge zu tragen. Der Volkspolizist las den Auszuweisenden den Ausweisungsbefehl in einer sehr sachlichen Form vor:

Auf Grund des Regierungsbeschlusses über besondere Maßnahmen an der Demarkations-Linie zur Sicherung der Grenzen der DDR vom 26. Mai 1952, erhalten Sie durch die Volks-polizei folgende amtliche Mitteilung: Die Volkspolizei teilt Ihnen im Namen der Regierung mit, dass Sie ab sofort von Ihrem jetzigen Wohnort umzusiedeln sind. Sie werden nach dem Kreis [...] umgesiedelt. Dort wird Ihr weiterer Wohnort durch die örtlichen Behörden des Kreisrates bestimmt. Diese amtliche Mitteilung ist unanfechtbar und muß von Ihnen eingehalten werden. Bei Verweigerung werden Zwangsmaßnahmen durch die Staatsorgane gegen Sie in Kraft gesetzt und Sie werden dann wegen Widerstand gegen die Maßnahmen der Regierung gerichtlich zur Verantwortung gezogen [...].[31]

Die Familie wurde aufgefordert, ihr Haus oder ihre Wohnung zu räumen und ihre Habseligkeiten zusammenzupacken. Kurz darauf kamen weitere Polizisten und Hilfskräfte sowie SED-Instrukteure und Angestellte des Kreises hinzu, die die Räumung überwachten, die Inventarisierung des Besitzes vornahmen und beim Aufladen der Habseligkeiten und Möbel auf LKW halfen. Mit LKW wurden die Ausgesiedelten zum Verladebahnhof gebracht und dann per Bahntransport in ihren neuen Heimatkreis geführt. Während des Transportes übernahm die Volkssolidarität die soziale Betreuung an den Bahnhöfen.[32]

An dieser Stelle kann nicht ausführlich auf die teilweise schwierige Situation der ausgesiedelten Familien in den Aufnahmekreisen eingegangen werden. Aus Zeitzeugengesprächen wird deutlich, dass sich die neue Wohnsituation oft-mals gegenüber der vorherigen verschlechterte. Die Kinder und Jugendlichen wurden in der Schule mitunter schikaniert. Die soziale Anbindung an die neuen Nachbarn gestaltete sich problematisch, da Gerüchte über den „Umzug" kur-sierten, in denen die Ausgesiedelten als Kriminelle und Asoziale stigmatisiert wurden. Vor allem die Propaganda der SED trug hierzu bei. Viele der erwachse-nen Betroffenen, vor allem die ältere Generation, wurde nie mit der neuen Hei-mat vertraut und erlitt auch gesundheitliche Probleme durch die Vertreibung. Die Betroffenen durften zudem nicht mehr ins Sperrgebiet einreisen, daher tra-fen sich viele mit ebenfalls ausgesiedelten Nachbarn in den neuen Wohnorten, was wiederum Überwachungsmaßnahmen durch die Staatssicherheit hervor-rief.[33]

Die Bevölkerung im Sperrgebiet nach der Zwangsaussiedlung

Um die Bevölkerung in der 5-Kilometer-Sperrzone an der Demarkationslinie un-mittelbar nach der Einführung der Polizeiverordnung und den Aussiedlungen für sich einzunehmen, und in der Hoffnung, dass sie die verschärften Grenzsi-cherungsmaßnahmen rasch akzeptierten, wurden einige Vergünstigungen er-lassen, die am 1. Juni 1952 in Kraft traten. Unter anderem erhielten die Arbeiter und Angestellten in den volkseigenen Betrieben und Behörden der Sperrzone einen Lohn- und Gehaltszuschlag von 15 Prozent. Ebenso durften sich die Rentner der Sperrzone über einen monatlichen Zuschlag von 10 Mark freuen. Daneben erhielten Lohn- und Gehaltsempfänger, aber auch Rentner eine zusätzliche Lebensmittelkarte. Das Ablieferungssoll der landwirtschaftlichen Betriebe für Getreide, Hülsenfrüchte, Kartoffeln, Milch, Schlachtvieh, Eier usw. wurde gesenkt. Die Handwerkssteuer für die im Sperrgebiet wohnenden Handwerker wurde um 10 Prozent und die Einkommenssteuer für Selbständige um 15 Prozent verringert. Die Kinder der Sperrzonenbewohner wurden vom Schulgeld befreit. Auch wurde angeordnet, dass die Preise für Lebensmittel und Gebrauchswaren den Preisen im entsprechenden Kreis angepasst wurden.[34]

Die eigentliche Zielsetzung der SED und der Regierung war es, dass die Menschen im Grenzgebiet die Grenzsicherungsmaßnahmen „als ihren eigenen notwendigen Schutz"[35] erkannten und die Maßnahmen der Volkspolizei und der staatlichen Stellen unterstützten. Durch die Vergünstigungen und die propagandistische Beeinflussung, aber auch durch die diffuse Angst vor sich wiederholenden Aussiedlungsmaßnahmen, wurde die Bevölkerung gewissermaßen ruhiggestellt. Bald konnte ein Teil der Grenzbewohner sogar mobilisiert werden, am Schutz ihres Dorfes aktiv teilzunehmen und die Volks- und Grenzpolizei zu unterstützen. Beispielsweise engagierten sich die Einwohner in der Gemeinde Henneberg im Kreis Meiningen freiwillig für den Schutz des Dorfes vor Anschlägen und Brandstiftungen und fertigten ein Wachbuch an, wie die Bezirksleitung der SED in Erfurt berichtete.[36] In den folgenden Jahren wurden die Grenzbewohner immer öfter in den Grenzschutz eingebunden, zum Beispiel als sogenannte Grenzpolizeihelfer.[37]

Schlussbetrachtungen

Einige Jahre später, am 3. Oktober 1961, mussten wiederum etwa 3.175 Menschen aus dem Sperrgebiet, darunter 1.049 Kinder, ihre Heimat zwangsweise verlassen. Neben diesen zwei großen Aussiedlungsaktionen gab es bis Mitte der 1980er Jahre auch willkürliche Einzelaussiedlungen, die mit dem weiteren Ausbau und der Sicherung der Grenze zusammenhängen, wobei die genaue Anzahl der Betroffenen bis heute nicht bekannt ist.[38]

Das Thema Zwangsaussiedlungen ist noch lange nicht ausgeforscht. Die personellen Kontinuitäten in den eingebundenen Institutionen und die Verbindungen zur Partei sollten näher untersucht werden: Zum Beispiel waren Willy Gebhardt, der Thüringer Innenminister, und Werner Eggerath, Ministerpräsident von Thüringen, eng in die „Aktion Oberhof" eingebunden. Während der

Zwangsaussiedlungen 1952 saß Werner Eggerath – mittlerweile Staatssekretär beim Ministerpräsidenten der DDR – in der zentralen Regierungskommission, die zur Vorbereitung und Umsetzung der Grenzsicherungsmaßnahmen vom Ministerrat am 13. Mai 1952 gegründet wurde, und war nun zuständig für die Anleitung der Länder während der Vorbereitung und Durchführung der Zwangsaussiedlungsaktion.

Auch andere Ausweisungen bedürfen näherer Betrachtung und Einordnung in die Vertreibungsereignisse in der DDR, so beispielsweise die Ausweisung von sogenannten Asozialen, die 1951 in einigen Thüringer Kreisen vorbereitet, aber nur in wenigen Fällen umgesetzt wurde, auch da sie sich mit der Zwangsaussiedlungsaktion 1952 zeitlich überschnitt.[39] Aber auch die Kreisverweise, die im Zusammenhang mit der Bodenreform und mit den Enteignungen von Industriellen und selbständigen Unternehmern verhängt wurden, und die Einzelausweisungen nach 1961 sollten noch umfassender untersucht und analysiert werden.

Anmerkungen

1 Vgl. alle Zahlen aus Bennewitz, Inge/Potratz, Rainer: Zwangsaussiedlungen an der innerdeutschen Grenze. Analysen und Dokumente. Berlin, 4. Auflage 2012, S. 280.
2 Vgl. zu den Aussiedlungsorten in Thüringen die interaktive Karte zu den Zwangsaussiedlungen auf der Internetseite des Landesbeauftragten unter www.thla.thueringen.de.
3 Vgl. Bennewitz/Potratz (wie Anm. 1), S. 46–66.
4 Vgl. Landesbeauftragter des Freistaats Thüringen zur Aufarbeitung der SED-Diktatur (Hrsg.): Vertreibungen im Kommunismus. Zwangsmigrationen als Instrument kommunistischer Diktatur. Halle (Saale) 2019.
5 Vgl. zur Geschichte der Grenzpolizei: Diedrich, Torsten: Die Grenzpolizei der SBZ/DDR (1946–1961). In: Diedrich, Torsten/Ehlert, Hans/Wenzke, Rüdiger (Hrsg.): Im Dienste der Partei. Handbuch der bewaffneten Organe der DDR (= Forschungen zur DDR-Gesellschaft). Berlin 1998, S. 201–223 und Sälter, Gerhard: Grenzpolizisten. Konformität, Verweigerung und Repression in der Grenzpolizei und den Grenztruppen der DDR 1952 bis 1965 (hrsg. vom Militärgeschichtlichen Forschungsamt, Bd. 17). Berlin 2009.
6 Vgl. den authentischen Bericht einer „illegalen Grenzgängerin" in Frotscher, Ursula: Nachkriegsgrenzgängerei an der vogtländisch-bayrischen Grenze. 53 x von Ost nach West – 52 x von West nach Ost (= Reihe „Zeitzeugen", Bd. 1). Plauen 1997 sowie anschaulich für die engen Beziehungen über die Zonengrenze hinweg für Mecklenburg-Vorpommern: Pingel-Schliemann, Sandra: „Ihr könnt doch nicht auf mich schießen!" Die Grenze zwischen Lübecker Bucht und Elbe 1945 bis 1989 (hrsg. von der Landesbeauftragten für Mecklenburg-Vorpommern für die Unterlagen des Staatssicherheitsdienstes der ehemaligen DDR), 2. überarb. und erw. Auflage, Schwerin 2014, S. 15–16.
7 Vgl. Jahresbericht für das Jahr 1949 der Abteilung Grenzpolizei des Landes Thüringen vom 3.1.1950 (Landesarchiv Thüringen – Hauptstaatsarchiv Weimar, Land Thüringen/Landesbehörde der Volkspolizei Thüringen [LATh – HStAW, Land Thüringen/LBdVP], Nr. 167, Bl. 75–80).

8 Zit. nach Bonwetsch, Bernd/Kudrjašov, Sergej: Stalin und die II. Parteikonferenz der SED. Ein Besuch der SED-Führung in Moskau, 31. März – 8. April 1952, und seine Folgen (Dokumentation). In: Zarusky, Jürgen (Hrsg.): Stalin und die Deutschen. Neue Beiträge der Forschung (= Schriftenreihe der Vierteljahrshefte für Zeitgeschichte, Sondernummer). München 2006, S. 199–200: Čujkov [Tschuikow] war ein sowjetischer Militärführer und Politiker und von 1949 bis 1953 Chef der Sowjetischen Kontrollkommission (SKK) und Oberkommandierender der Gruppe der Sowjetischen Streitkräfte in Deutschland.

9 Vgl. Sälter (wie Anm. 5), S. 24 f.

10 Vgl. Bennewitz/Potratz (wie Anm. 1), S. 251–254.

11 Vgl. ebd., S. 260–261.

12 Vgl. ebd., S. 31–32 und hierzu weiterführend Doms, Yvonne: „Aktion Ungeziefer": „Der Mensch ist nichts – Befehl ist alles". Die Zwangsaussiedlungen 1952 in der DDR unter Berücksichtigung der Berichterstattung in der west- und ostdeutschen Presse sowie der lokalgeschichtliche Blick auf die Ereignisse im südthüringischen Raum. Masterarbeit an der Otto-Friedrich-Universität Bamberg. Bamberg 2014, S. 71–82.

13 Vgl. Bennewitz/Potratz (wie Anm. 1), S. 262–265.

14 Vgl. streng vertrauliche Notizen über die Besprechung des Chefinspekteurs König der Landesbehörde der Deutschen Volkspolizei und den Stellvertretern des Chefinspekteurs, den Abteilungsleitern der Landesbehörde der Volkspolizei Thüringen, den Amtsleitern aller Volkspolizeikreisämter in Thüringen am 21.5.1952 in Weimar (LATh – HStAW, Land Thüringen/LBdVP, Nr. 33, Bl. 8).

15 Vgl. Einsatzbefehl Nr. 3/52 betreffend Maßnahmen in den Grenzkreisen und D-Linie vom 26.5.1952 (LATh – HStAW, Land Thüringen/LBdVP, Nr. 374, Bl. 224).

16 Vgl. beispielhaft in Thüringen: Notizen über die Besprechung bei Chefinspekteur König am 21.5.1952 (LATh – HStAW, Land Thüringen/LBdVP, Nr. 33, Bl. 8 f.): Insgesamt wurden etwa 220.000 Thüringer im Sperrgebiet registriert.

17 Vgl. Tabelle: Ausgesiedelte Bewohner aus dem Sperrgebiet 1952 und frei gewordene landwirtschaftliche Betriebe und Flächen. In: Bennewitz/Potratz (wie Anm. 1), S. 280.

18 Vgl. exemplarisch für eine Räumung im 10-Meter-Kontrollstreifen: Wagner, Manfred: „Beseitigung des Ungeziefers...". Zwangsaussiedlungen in den thüringischen Landkreisen Saalfeld, Schleiz und Lobenstein 1952 und 1961. Analysen und Dokumente (hrsg. vom Landesbeauftragten des Freistaates Thüringen für die Unterlagen des Staatssicherheitsdienstes der ehemaligen DDR). Erfurt 2001, S. 27 f.

19 Vgl. Lebegern, Robert: Zur Geschichte der Sperranlagen an der innerdeutschen Grenze 1945–1990 (hrsg. von Landeszentrale für politische Bildung Thüringen). 2., unveränderte Auflage, Erfurt 2004.

20 Notizen über die Besprechung bei Chefinspekteur König am 21.5.1952 (LATh – HStAW, Land Thüringen/LBdVP, Nr. 33, Bl. 8).

21 Vgl. Protokoll über die am 15. d. M. in der LBdVP Thüringen stattgefundene Besprechung betr. neue Aufgaben in den Wismut-Bergbau-Kreisen Thüringens am 15.12.1951 (LATh – HStAW, Land Thüringen/LBdVP, Nr. 39, Bl. 4).

22 Vgl. Instruktion über Maßnahmen zur Beschaffung von Wohnraum für die arbeitende Bevölkerung in den Aufbaugebieten vom Minister des Innern, ohne Datum (LATh – HStAW, Land Thüringen/LBdVP, Nr. 39, Bl. 8–10): Als Aufbaugebiete in Thüringen wurden die Kreise Gera, Greiz, Rudolstadt, Saalfeld, Arnstadt und Hildburghausen definiert. Aus den Aufbaugebieten, die vor allem Abbaustätten von Wismut-Erz waren, waren auf Weisung der Sowjets diejenigen

Personen ohne Aufenthalts- und Zuzugsgenehmigung, aber auch sogenannte „Schieber", Spekulanten, Prostituierte und destruktive Elemente, zu entfernen, d. h. individuell auszuweisen.
23 Direktive zur Erhöhung der Sicherheit im Gebiet der Demarkationslinie, ohne Datum (LATh – HStAW, Land Thüringen/LBdVP, Nr. 33, Bl. 29).
24 Vgl. Direktive zur Erhöhung der Sicherheit im Gebiet der Demarkationslinie, ohne Datum (LATh – HStAW, Land Thüringen/LBdVP, Nr. 33, Bl. 29 f.). Vgl. zur Ausgrenzung der Randgruppen im Sozialismus: Korzilius, Sven: „Asoziale" und „Parasiten" im Recht der SBZ/DDR. Randgruppen im Sozialismus zwischen Repression und Ausgrenzung. Köln 2005.
25 Vgl. Direktive zur Erhöhung der Sicherheit im Gebiet der Demarkationslinie, ohne Datum (LATh – HStAW, Land Thüringen/LBdVP, Nr. 33, Bl. 30).
26 Vgl. Landesbehörde der Volkspolizei Thüringen, Abteilung Kriminalpolizei an die Leiter der Volkspolizeikreisämter der 10 Grenzkreise am 23.5.1952 (LATh – HStAW, Land Thüringen/ LBdVP, Nr. 33, Bl. 35).
27 Vgl. Aufstellung der Ausgesiedelten aus dem Land Thüringen nach den Ausweisungsgründen. In: Bennewitz/Potratz (wie Anm. 1), S. 41–45 und S. 278 f.
28 Vgl. Protokoll über den am 6.5.1952 durchgeführten Instrukteurseinsatz in den Gemeinden Gompertshausen, Milz, Eicha, Mendhausen und Behrungen (LATh – HStAW, Bezirkstag und Rat des Bezirkes Erfurt, Nr. 1935, Bl. 139–140).
29 Die zentrale Regierungskommission wurde am 13. Mai 1952 durch den Ministerrat der DDR gebildet und leitete die Umsetzung der Maßnahmen an der Demarkationslinie und damit die Zwangsaussiedlungen maßgeblich an. Der Minister für Staatssicherheit, Wilhelm Zaisser, stand dieser zentralen Kommission vor. Er benannte die weiteren Mitglieder der Kommission (allesamt SED), die mit besonderen Vollmachten ausgestattet wurden.
30 Vgl. Bennewitz/Potratz (wie Anm. 1), S. 30–41.
31 Auszug aus dem Wortlaut zur Ausweisung in Thüringen (LATh – HStAW, Land Thüringen/ LBdVP, Nr. 39, Bl. 74).
32 Vgl. Bericht über Maßnahmen auf dem Gebiet der Bevölkerungspolitik in Durchführung der Verordnung der Regierung der DDR über den Schutz der Grenze zwischen der DDR und den westlichen Besatzungszonen vom 26.5.1952, ohne Datum (verm. 6.6.1952) (ThLA – HStAW, Land Thüringen/Ministerium des Innern, Nr. 672, Bl. 33).
33 Vgl. Bennewitz/Potratz (wie Anm. 1), S. 82.
34 Vgl. Anordnung des Ministeriums für Staatssicherheit über die Vergünstigungen für die an der Demarkationslinie zwischen der Deutschen Demokratischen Republik und den Westzonen wohnende Bevölkerung vom 29.5.1952 (LATh – HStAW, Land Thüringen, Ministerium des Innern, Nr. 672, Bl. 14–15).
35 Bericht über die Durchführung von Maßnahmen auf dem Gebiet der Bevölkerungspolitik, die zum Schutze der Grenze zwischen der Deutschen Demokratischen Republik und den westlichen Besatzungszonen Deutschlands erforderlich wurden und die Lage in den Grenzkreisen, ohne Datum (LATh – HStAW, Bezirksparteiarchiv der SED Erfurt, Bezirksleitung der SED Erfurt B IV/2/12/009, Bl. 23).
36 Vgl. Bericht über die Durchführung von Maßnahmen auf dem Gebiet der Bevölkerungspolitik, die zum Schutze der Grenze zwischen der Deutschen Demokratischen Republik und den westlichen Besatzungszonen Deutschlands erforderlich wurden und die Lage in den Grenzkreisen, ohne Datum (LATh – HStAW, Bezirksparteiarchiv der SED Erfurt, Bezirksleitung der SED Erfurt B IV/2/12/009, Bl. 18–19).

37 Vgl. exemplarisch den Aufruf der Deutschen Grenzpolizei von 1959 an die Einwohner von Obersachswerfen, das erste Grenzpolizeihelfer-Dorf im Kreis Nordhausen zu werden (LATh – HStAW, Bezirksbehörde der Deutschen Volkspolizei, Nr. 326, Bl. 168).
38 Vgl. Bennewitz/Potratz (wie Anm. 1), S. 171–183: Die Einzelfälle nach 1961 sind bisher nur selten dokumentiert und aufgearbeitet.
39 Hierzu erschien von der Autorin ein Artikel im Heft 91 der Zeitschrift „Gerbergasse 18. Thüringer Vierteljahrsschrift für Zeitgeschichte und Politik", Ausgabe 2/2019, mit dem Titel „alle unliebsamen Elemente aus diesen Brennpunkten des Aufbaus entfernen": Die Ausweisung von „Asozialen" aus den Wismut-Gebieten in Thüringen 1952, S. 24–29.

Bruno Leister

Die Zwangsaussiedlungen 1952 und 1961 vor dem Hintergrund der Kollektivierung der Landwirtschaft

Enteignung und Bodenreform

Der Strukturwandel der Landwirtschaft in der Sowjetzone begann bereits mit dem Gründungsaufruf der KPD im Juni 1945. Dabei standen nicht ökonomische, sondern rein ideologische Gesichtspunkte im Vordergrund. Unter der Devise „Junkerland in Bauernhand" wurden etwa 3,3 Millionen Hektar Land enteignet. Davon betroffen waren vorwiegend Bauern mit über 100 Hektar Land, die als Großgrundbesitzer galten. Um mögliche Sanktionen zu entgehen, flüchteten viele von ihnen in den Westen.

Mit der Zerschlagung oder Umwandlung der großen Bauerngüter in „Volkseigene Güter" wurden funktionierende Strukturen zerstört. In der Folge wurde die Versorgung der Bevölkerung mit Grundnahrungsmitteln noch problematischer. Außerdem musste die Rote Armee mitversorgt werden.

Ende der 1950er Jahre gab es in der DDR über 210.000 Neubauern. Bei der Verteilung der großen Güter erhielt jeder von ihnen etwa acht Hektar Land. Die Bodenreform führte zu erheblichen Problemen und zum weiteren dramatischen Rückgang der Produktion. Die Ausfälle konnten keinesfalls durch die Neubauern behoben werden. 1951 hatten 6.700 Neubauern ihre Betriebe wieder aufgegeben. Im April 1952 wurde das Scheitern der Bodenreform offensichtlich, 235.000 Hektar lagen brach oder wurden nur unzureichend bewirtschaftet.

Gründung der Landwirtschaftlichen Produktionsgenossenschaften 1952

Nach den ersten Volkskammerwahlen im Oktober 1950 widersprach Otto Grotewohl in seiner Regierungserklärung noch Gerüchten über die bevorstehende Kollektivierung der Landwirtschaft[1].

Im April 1952 empfahl Stalin einer hochrangigen Delegation der DDR die Gründung von Genossenschaften, sie galten als „ein Stückchen Sozialismus"[2].

Die II. Parteikonferenz der SED im Juli 1952 beschloss den planmäßigen Aufbau des Sozialismus in der DDR. Die Bildung von Landwirtschaftlichen Produktionsgenossenschaften (LPGen) war eines der ersten Ziele.

In dieser Zeit gründeten sich die ersten LPGen auf relativ freiwilliger Basis. Besonders Neubauern traten ihnen bei, da sich ihre Betriebe oft in einer schlechten wirtschaftlichen Lage befanden. Obwohl der Eintritt mit erheblichen Vergünstigungen verbunden war, gab es bis Mitte August 1952 nur 774 LPGen.

Ein Jahr später erhöhte die SED den Druck. Innerhalb von fünf Wochen verloren 6.500 bisher freie Bauern ihre Höfe. Die Folgen waren fatal. Seit 1952 waren dem Staat 621.000 Hektar landwirtschaftliche Fläche zugefallen, ohne dass Voraussetzungen für eine effektive Nutzung gegeben waren.

Angesichts der Misere forderten die sowjetischen Stellen, nach Stalins Tod im März 1953, den Abbruch der Kollektivierung – die Regierung der DDR weigerte sich.

Nach dem Aufstand am 17. Juni war sie dennoch gezwungen, den „Neuen Kurs" einzuschlagen. Das bedeutete, die Gründung von LPGen wurde ausgesetzt. Vereinzelt wurden sogar Enteignungen zurückgenommen. Von den 7.074 LPGen lösten sich 10 % wieder auf, mehr als 33.000 Bauern erklärten ihren Austritt.

Im September 1953 ordnete die SED wieder den Fortgang zur Gründung von LPGen an. Zu dieser Zeit lagen 16 % der Nutzflächen in der DDR brach. Versuche, die Flächen in Öffentliche Landwirtschaftsbetriebe (ÖLB) zusammenzufassen und den jeweiligen Gemeinden zu unterstellen, lösten das Problem nicht. Die Regierung sah in der Gründung von LPGen den einzigen Ausweg aus der Krise.

Der XX. Parteitag der KPdSU im Februar 1956 leitete die Entstalinisierung ein. In der DDR wurde ein Programm erstellt, wonach genossenschaftliche und einzelbäuerliche Betriebe nebeneinander bestehen sollten. Nach der Niederschlagung der Aufstände in Polen und Ungarn wurden diese Vorschläge als konterrevolutionär gebrandmarkt.

Zwangsaussiedlungen in Thüringen 1952

Die Auswahl des betroffenen Personenkreises erfolgte in Zusammenarbeit der Volkspolizeikreisämter mit dem Ministerium für Staatssicherheit. Der Tarnname der Aktion lautete „Ungeziefer". Am 26. Mai 1952 (GBl. v. 27.5.1952, S. 405 f.) erließ die Regierung eine Verordnung, in der es hieß, es seien...

... unverzüglich strenge Maßnahmen zu treffen für die Verstärkung der Bewachung der Demarkationslinie zwischen der DDR und den westlichen Besatzungszonen, um ein weiteres Eindringen von Diversanten, Spionen, Terroristen und Schädlingen in das Gebiet der Deutschen Demokratischen Republik zu verhindern.

Alle Bestimmungen und Anordnungen seien unter dem Gesichtspunkt zu erlassen,

> ... daß sie bei einer Verständigung über die Durchführung gesamtdeutscher freier Wahlen zur Herbeiführung der Einheit Deutschlands auf demokratischer und friedlicher Grundlage sofort aufgehoben werden können.

Am 18. Juni 1952 behauptete das „Neue Deutschland" noch, es handle sich hier um haltlose, feindliche Gerüchte, dass es zu Massenaussiedlungen aus dem 5-km-Schutzstreifen kommen sollte.

Die Grundlage der Aussiedlung war die „Polizeiverordnung über die Einführung einer besonderen Ordnung an der Demarkationslinie" unter Federführung von Staatssicherheitsminister Zaisser. Der Befehl 38/52 (s. oben S. 114) des Chefs der Hauptverwaltung der Deutschen Volkspolizei (HVDVP), Karl Maron, definierte die auszusiedelnden Personenkreise:

> 1. Aus dem Bereich der Sperrzone an der Demarkationslinie sind auszuweisen:
>   a) Ausländer und Staatenlose,
>   b) Personen, die nicht polizeilich gemeldet sind,
>   c) Personen, die kriminelle Handlungen begangen haben und bei denen zu vermuten ist, daß sie erneut straffällig werden,
>   d) Personen, die im Wege ihrer Stellung in und zu der Gesellschaft eine Gefährdung der antifaschistischen demokratischen Ordnung darstellen.
> Besitzen die unter 1a–d angeführten Personen Familienangehörige, mit denen sie in enger Gemeinschaft leben oder die aufeinander angewiesen sind, so hat deren Ausweisung gleichfalls zu erfolgen.

In einem Fernschreiben vom 3. Juni 1952 heißt es dazu:

> Für die Ausweisung wird beim Rat des Kreises eine Sonderkommission gebildet, den Vorsitz führt der Landrat. In der Kommission müssen vertreten sein: Mitarbeiter der Volkspolizei, die Staatssicherheit, des Verkehrs (Auto bzw. Bahn) und des Kreisamtes.[3]

Nach den Angaben im Abschlussbericht waren am 6. Juni 1952 in Thüringen (Bezirke Gera, Erfurt und Suhl, seit Juli 1952) „5.444 Personen zur Aussiedlung aus dem Sperrgebiet vorgesehen. Davon entzogen sich ihrer Umsiedlung durch Flucht über die Demarkationslinie 1.721 Personen und insgesamt 7 Fälle von Selbstmord [wurden] gemeldet. Bis zum 9. Juni wurden insgesamt 3.516 Perso-

nen aus dem Sperrgebiet ausgesiedelt."[4] Davon stammten 1.570 aus den Grenzkreisen des Bezirkes Suhl. Aus dem Kreis Bad Salzungen waren 307 Familien
mit 989 Personen zur „Umsetzung" vorgesehen. Tatsächlich kamen 112 Familien
mit 350 Personen zur Aussiedlung. Durch Flucht entzogen sich 637 Personen
der Aussiedlung.

Ausweisungsbescheid und geglückte Flucht

Das Dörfchen Reinhards liegt im südwestlichsten Zipfel Thüringens, im ehemaligen Grenzgebiet. Von einem Tag auf den anderen veränderte sich das gewohn-
te Leben der Familie Henkel auf dramatische Art und Weise.

Aus einen Gespräch mit Erna Müglich, geborene Henkel[5]:

> Unser Hof hatte eine Betriebsgröße von etwa sechsundzwanzig Hektar, einschließlich
> Wald. Die Äcker und Wiesen erstreckten sich zum Teil entlang der Grenze. Im Hessischen
> hatten wir auch noch Grundstücke. Zum Tierbestand gehörten zwei Pferde, acht bis zehn
> Milchkühe sowie Kälber, Schweine, Schafe und Kleinvieh – was man so auf einem Hof
> hatte.
>
> Wer ein Pferdegespann besaß, musste monatsweise früh morgens die Milch nach Spahl
> bringen. Am 6. Juni 1952, dem Tag der Flucht, war mein Vater mit dem Milchtransport an
> der Reihe.
>
> Der Tag vorher war warm und sonnig. Als ich mittags aus der Schule heim kam, sagte
> meine Mutter zu mir: „Wenn dein Bruder aus der Schule heimkommt, machst du das Es-
> sen warm, wir gehen jetzt zum Heuwenden, ihr kommt dann nach!" Der Vater wollte noch
> zum Bürgermeister, um etwas zu erledigen und dann ebenfalls nachkommen.
>
> Mein Vater war noch nicht zurück, als ein Grenzer ins Bürgermeisteramt kam und fragte:
> „Wo wohnt denn der Andreas Henkel?" „Das bin ich", sagte der Vater. Daraufhin der
> Grenzer: „Morgen früh um 6 Uhr kommt ein Schlepper, und dann werdet ihr abgeholt!"
> So stand es auch auf dem Zettel, den mein Vater von dem Grenzer bekam. Nur unsere
> Oma und die Familie Raddatz sollten auf dem Hof bleiben dürfen. Die Familie Raddatz
> waren Heimatvertriebene, die bei uns wohnten.
>
> Wenn ich mir das heute überlege, wir, auch mein Vater, wurden als Ungeziefer bezeich-
> net, und dass wir deshalb von zu Hause weg mussten. Ich bin darüber noch heute fas-
> sungslos, wir waren rechtschaffene Leute.
>
> Wir saßen dann am Nachmittag alle im Hof: Mutter, Vater und die Geschwister nachdenk-
> lich, ratlos. Niemand von uns hatte es für möglich gehalten, dass wir wegkommen, wir
> konnten das alles nicht verstehen.
>
> Dass wir weg müssen, wusste ich schon, bevor mein Vater vom Bürgermeisteramt nach
> Hause kam. Der Junge vom Nachbarhof fuhr mit dem Fahrrad auf und ab. Dabei rief er
> mir zu: „Ihr müsst weg!"
>
> Zuerst dachten wir gar nicht daran, in den Westen zu gehen. Mein Vater wollte sich zu-
> nächst noch einmal mit den Leuten im benachbarten Spahl besprechen.

Am Abend des 5. Juni sind meine beiden Brüder schon zum nahen Lörnhof auf der hessischen Seite gegangen.

In dieser Nacht schlief ich bei unserer Oma im Auszugshaus, damit sie sich nicht ängstigt. Am nächsten Morgen klopfte es um halb fünf am Fenster; es war mein Vater. Er sagte: „Ich hab's mir überlegt, ich fahr' zuerst die Milch nach Spahl – der Göb aus Spahl muss auch weg."

Frage: Wie verlief die Flucht?

Schon am Vorabend hatten wir das Milchvieh auf die Weide am Alten Berg, Richtung Meindrothof, zur nahen Grenze gebracht. Am anderen Tag vormittags hatte uns mein Vater aufgetragen, mit Heugabeln und Rechen zum Lörnhof zu gehen.

Frage: Und wie kam der Vater zum Lörnhof?

Der war ja in Spahl, dort hat er sich ein Fahrrad geborgt und ist auf einem anderen Weg zum Lörnhof gefahren.

Frage: War der Schlepper pünktlich zur Stelle?

Ja, der stand vor der Tür. Neben dem Schlepperfahrer in Zivil war noch ein jüngerer Grenzer dabei. Wir sollten aufsteigen und das Gepäck aufladen. Meine Mutter sagte energisch, dass wir ohne den Vater nicht mitfahren. Sie fragte den Grenzer: „Was haben wir denn gemacht, dass wir weg müssen?" Dem Grenzer standen die Tränen in den Augen.

Der Schlepperfahrer saß bei meiner Mutter in der Küche – es ging hin und her. Er sagte: „Wenn ich ohne euch komme, weil ihr weg seid, das geht. Ich kann aber nicht ohne euch zurückfahren, wenn ihr noch da seid, dann nehmen sie mich mit und stecken mich ein."

Wie ich schon sagte, wir sind dann mit Gabeln und Rechen gleich zum Lörnhof. Dort haben wir uns getroffen. Meine Brüder haben das Vieh zum Meindrothof getrieben. Einige Tiere blieben dort, während die anderen an den folgenden Tagen erst einmal in Böckels und Allmus untergestellt wurden.

Auf dem Lörnhof hielten wir uns ein paar Stunden auf. Wir verstanden uns gut, denn die Besitzerin hatte eine zeitlang bei uns auf dem Hof gearbeitet.

Als wir weg waren, ging ein Nachbar auf unseren Hof, um nachzusehen was los sei.

Unsere Oma saß in der Küche und weinte. Ein junger Grenzer war bei ihr. Sie konnte nicht allein auf dem Hof bleiben. Der Nachbar benachrichtigte ihre Tochter in Bremen bei Geisa, die sie zu sich nahm.

Noch am gleichen Abend kam der Bruder meines Vaters und brachte uns nach Fulda ins Herz-Jesu-Heim.

Mein Vater war dann ständig unterwegs, um das Vieh unterzustellen, damit es versorgt ist.

Er hörte sich immer wieder nach einem Hof um, der zur Pacht anstand. Nach etwa vierzehn Tagen hatten wir die Möglichkeit, in Rothemann eine Landwirtschaft zu pachten. Auf diesem Hof waren wir etwa 1 ½ Jahre. Die Leute wollten allerdings keinen Vertrag mit uns abschließen.

In Friesenhausen bei Dipperz fand mein Vater dann etwas Passendes, wonach er suchte. Dort waren wir zehn Jahre, bis 1963.

Die Eigentümer wollten den Hof ebenfalls nicht verkaufen. Deshalb erwarb mein Vater 1958 einen Bauplatz in Petersberg/Fulda und baute ein Doppelhaus. Unsere Eltern verbrachten dort die letzten Lebensjahre.

Mit meinem Mann habe ich in Hofbieber eine Metzgerei mit einer acht Hektar großen Landwirtschaft betrieben.

Frau Frischmuth, geborene Raddatz, geboren 1939 in Kleist, Kreis Köslin/Pommern, erinnert sich[6]:

Bei Henkels wohnten wir mit im Hauptgebäude und hatten ein Zimmer und Küche. Mein Opa und auch meine Mutter haben auf dem Hof der Familie mitgeholfen. Wir hätten sonst gar nicht existieren können. Frau Henkel half meiner Mutter auch gleich, als mein Bruder geboren wurde. Sie gab ihr ein Kinderbettchen und auch Sachen, die sie noch von ihren Kindern hatte. Auch sonst halfen uns die Henkels über viele Schwierigkeiten hinweg. Wir hatten ein gutes Verhältnis zur Familie und zu allen Bewohnern des Ortes. An meine Kindheit in Reinhards erinnere ich mich gern. Wir Kinder waren meistens alle zusammen. Wir waren eine richtig dufte Truppe.

Über die Vorgänge, die zur Flucht der Familie Henkel führten, weiß ich nichts zu berichten. Es wurde im Ort nicht viel darüber gesprochen.

Es war ein Tag wie jeder andere. Wir sind wie immer frühs nach Spahl in die Schule, und wir evangelischen Kinder mussten jede Woche einmal nach Geisa zum Religionsunterricht. Auch an diesem Tag war es so, wir sind nach der Schule nach Geisa gelaufen. Nach dem Religionsunterricht sollten wir noch aus der Gärtnerei Pflanzen holen. Auf einmal erzählte jemand, dass Leute ausgesiedelt werden, und es wurden auch Namen genannt. Als ich den Namen Henkel hörte, bekam ich Panik. Ich musste mich wieder an das Verlassen von zu Hause erinnern und hatte Angst, wir müssten wieder in einer halben Stunde raus, ich komme heim, und alle sind weg. Wir sind nach Hause mehr gerannt als gelaufen. Es war ja schon später Nachmittag, und wir hatten noch zwölf Kilometer Weg vor uns. Zum Glück waren noch alle da, als wir nach Hause kamen. Meine Mutter und mein Bruder waren bei den Henkels unten. Meine Mutter blieb bei ihnen und half beim Packen mit.

Am nächsten Morgen waren alle fort. In Reinhards war nichts mehr, wie es war. Ich glaube, die Leute waren alle geschockt, es wusste ja keiner, wie es weitergehen sollte.

Warum Henkels fort mussten, das weiß ich bis heute nicht. Sie haben wie alle anderen ihren Hof und ihre Felder bewirtschaftet. Sommers von früh bis spät, ich kann mich nicht erinnern, dass sie einmal ein paar Tage ausgespannt haben, dafür hatten sie viel zu viel zu tun.

Auch Uneinigkeit gab es in Reinhards nicht, es war eine große Familie.

Die Folgen

Bisher ist strittig, ob sich hinter den Zwangsaussiedlungen, mit der Entfernung von „negativen und unzuverlässigen Personen" oder der Abschreckung, noch eine weitere Absicht verbarg. Sollte durch die freigewordenen Höfe mit ihren Äckern und Wiesen der Grundstein für „Muster LPGen" gelegt werden?

Jene, die den Ausweisungsbescheid erhielten, standen im grenznahen Raum vor der Entscheidung: Flucht in den Westen oder der Abtransport auf LKWs bzw. per Eisenbahnwagon in das Innere Thüringens.

Es war den Betroffenen durchaus bewusst: Nach einer Flucht war das Tor zur Heimat, zu ihrem Dorf und zum Hof für immer versperrt. Also das kleinere Übel wählen und sich „evakuieren" lassen?

Die Flucht über die noch nicht mit Minen und Selbstschussanlagen bewehrte Grenze war damals mit der nötigen Ortskenntnis und etwas Glück durchaus möglich. So gelang es etlichen Bauern, mit ihrem Hausrat, den sie auf Pferdewagen verluden, und ihrem Vieh ins benachbarte Hessen zu flüchten. Die verwandtschaftlichen Beziehungen ins Fuldaer Land waren beim Neuanfang sehr hilfreich.

Als sogenannter Aufnahmekreis war für die Ausgewiesenen aus dem Kreis Bad Salzungen der Kreis Mühlhausen vorgesehen. Für den Grenzkreis Meiningen war es der Kreis Gotha. Die Betroffenen erhielten eine Arbeitsplatzbindung, das bedeutete, wer in der Heimat Landwirt war, musste in einer LPG arbeiten.

Der Wohnraum, der ihnen zur Verfügung gestellt wurde, war oft in einem desolaten Zustand, kein Ofen oder ein Saal in einer Gaststätte. Zum Verlust der Heimat kam noch dazu, dass am neuen Wohnort Gerüchte gestreut wurden, wonach es sich um Arbeitsscheue, unverbesserliche Faschisten, Feinde der Republik und so weiter handele. In der Regel konnte erst die zweite Generation der Ausgewiesenen in der neuen Umgebung Fuß fassen.

Die Zwangsaussiedlung brachte für die verbliebenen Landwirte in den Dörfern große Unsicherheiten mit sich. Schließlich hatte die Staatsmacht Nachbarn oder Verwandte „weggebracht", und es blieb im Unklaren, ob sich die Aktion wiederholen würde und wer die nächsten seien. Schwierigkeiten gab es außerdem mit der Bewirtschaftung der Höfe der ausgewiesenen Bauern. In den Ortschaften, in denen bereits LPGen bestanden, mussten diese mitbewirtschaftet werden. In der Praxis bearbeiteten damals etliche LPG-Mitglieder jedoch ihr eigenes Land weiter und hielten ihr eigenes Vieh. Es gab noch nicht einmal eine gemeinsame Buchhaltung.

Die Gründe, warum diese Bauern in die LPG eintraten, waren verschieden. Zum Teil war es familiär bedingt, weil Arbeitskräfte auf dem Hof fehlten oder der Betrieb heruntergewirtschaftet war. Ein besonderer Anreiz waren die höheren Abgabepreise für Milch, Fleisch und so weiter. Wer das Ablieferungssoll nicht erreichte, erhielt keine Schlachtgenehmigung für sein eigenes Schwein. Dazu kam, dass genossenschaftliche Betriebe mit Futtermitteln, Kunstdünger und Saatgut besser versorgt wurden.

In den Dörfern, in denen keine LPG existierte, wurden die Höfe der Vertriebenen in Örtliche Landwirtschaftliche Betriebe (ÖLB) umgewandelt. Damit unterstanden sie den betreffenden Gemeinden. Auf jenen Höfen herrschte vor allem Arbeitskräftemangel. Auch die Aktion „Industriearbeiter aufs Land" brachte hier keine wesentliche Abhilfe. Der Viehbestand war unzureichend oder im schlechten Zustand und die Erträge im Feld waren geringer als im Vergleich zu den privaten Bauern.

Im Polizeibericht an den Rat des Bezirkes Suhl aus dem Jahr 1952 mussten selbst die Funktionäre ihr Scheitern eingestehen, weil die ÖLB „zum großen Teil vollkommen heruntergewirtschaftet sind. Es fehlte fast der Viehbestand und die Flächen sind im schlechten Zustand." In Spahl musste man noch zusätzlich feststellen, dass „sich auch kein geeigneter Betriebsleiter findet".[7]

Eine Ausnahme war das Rhöndorf Wiesenfeld. Dort waren in der Nacht zum 6. Juni 1952 insgesamt 122 Personen aus 19 Familien geflohen, davon die meisten mit ihrem Tierbestand. Daraufhin wurde dort die LPG Typ III[8] (Ausschluss von Privatbesitz) gegründet. Sie galt bei den Bauern der Umgebung keinesfalls als leuchtendes Beispiel oder Vorbild, in eine LPG einzutreten.

Die privaten Bauern lebten in den 1950er Jahren in der Hoffnung, ihr Ererbtes weiter erhalten zu können. Einige vergrößerten ihre Scheunen, kauften gebrauchte Mähbinder oder Traktoren aus der Vorkriegsproduktion im Inneren Thüringens. Nach dem Aufstand vom 17. Juni 1953 setzte „leichtes Tauwetter" ein. So wurden Bauern, die ihr Abgabesoll an landwirtschaftlichen Erzeugnissen nicht erfüllen konnten, nicht mehr bestraft.

Aktion „Festigung" von 1961

Mit dem V. Parteitag von 1958 orientierte sich die SED endgültig auf die vollständige Kollektivierung, dabei wurde allerdings das Jahr 1965 anvisiert.

Abb. 55: Nikita Chruschtschow (links) und Walter Ulbricht (Mitte) auf dem V. Parteitag der SED, 10. Juli 1958.

Abb. 56: Propaganda zur Vorbereitung des V. Parteitages der SED.

Abb. 57: Rede von Walter Ulbricht auf dem V. Parteitag der SED am 10. Juli 1958: „10 Gebote für den neuen sozialistischen Menschen".

Als die Lebensmittelkarten abgeschafft wurden, stieg der Bedarf an Nahrungs-mitteln sprunghaft an und führte zu einer schweren Versorgungskrise. In der Intensivierung der „sozialistischen Umgestaltung" der Landwirtschaft sah die Regierung die richtige Lösung. Der „sozialistische Frühling auf dem Lande" nahm seinen Lauf.

1959 bewirtschafteten die LPGen 45 % der Flächen. Daneben bestanden noch ca. 400.000 Privatbetriebe. Alle Bemühungen, sie in LPGen einzubinden, scheiterten vor allem an der fehlenden Bereitwilligkeit der Bauern. Darauf re-agierte die SED 1960 mit der Zwangskollektivierung.

Im ersten Halbjahr verließen 5.257 Beschäftigte in der Landwirtschaft die DDR und etliche wurden beim Fluchtversuch verhaftet. Bis zum Mauerbau hat-ten insgesamt etwa 3 Millionen Menschen die DDR verlassen.[9]

Die Protokolle des Rats des Bezirkes Suhl spiegeln die damalige Situation in der thüringischen Rhön:

> Bereits im Jahre 1952 wurde in der Gemeinde Ketten [...] eine LPG Typ I[10] gegründet. Es wurde festgestellt, dass in dieser LPG an genossenschaftliche Arbeit bis jetzt noch keiner gedacht hat. Im Gegenteil. [...] Trotz unzähliger Aussprachen mit dem Rat des Kreises [...] bleiben die LPG-Mitglieder bei ihrer einzelbäuerlichen Wirtschaftsweise. Jede Erneuerung der LPGen wird von den Mitgliedern mit fadenscheinigen Begründungen abgelehnt.[11]

Weiter wurde gemeldet:

– Am 12. November 1959 (aus den Ortschaften Kranlucken, Zitters und Gerstengrund):

> Es bestehen keine LPG. Der VdgB-Vorsitzende [= Vereinigung der gegenseitigen Bauernhilfe], einschließlich des Vorstandes, tritt in keiner Weise aktiv in Erscheinung, im Gegenteil. Versammlungen, die nur ahnen lassen, dass über die sozialistische Umgestaltung der Landwirtschaft gesprochen werden soll, werden sorgsam gemieden.[12]

– Am 24. November 1959:

> In der Genossenschaft Geisa treten Personen in Erscheinung, welche offen gegen die sozialistische Umgestaltung in der Landwirtschaft diskutieren. So äußerte sich vor einiger Zeit der Mittelbauer Emil Günther, dass er nicht in die LPG eintritt. Er habe einen Traktor und moderne Maschinen [...] Er lasse nicht von der MTS [= Maschinen-Traktoren-Station] arbeiten, er brauche sie nicht.[13]

Abb. 58: Die 1956 gegründete Maschinen-Traktoren-Station (MTS) in Geisa, Aufnahme vom 14. Juli 1959.

– Für das Jahr 1960:

> Im Bezirk gibt es 70 Mähdrescher, von denen 10 nicht einsatzfähig sind, weil Batterien, Rollenketten oder Bremsbänder fehlen. Im Bezirk ist die zusätzliche Schaffung von 24 Offenställen geplant.
> Die Räte der Gemeinden sind im vollen Umfang für die Pläne zur Erfüllung der Marktproduktion verantwortlich.
> Die Arbeit der Festigungsbrigaden obliegt dem Operativstab unter der Leitung des Rates des Kreises.[14]

- Am 12. Januar 1960:

In Geismar [LPG] Typ III haben der Schweinemeister und zwei Frauen gekündigt. Im Dezember kündigte auch der Vorsitzende, ein Genosse, er übernimmt den bäuerlichen Betrieb seines Schwiegervaters. Die Mitglieder sind mit den Verdienstmöglichkeiten nicht einverstanden, dadurch ist die schlechte Arbeitsmoral zu verzeichnen.[15]

- Am 9. Februar 1960:

Borsch: Der Kleinbauer Josef Göbel, beschäftigt im Kalikombinat Unterbreizbach, äußerte sich wie folgt: Seine landwirtschaftliche Nutzfläche bewirtschafte er nur für den Staat. Einen persönlichen Nutzen habe er nicht. Lediglich die tierischen Erzeugnisse, wie Hausschlachtung und Milch, kämen ihm zugute. [...], er muss zur Deckung seines Eiersolls die Eier im Konsum kaufen, [...] einen Eintritt in die LPG zurzeit lehnt er ab, da nach seiner Meinung die dortige LPG unrentabel arbeitet. In dieser LPG würden nur einige Mitglieder die anfallenden Arbeiten erledigen.[16]

- Am 17. März 1960:

In der Genossenschaft Borsch wurde um 20:00 Uhr eine Vollversammlung der LPG durchgeführt. Von 6 Mitgliedern erschienen nur zwei. Als die fehlenden Mitglieder aufgesucht wurden, stellte man fest, dass alle Türen verschlossen waren, trotzdem sie zu Hause waren.[17]

- Am 19. März 1960:

Der Rentner Josef W. aus Borsch brachte folgendes zum Ausdruck: Wir werden jetzt ganz arme Leute. Sie werden uns die letzte Kuh holen. Ihr werdet die Ärmsten der Armen, denn ihr werdet nicht einmal eure Ziege behalten.[18]

- Im März 1960 (aus dem „Bericht über den Verlauf der sozialistischen Umgestaltung in der Landwirtschaft in der Gemeinde Kranlucken"):

Nachdem Ende März 1960 die Brigade der Bezirksparteischule in Kranlucken ihre Arbeit zur sozialistischen Umgestaltung aufgenommen hatte, war zu verzeichnen, dass jetzt mehr, als es bisher der Fall war, über die LPG im Ort gesprochen wurde. [...] Am 24. März 1960 wurde von der Gemeindevertretung ein Flugblatt verfasst, in dem die Bauern von Kranlucken zur Steigerung der Marktproduktion aufgerufen wurden und diese nur in der Großraumproduktion möglich sei. [...] Am 31. März 1960 ist mit verschiedenen Landwirten auf dem Bürgermeisteramt eine Aussprache durchgeführt mit dem Ziel, von diesen ersten die Unterschriften zur Eintrittserklärung in die LPG zu erlangen. Die Aussprache wurde deshalb so gelegt, da die Bauern [...] diskutierten, sie seien bereit, in die LPG einzutreten, aber wollten nicht die ersten machen. Nachdem 4 Stunden mit diesen ausgesuchten Bauern gesprochen wurde, war die Meinung der Bauern, sie wollten erst noch wieder mit ihren Frauen sprechen. [...] Gegen 7 Uhr gingen dann die Brigademitglieder, der Bürgermeister und der ABV [= Abschnittsbevollmächtigter (Polizist)] zur Einsammlung der Formulare los. [...] Bis 9 Uhr waren die meisten Unterschriften der am Abend Anwesenden gesammelt. Bezeichnend dafür ist, dass in dieser Zeit gerade die meisten Frauen des Ortes in der Kirche zum Gottesdienst waren. Nach diesem Anfang am Freitag, den 1. April 1960, ging die Umgestaltung in Kranlucken voran. Bis Sonnabendnachmittags waren etwa 27 Betriebe mit 240 ha erfasst.[19]

– Am 29. März 1960:

Der Großbauer Oskar von der Tann, geb. 1877, seine Ehefrau Katharina von der Tann, geb. 1892, deren Schwiegersohn Gerhard Zöllner, geb. 1924, mit Ehefrau Mathilde Zöller, geb. 1926, und Kind Werner Zöllner, geb. 1955, alle wohnhaft in Walkes, Seeleshof/Kreis Bad Salzungen, haben illegal die DDR bei Walkes verlassen.

Der angeführte Personenkreis begab sich am 29.3.1960 zum Ackern auf ihre, in der Nähe des 10-m-Streifens liegenden Felder. Nachdem der Streifen der DGP [= Deutsche Grenzpolizei] kurz vor 16 Uhr das Feld verlassen hatte, begaben sich die Benannten mit dem Pferdegespann (3 Pferde) zum 10-m-Streifen und fuhren in Richtung Neuswarts nach WD [= Westdeutschland].

Von den Republikflüchtigen wurde eine LNF [= Landwirtschaftliche Nutzfläche] von 33 ha bewirtschaftet. Sie standen der sozialistischen Umgestaltung der Landwirtschaft negativ gegenüber. Der Betrieb hatte unter anderem einen Sollrückstand von 6.000 kg Milch und 200 kg Fleisch.[20]

Im Bericht des Bezirkes Suhl über die Entwicklung der LPG im Jahre 1960 wurde festgestellt:

Die beharrliche Arbeit der Genossen fand ihren Erfolg in der Erreichung des vollgenossenschaftlichen Bezirks am 7.4.1960. Die sozialistisch bewirtschafteten Flächen durch die LPG erhöhten sich dadurch von 16,4 % am 31.12.1959 auf 86,1 % zum gleichen Zeitpunkt des Jahres 1960. Die Anzahl der Mitglieder wuchs von 7.540 auf 36.802. Die Festigungsbrigaden bestehen aus Mitarbeitern des Staatsapparates, der Parteien, Massenorganisationen und der Patenbetriebe.

Die nachfolgenden Polizeiberichte an den Rat des Bezirkes melden allerdings, dass die Vollgenossenschaftlichkeit nicht abgeschlossen war und die Bauern sich teilweise immer noch weigerten und Widerstand leisteten:
– Am 28. April 1960:

In Motzlar fand die 4. Versammlung zur Gründung der LPG I statt. Von den 53 Genossenschaftsbauern waren nur 28 erschienen. [...] In der Diskussion brachten einige Genossenschaftsbauern zum Ausdruck, dass man die Grenzsteine nicht entfernen sollte, da sie erst vor 10 Jahren gesetzt wurden. [...] Von den 28 Anwesenden stimmte keiner dem Statut zu. Die nächste Versammlung im Mai verlief wiederum ohne Ergebnis.[21]

– Am 6. Mai 1960:

> In Geismar wurde eine Vollversammlung der LPG I angesetzt [...]. Zu dieser Versammlung erschienen von 85 Mitgliedern nur 13. Dies war bereits die 3. Versammlung, die mit der gleichen Tagesordnung angesetzt war.[22]

Nach der 8. Tagung des ZK der SED und des Bezirkstages Suhl vom 17. und 18. Mai 1960 wurde ein Programm zur Festigung der LPGen im Bezirk Suhl beschlossen:

> Es wurde von der Festigungsbrigade in Reinhards eine LPG-Vollversammlung angesetzt. Zu dieser Versammlung erschienen die Vorstandmitglieder nicht.[23]

In den Dörfern war die Meinung geteilt. Der größte Teil lehnte die Mitgliedschaft in der LPG ab, andere hatten sich „überzeugen" lassen, was zwangsläufig zu Konflikten führte:

> Der LPG-Vorstand in Spahl brachte in einer Diskussion zum Ausdruck, dass sie die Ämter niederlegen werden, da sie laufend von den anderen Bauern wegen der guten Zusammenarbeit mit der Festigungsbrigade Vorwürfe erhalten und die LPG Arbeit fördern. Einige Bauern äußerten sich dahingehend, dass man es genauso machen sollte wie in Motzlar und Schleid. Diese ließen sich auch nicht überzeugen und haben es damals nur durchgeführt, weil es verlangt wurde.[24]

Abb. 59: Funktionäre bei einer Beratung in Geisa, um 1970.

Abb. 60: Eine Feldbaubrigade aus Wenigentaft beim Hacken.

Abb. 61: Strohbergung in Otzbach um 1975. Schüler verdienten sich
mit Arbeiten in der LPG in den Ferien ein Taschengeld.

Im Feldatal wurden zwei Bauern verhaftet, darauf solidarisierte sich das Dorf:

> Aus Dermbach wurde bekannt, dass in der Nacht zum 7.7.1960 an der Milchbank in der
> Nähe des Sächsischen Hofes ein Schreiben [...], welches mit Tinte in Druckbuchstaben ge-
> schrieben war, angebracht wurde. Das Schreiben hat folgenden Inhalt: Liebe Dermbacher
> Bauern, ihr alle wisst, dass unsere Existenz vom Sozialismus bedroht ist. Die Rechte des
> Volkes werden missbraucht, denn sonst wären H. W. und K. F. nicht auf so ungerechte
> Weise bestraft worden. Deshalb fordern wir im Interesse aller Bauern, 4 Tage keine Milch
> zu liefern. Seid einig im Kampf für eure Freiheit. Die verhafteten Bauern wurden am 06. Ju-
> li 1960 vom Kreisgericht Bad Salzungen zu je 5 Monaten Gefängnis verurteilt.[25]

Mauerbau und Grenzsicherung

Die Durchsetzung der Vollgenossenschaftlichkeit der Landwirtschaft erhielt nach dem Mauerbau am 13. August 1961 eine neue Dimension. Wenige Tage später fasste der Rat des Bezirkes Suhl den Beschluss, „Maßnahmen zur Gewährleistung der Sicherheit und Ordnung" zu treffen. Es wurde festgestellt: Der Bezirk hätte etwa 400 km Staatsgrenze. In der 5-km-Sperrzone lägen ein Drittel aller Gemeinden. An der Grenze wurde ein 100 m breites Gebiet beräumt. Der Wald musste durch den Staatlichen Forst und Hilfskräfte gefällt werden.[26] Im Gegensatz zur Aktion „Ungeziefer" von 1952 war die Aktion „Kornblume" in den Bezirken Erfurt und Gera – Aktion „Blümchen" im Bezirk Suhl genannt – generalstabsmäßig vorbereitet. Damit war der letzte Widerstand der privaten Landwirte gebrochen. Die Vertreibung von Haus und Hof bedeutete für die bodenständigen Bauern die „Höchststrafe".

Grundlage war der Befehl des Ministers des Innern Nr. 35/61 vom 1. September 1961. Danach waren zur Ausweisung vorgesehen:

a) ehemalige Angehörige der SS, unverbesserliche Nazis, ehemalige Ortsbauernführer, Personen, die durch reaktionäre Einstellung den Aufbau des Sozialismus hindern sowie Personen, die ihrer Einstellung nach und durch Handlungen eine Gefährdung für die Ordnung und Sicherheit im Grenzgebiet darstellen;

b) Erstzuziehende aus Westdeutschland und Westberlin;

c) Rückkehrer aus Westdeutschland und Westberlin, die bisher noch nicht durch gute Arbeitsleistungen ihre Verbundenheit zur Deutschen Demokratischen Republik unter Beweis gestellt haben und bei der Eingliederung in das gesellschaftliche Leben große Schwierigkeiten bereiten;

d) Personen, die als Grenzgänger aufgefallen sind oder die Arbeit der Deutschen Grenzpolizei erschwerten oder behinderten, darunter fallen arbeitsscheue und asoziale Elemente, HwG-Personen [= häufig wechselnder Geschlechtsverkehr] usw.[27]

Am 24. August 1961 erließ der Ministerrat eine Verordnung über „Aufenthaltsbeschränkung". Damit bestand die Möglichkeit, Personen, die nicht im Grenzgebiet wohnten, die Einreise zu verweigern.[28]

Ein Einsatzplan der MfS-Kreisdienststelle Bad Salzungen vom 23. September 1961 gibt Auskunft über die Planungen:

Zur Sicherung der im Betreff der genannten Aktion und zur Verhinderung von Provokationen und Feindtätigkeit, werden für die Kreisdienststelle Bad Salzungen folgende Maßnahmen angewiesen. [...][29]
Die Aufgabe dieser Kräfte besteht in erster Line in der verstärkten Trefftätigkeit mit ihrem IM-Netz [= Inoffizieller Mitarbeiter (des MfS)] zur Beschaffung von Informationen, um

rechtzeitig gegnerische Aktionen zu erkennen und zu verhindern. Weiterhin haben sie dafür zu sorgen, daß provozierende Elemente sofort isoliert werden.

Leutnant [...] ist verantwortlich in Verbindung mit dem Referat Null für die Abschaltung des Fernsprechnetzes in folgenden Schwerpunkten: Unterbreizbach, Motzlar, Oberzella, Kranlucken, Zitters, Geismar, Wiesenfeld.

Jeweils ein operativer Mitarbeiter der BV [= Bezirksverwaltung] Suhl wird den Ausweisungsgruppen zugeteilt, die die Ausweisung folgender Personen durchführen [...].

Diese Genossen haben die Aufgaben, während der Ausweisung bzw. Verladung nach gegnerischem Material und dergleichen zu suchen.

Bekannte negative Personen werden durch Inoffizielle Mitarbeiter besonders während der Zeit der Aktion unter Kontrolle genommen.

Alle Waffen, Geräte und Fahrzeuge sind auf ihre Einsatzbereitschaft zu überprüfen.[30]

Hintergründe und Ablauf der Zwangsaussiedlung – Ein Zeitzeugenbericht

Welche drastischen Folgen sich für die zur Aussiedlung vorgesehenen Familien ergaben, zeigen die Erinnerungen von Rudi Mihm, der 1961 mit seiner Familie aus Zitters in der Rhön zwangsausgesiedelt wurde[31]:

Am 03. Oktober 1961 wurde ich mit meiner Familie, meiner Ehefrau Anna, meinen Kindern Roswitha und Erika (9), Hiltrud (8), Christa (4), meinem Vater Anton (69) und meiner Tante Paula Mihm (67) von Zitters in der Rhön nach Tiefensee bei Bad Düben in Nordsachsen zwangsevakuiert. Ich möchte nun nach 28 Jahren versuchen, diese stalinistische Schandtat zu rekapitulieren.

Wir hatten im Sommer 1961, dem ersten Jahr unserer genossenschaftlichen Arbeit, einen „Festigungsgenossen", Sennhenn mit Namen, aus dem Kabelwerk Vacha. Im Spätsommer warnte er mich folgendermaßen: Ich solle nicht mehr so viel in Versammlungen diskutieren. Man habe mich beim Kreis als führenden Kopf der LPG im negativen Sinne bezeichnet.

Einige Wochen vor dem 03. Oktober 1961 war ein Fußballspiel in Erfurt: DDR gegen eine afrikanische Nationalmannschaft. Mein Freund Gebhard Wald aus Zitters und ich sahen uns das Spiel an. Auf der Heimfahrt waren wir in einer Gaststätte in Motzlar. Dort sah uns Herr K., BHG-Leiter [= Bäuerliche Handelsgenossenschaft]. Er sprach mich an, was ich hier mache.

Abends, ich lag schon im Bett, wurde an unserer Tür geklopft. Ein Genosse Schmitt vom Grenzkommando war es. Als ich mich am Fenster meldete, sagte er, es ist gut. Wir wollten bloß sehen, ob du zu Hause bist.

Zu unserer Evakuierung:

In der Nacht zum 3. Oktober 1961 weckte mich mein Vater und zeigte mir, dass im Kindergarten über dem Spritzenhaus[32] Licht war. Es hielt ein größeres Auto oder Kleinbus. Ihm entstiegen etliche Männer, die in den Kindergarten gingen. Mein Vater sagte noch, da stimmt etwas nicht.

Am nächsten Morgen hatten wir Gottesdienst in Zitters. Ich blieb allein zu Hause, um die Stallarbeit zu machen. Da kam mein Schwager Paul Müller vom Rothof mit dem Motorrad zu mir und sagte, dass er am Mückenhof beim Dreschen helfen wollte. Doch man ließ ihn nicht aus Zitters raus. Ich fuhr mit meinem Motorrad mit ihm. Oberhalb Zitters standen Kampfgruppenposten, welche ich kannte. Sie ließen uns nicht durch und sagten, dass niemand Zitters verlassen dürfe. Darauf fuhren Schwager Paul und ich zum Grenzkommando, wo über Nacht ein großes Zelt aufgebaut worden war. Wie ich später erfuhr, lagen darin Kampfgruppen. Beim Kommando verlangte ich den Chef. Er ließ sich aber verleugnen. Man sagte uns, dass Schwager Paul zum Rothof zurückgebracht werden würde, was dann auch geschah. Von dort fuhr ich nach Hause und machte meine Stallarbeit weiter. Als ich auf der Miste[33] stand und den abgekippten Dung breitgabelte, kam mein Schwager Willi Schuchert (damals Bürgermeister) mit einem Polizeioffizier und einigen anderen Leuten zu mir auf den Hof. Man führte mich in die Küche und nahm mir als erstes den Personalausweis ab. Der Offizier erklärte mir, dass ich mit meiner Familie umgesiedelt werden soll. Dies wäre zu meiner Sicherheit und zur Sicherheit des Staates erforderlich. Inzwischen kamen die Leute aus der Kirche. Auch Pfarrer Schröter kam zu uns und tröstete uns. Mittlerweile waren Möbel- und Lastwagen vorgefahren. Als man mit mir in der Küche noch diskutierte, wurde das Wohnzimmer schon verladen. Man hatte Kalikumpels mitgebracht, die diese Arbeit verrichteten. Auch mehrere Frauen waren dabei, die vor allem das Geschirr verpackten.

Bei der Diskussion in der Küche verlangte ich eine schriftliche Bescheinigung, dass ich in meinem neuen Wohnort nicht in die LPG gehen müsse. Ich wollte mir eine Arbeit suchen, die meinen Fähigkeiten entsprach. Diese Bescheinigung bekam ich nicht.

Als meinem Vater im Laufe des Tages die Nerven durchgingen, sagte er, dass er mit dieser Aktion nicht einverstanden wäre. Vielleicht drückte er sich auch anders aus. Darauf sagte man ihm, man könnte mit uns auch anders verfahren. Darauf riss mein Vater sein Hemd auf, so dass die nackte Brust zu sehen war und sagte, so erschießt mich doch ihr Schweine!

Beim Brennholzaufladen im Holzschuppen verunglückte ein Arbeiter. Sogleich war ein Krankenauto zur Stelle. Man hatte wahrscheinlich damit gerechnet, dass etwas passieren könnte. Der Ingenieur Sennhenn aus dem Kabelwerk Vacha, der als Festigungsgenosse bei der Gründung der LPG in Zitters war, lag mit einer Kampfgruppeneinheit dem Zelt beim Grenzkommando. Als er von meiner Evakuierung erfuhr, kam er spontan und verabschiedete sich von mir mit Uniform und Waffe. Bei der nächsten Parteiversammlung bekam er einen öffentlichen Parteitadel, weil er sich von einem Verbrecher verabschiedet hatte.

Die Zitterser Berufstätigen durften an diesem Tag den Ort nicht verlassen, so dass sie uns beim Verladen helfen konnten.

Nachmittags gegen 16:00 Uhr verließen wir Zitters. Alle Fahrzeuge hatten eine Nummer auf den Scheiben: ein Möbelwagen mit Anhänger, zwei oder drei LKWs mit Hänger und fünf PKWs. In Kranlucken wurde während unserer Durchfahrt durch den Dorffunk das Lied „Muss i denn zum Städtele hinaus" gespielt. In Bad Salzungen bekamen wir unsere

Personalausweise zurück, worin der Aufenthaltsstempel für das Sperrgebiet ungültig war. Am Sportplatz in Steinbach bei Bad Liebenstein bekamen wir je Person einen harte Wurst und ein Brot. Dann ging es über die Serpentinen des Thüringer Waldes nach Arnstadt bis zur Autobahn. Bis dorthin lagen ab und an bewaffnete Posten der Kampfgruppen im Straßengraben. Nachts gegen 23:00 Uhr waren wir in Eilenburg und bekamen beim Rat des Kreises einen Imbiss mit Tee. Danach fuhren wir nach Tiefensee. Ich bekam einen Einweisungsschein für eine Vier-Zimmerwohnung in Tiefensee, Nummer 37. Als wir dort ankamen, wurden wir in der damaligen Jugendherberge (Schloss) untergebracht. Am nächsten Morgen wurde abgeladen und eingeräumt. Hier halfen uns Literaturstudenten aus Leipzig, welche in der LPG zum Ernteeinsatz waren.

Die Fahrer, die uns herfuhren, erzählten mir, dass man ihnen vor Beginn der Aktion sagte, jetzt holen wir die letzten Verbrecher von der Grenze.

Die ganze Aktion wurde folgendermaßen abgesichert: Zu mir kamen zehn Personen. Dann war unser Haus von zehn Stasileuten umstellt. Jeder Hof in Zitters bekam zwei Stasileute als Bewachung zugeteilt, damit keine Unruhe entstehen konnte. Das Dorf war von Kampfgruppen umstellt, und eine Kampfgruppeneinheit lag im Zelt in Bereitschaft. Hinzu kamen Kampfgruppenposten bis zur Autobahn.

Hinzufügen möchte ich noch folgendes:

Zur Gemeinde Zitters gehörten die Kohlbachhöfe Knapp und Heß. Die Leute des Hofes Knapp wurden 1952 evakuiert. Die dazugehörigen Ländereien wurden von der LPG Typ I Zitters mitbewirtschaftet; das heißt, es wurde im Sommer 1961 die Heubergung durchgeführt. Dazu bekamen wir einige Grenzer in Uniform aber ohne Waffen als Erntehelfer mit. Die Wiesen des Knapp reichten bis zum Zehn-Meter-Grenzstreifen. Ich war mit meinem Pferdegespann und zwei Erntewagen bei diesem Einsatz. Den Tag weiß ich nicht mehr genau. Wir hatten zwei Fuhren Heu geladen. Josef Arnrich und ich hängten die beiden Wagen zusammen. Plötzlich stand ein Mann in Zivil vor mir und fragte mich nach dem Weg nach drüben. Ich schickte ihn hinter eine Hecke und holte Erntehelfer/Grenzer, die den Mann, wohlmerklich ohne Waffen, festnahmen. Dabei unterhielten sie sich mit ihm und rauchten Zigaretten zusammen. Mir kam es vor, als ob sie ihn kannten. Wie ich später erfuhr, war das ein Offizier einer Nachbarkompanie. Man stellte mir also eine Falle, um mich in Haft zu nehmen.

Abschluss der Aktion „Festigung"

Im Abschlussbericht der MfS-Bezirksverwaltung Suhl mit dem Stichtag 29.9.1961 werden die „zum Umzug vorgesehenen Personen" im Bezirk Suhl unterteilt in[34]:

a) Belastete Personen   180
b) Angehörige   430
c) Insgesamt   610

Zahl der im Bezirk umgezogenen Personen nach:
a) Belastete Personen   164
b) Angehörige   398
c) insgesamt   562

Es ergibt sich eine Differenz zwischen zur Aussiedlung vorgesehenen und tatsächlich Ausgesiedelten von 48 Personen. Als Gründe der nichterfolgten Ausweisung wurden angegeben: eine Schwangerschaft, die Person ist inhaftiert, Person infolge von Aufregung wegen Herzleiden ins Krankenhaus eingeliefert, aufgrund des hohen Alters, Begründung zur Aussiedlung entspricht nicht den Tatsachen, die Person ist der Vorsitzende der LPG, die Person verstarb oder ist republikflüchtig.

Zur Nachführung an Tierbestand waren vorgesehen: 53 Schweine, 2 Schafe, 57 Rinder, 9 Pferde. Zurück bleiben: 293 Schweine, 7 Schafe, 292 Rinder, 34 Pferde und 4 Ziegen.[35]

Der Vorsitzende des Rats des Kreises Bad Salzungen Vork rechtfertigte die Vertreibung in einer Rede vor dem Kreistag, die an Zynismus kaum zu übertreffen ist:

> Werte Abgeordnete des Kreistages, werte Gäste!
> Der Rat des Kreises erachtet es für notwendig, die Abgeordneten des Kreistages über die am 3. Oktober durchgeführte notwendige Grenzsicherung, durch Entfernung einiger Bürger aus dem 500-m- und 5-km-Gebiet der Staatsgrenze West, die sich bisher in unsere sozialistische Ordnung nicht einführen konnten, die durch ihr Verhalten bewiesen haben, dass sie die Sicherheit an der Staatsgrenze gefährden und Opfer der Militaristen werden könnten, aus dem Grenzgebiet entfernt, und ihnen anderer Wohnraum in der Republik zugewiesen wurde, zu informieren. [...]
> Unsere Bevölkerung weiß, dass unsere Ziele nur unter dem Schutz und Schirm der realen Macht des sozialistischen Weltsystems und des ersten Arbeiter- und Bauernstaates in Deutschland zu erreichen sind.
> Es war keine Enteignung. Im Gegenteil.
> Jeder spürte die wirkende Mithilfe, und uneigennützig haben die vielen ehrenamtlichen Helfer Hand angelegt, um die Menschen so schnell wie möglich an deren neuen Wohnort zu bringen. Auch dort war alles gut vorbereitet, um sie sofort mit der neuen Umgebung bekannt und vertraut zu machen.[36]

Die Aussiedlung in den 1970er Jahren

Nach der Zwangsaussiedlung im Oktober 1961 trat in den folgenden Jahren diesbezüglich etwas Ruhe ein. Anfang der 1970er Jahre verstärkte die Regierung der DDR die Grenzsicherheit. In der Folge wurden ausgewählte Höfe und Häuser unmittelbar an der Grenze teilweise abgerissen und ihre Bewohner nach außerhalb des Sperrgebietes zwangsumgesiedelt. Dabei mussten die Höfe innerhalb kurzer Zeit geräumt werden. Mit der Unterzeichnung der KSZE-Akte 1973 in Helsinki hatte die DDR einen wichtigen Schritt zur internationalen Anerkennung vollzogen. Da die Regierung um „Gesichtswahrung" bemüht war, verliefen die Umsiedlungen von dieser Zeit an etwas „humaner". Nun war es den Betroffenen teilweise erlaubt, außerhalb des Sperrgebietes ein neues Haus zu bauen, in Einzelfällen auch innerhalb des Sperrgebietes im Nachbarort.

Die Vorbereitungen zur „Umsetzung der Bewohner" und der Gebäudeabriss waren als geheime Aktionen geplant. Weder die Bewohner noch die LPG-Leitung wurden in der Regel im Voraus informiert. Die meisten Bauern in den Einzelhöfen entlang der Grenze hatten zwar jahrelang eine Vorahnung, dass ihr Hof auch geschleift werden könnte, doch der „Tag X" war für sie eine Katastrophe.

Für die LPGen, in denen die betroffenen Landwirte Mitglied waren, bedeutete das, innerhalb von wenigen Tagen die Scheunen von Heu und Stroh zu räumen oder das Getreide umzulagern. Besonders schwierig war die Unterbringung des Tierbestandes, besonders, wenn größere Ställe geräumt werden mussten. Hin und wieder hatten die LPGen diese Ställe erst neu gebaut oder modernisiert.

Anmerkungen

1 Vgl. hierzu Schöne, Jens: Die Landwirtschaft in der DDR 1945–1990. Erfurt 2005 sowie Pleticha, Heinrich (Hrsg.): Teilung und Wiedervereinigung: 1945 bis heute (= Deutsche Geschichte Bd. 12). Gütersloh 1993.
2 Zit. nach Schöne (wie Anm. 1), S. 24.
3 BStU Suhl, BV Suhl, KD SLZ/17.
4 https://www.stasi-mediathek.de/.../bericht-ueber-den-verlauf-der-aktion-ungeziefer-in-thüringen. Weiterführend: Bennewitz, Inge/Potratz, Rainer: Zwangsaussiedlungen an der innerdeutschen Grenze. Analysen und Dokumente. Berlin, 4. Aufl. 2012, S. 51.
5 Mitschrift des Verfassers.
6 Mitschrift eines Gesprächs mit dem Verfasser.
7 Thüringisches Staatsarchiv Meiningen, Bestand: Rat des Bezirkes Suhl, Abteilung Landwirtschaft, Nr. Mo1746. – Das Soll war ein Abgabesoll an landwirtschaftlichen Produkten, welches jeder private Landwirt zu erfüllen hatte. Es errechnete sich nach der Größe des Betriebes. Bei Nichterfüllung drohten Sanktionen wie öffentliche Bekanntmachung. Die Verweigerung der Schlachtgenehmigung traf die Bauern besonders hart, weil sie als Selbstversorger galten und keinen Anspruch auf Lebensmittelkarten hatte. Auch Gefängnisstrafen wurden verhängt oder angedroht.

8 LPG Typ I bedeutete: Das Ackerland wird genossenschaftlich bearbeitet. – LPG Typ II bedeutete: Das Ackerland und die Wiesen werden genossenschaftlich bearbeitet. – LPG Typ III bedeutete: Es gibt keinen privaten Besitz mehr, auch der Viehbestand ist genossenschaftlich.
9 Vgl. Schöne (wie Anm. 1) sowie Pleticha (wie Anm. 1).
10 Siehe Anm. 8.
11 Thüringisches Staatsarchiv Meiningen, Bestand: Bezirkstag, Rat des Bezirkes, Abt. Landwirtschaft, An den Rat des Bezirkes Suhl, Büro des Vorsitzenden, Nr. 1291.
12 Ebd.
13 Ebd.
14 Thüringisches Staatsarchiv Meiningen (wie Anm. 7); Offenstall = Milchviehställe ohne Seitenwände.
15 Ebd.
16 Ebd.
17 Ebd.
18 Ebd.
19 BStU Suhl, MfS, BV Suhl, KD SLZ 1825.
20 Thüringisches Staatsarchiv Meiningen (wie Anm. 7).
21 Thüringisches Staatsarchiv Meiningen (wie Anm. 7), Nr. 1290.
22 Ebd.
23 Thüringisches Staatsarchiv Meiningen (wie Anm. 7), Nr. 7516, 7. Juni 1960.
24 Thüringisches Staatsarchiv Meiningen (wie Anm. 7), Nr. 1290.
25 Ebd., 8. Juli 1960.
26 Relevante Archivalien in: Thüringisches Staatsarchiv Meiningen, Bestand: Bezirkstag, Rat des Bezirkes, Abt. Landwirtschaft, An den Rat des Bezirkes Suhl, Büro des Vorsitzenden.
27 Abgedr. in: Bennewitz/Potratz (wie Anm. 4), S. 285 f.
28 Abgedr. in: ebd., S. 282 f.
29 Es folgen die Namen der Offiziere des MfS und ihre Aufgabenbereiche.
30 BStU, MfS, Suhl, AS 34/91.
31 Aufzeichnung aus dem Jahr 1989 im Privatbesitz des Verfassers.
32 Spritzenhaus = Feuerwehrgerätehaus.
33 Miste = Dunghaufen.
34 Dieser ist online abrufbar: https://www.stasi-mediathek.de/medien/abschlussbericht-der-bezirksverwaltung-suhl-zur-aktion-festigung/blatt/173/.
35 Ebd.
36 Kreisarchiv Bad Salzungen, Kreistag, Rechenschaftsbericht des 1. Vorsitzenden Fork für das II. Quartal 1961.

Wolfgang Christmann und Bruno Leister

Geschleifte Höfe im „Geisaer Amt"
Die Buchenmühle – ein Gedenkort besonderer Prägung

Ab 1952 und bis in die späten 1980er Jahre hinein hatte die DDR-Regierung in den Grenzkreisen zur Bundesrepublik Deutschland aus ideologischen Gründen den Abriss von Häusern und Höfen im Grenzgebiet angeordnet und darüber hinaus hunderte Weiler und Dörfer
zerstören lassen. Diese von staatlicher Seite angeordnete und bis heute beispiellose Zer-
störungswelle vernichtete auch im Geisaer Amt über dreißig Wohn- und Wirtschaftsgebäu-
de, darunter neben Freizeiteinrichtungen auch Mühlenbauwerke. Wer den Weg zum Sozialismus kritisch infrage stellte, die Kollektivierung der Landwirtschaft ablehnte oder zu nahe
an der Grenze wohnte, gar verdächtigt wurde, Kontakte in den Westen zu unterhalten,
konnte in den Fokus der Staatssicherheit geraten. Die Ausweisung aus dem Grenzgebiet
zur, wie es hieß, „eigenen Sicherheit" war meist zwangsläufig die Folge. Für viele der Betroffenen war bis zur endgültigen Abriegelung der Grenze in den 1960er Jahren die Flucht in
den Westen oft die einzige Alternative, um quälender Ungewissheit und Pressionen zu entgehen.

Der Verlust von Haus und Hof, der angestammten Heimat, wog schwer und ließ ob der
als willkürlich empfundenen Maßnahmen Betroffene ratlos und verzweifelt zurück. Hier
und da aufkommender Widerstand vermochte die Zwangsumsiedlung zwar zu verzögern,
aber letztendlich nicht zu verhindern. Gehöfte, die mit einer zum Teil Jahrhunderte alten
Geschichte bedeutende Wirtschafts- und Kulturgüter darstellten, kamen in unkundige Hände oder waren dem Verfall preisgegeben.

Am traurigen Ende fielen sie der Spitzhacke zum Opfer. Was Zeiten von Befehdungen
und Krieg überstanden hatte, scheiterte an vermessener Machtausübung und Willkür der
DDR-Diktatur.

Die im nördlichen Teil des Hünfelder Landes gelegene Buchenmühle war von der Ab-
risswelle ebenfalls betroffen, verlief doch die innerdeutsche Grenze mitten durch das Anwesen. Auf Thüringer Seite stand ein zweigeschossiges Fachwerkhaus aus dem Jahr 1861,
angrenzend ein großzügig angelegter Bauerngarten mit Brunnen und Backhaus. Stallungen, Scheune mit Wohnhaus und eine Mahlmühle rundeten das Mühlenanwesen auf hessischer Seite ab. Abseits von Ansiedlungen und Durchgangsstraßen waren die Menschen in
der Buchenmühle überwiegend auf sich selbst verwiesen.

Die Anfänge der Mühle liegen im Dunkel der Geschichte. Der erste Müller in der Buchenmühle ist um die Zeit des Dreißigjährigen Krieges nachgewiesen. Die Mühle selbst war
in den vergangenen Zeiten wiederholt Streitobjekt und Zankapfel benachbarter Herrschaf-
ten, vornehmlich zwischen Hessen und Thüringen. An welche Herrschaft sollte der Buchenmüller seine Steuern entrichten?

Eine eindeutige und von allen widerstreitenden Parteien akzeptierte Zuordnung kam –
aus welchen Gründen auch immer – lange Zeit nicht zustande. Doch mit der Neuordnung
Europas in der ersten Hälfte des 19. Jahrhunderts einigten sich Kurhessen und Sachsen-
Weimar-Eisenach einvernehmlich über den künftigen Grenzverlauf, wobei Kassel noch 1840
in Verhandlungen erreichte, dass die Buchenmühle kurhessisch wurde, allerdings blieb die
kirchliche Zuständigkeit über die Mühle nach wie vor bei Wenigentaft, weil die Bischöfliche
Behörde in Fulda wohl aus kirchenpolitischen Gründen eine Änderung der bestehenden Zu-
ständigkeiten ablehnte. In den nun folgenden Jahren baute der Buchenmüller seinen Besitz

auf Thüringer Seite weiter aus und errichtete 1861 ein doppelstöckiges Fachwerkhaus. Die hessisch-thüringische Grenzlinie verlief nun mitten durch den Hof, ohne dass dadurch die friedliche Idylle gestört wurde. Das änderte sich schlagartig mit dem Ende des Zweiten Weltkriegs, als Amerikaner und Sowjets bei Festlegung der Besatzungszonen im Wesentlichen die Grenze zwischen Hessen und Thüringen bestätigten. An der Buchenmühle beließ man es beim seitherigen Grenzverlauf. Vermutlich hätte ein Federstrich genügt, um die Mühle ganz der amerikanischen Zone zuzuschlagen. Damit war die Teilung der Buchenmühle besiegelt und mit dem beschaulichen Leben in der Talaue zwischen Buchenberg und Standorfsberg war es über Jahrzehnte vorbei. Stetes Hoffen und Bangen bewegte die Gemüter: Wird die Mühle vom Abriss verschont? Betroffene und Zeitzeugen haben geantwortet und nachfolgend in eindringlicher Weise geschildert, was sich in den Septembertagen 1961 an der Mühle zugetragen hat.[1]

Abb. 62: Postkarte „Buchenmühle an der Zonengrenze".

Abb. 63: Das neue Wohnhaus der Buchenmühle auf hessischer Seite.

Abb. 64: Der Abriss auf Thüringer Seite 1961.

Aus Gesprächen mit Anita und Karl Heller

Wie erlebten Sie in der Buchenmühle den Abriss des Wohnhauses?
Anita Heller:

> Schon Wochen vorher hörten wir, dass Höfe an der Grenze abgerissen werden sollten. Wir sagten uns, und das meinte auch mein Vater: „Unseren Bau", so nannten wir das Wohnhaus auf der thüringischen Seite, „reißen die nicht ab."
>
> Die Tage vor dem Abriss waren wir unweit der Buchenmühle beim Kartoffellesen. Wir hörten oben vom Buchenberg her tagelang Klopfen und Nageln, ohne dass wir uns das erklären konnten.
>
> Eines Morgens, das müsste am 15. September 1961 gewesen sein, hörten wir gegen 5 Uhr von draußen her ein starkes Klopfen und Hämmern. Es war um diese Zeit noch dunkel.
>
> Als es langsam hell wurde, sahen wir den Grund für den Lärm. Schon in der Nacht muss ein Arbeitskommando die zusammengenagelten Spanischen Reiter auf dem Weg zwischen dem Wohnhaus und dem „Bau" aufgestellt haben. Jetzt schlugen sie starke Holzpfosten in die Erde, um die Sperre festzumachen.

Karl Heller:

> Merkwürdig daran war ja, dass unser Hund draußen im Hof nicht ein einziges Mal zu hören war. Die haben ihm bestimmt was hingeworfen, dass er ruhig war, und als ich dann mit dem Auto rückwärts aus der Scheune fuhr, sah ich im Schein der Rückleuchten, dass sie Spanische Reiter aufgestellt hatten. Dann bin ich zur Arbeit nach Hünfeld gefahren und habe beim BGS an der Wache Bescheid gesagt.

Anita Heller:

Bei Tagesanbruch haben meine Eltern und ich dann gesehen, was sich da abspielte: Etwa dreißig Mann in brauner Felduniform und rund siebzig Mann Bewachung, die alles abgeriegelt haben. Vor allem mein Vater war sprachlos und erschüttert. Er rief hinüber, sie sollten die Grenze um das Haus herumziehen, und er würde ein anderes Grundstück zum Tausch anbieten, wenn sie den „Bau" stehen ließen. Doch die haben sich nicht beeindrucken lassen. Erst haben sie Stahlseile um das Fachwerk gebunden und versucht, mit schwerem Gerät das Haus umzureißen. An einem Fahrzeug war eine Winde. Ein Seil war an einem Baum festgebunden. Aber das Seil ist gerissen, weil das stabil gebaute Haus nicht nachgeben wollte. Nach stundenlanger Arbeit, den ganzen Tag über hat es gedauert, dann hatten sie das Haus über die Kellermauern umgelegt.

Karl Heller:

Sie wollten die stabile Kellerdecke zum Einsturz bringen. Das scheiterte aber, weil die Decke zum Gewölbekeller nicht kaputt ging! Das ist der Grund, dass sie den Sockel stehen ließen.

Anita Heller:

Den ganzen Tag über haben wir die Arbeiten beobachtet. Schon bald am Morgen kam der BGS mit mehreren Beamten, der Landrat Beck und der Oberkommissar Leers von der Hünfelder Polizei, aber sie konnten für uns auch nichts tun.
Und weil es nicht gelang, das Haus in einem Stück umzuziehen, haben sie Wand für Wand umgerissen. Die Balken wurden mit Pferden herausgezogen und der Dreck in den Brunnen geworfen.
Seit 1952 hatten Tag und Nacht immer Posten im „Bau" gesessen und haben uns und die vielen Besucher abgehört und beobachtet.
Der Vater hatte nach der Abriegelung der Grenze schon 1952/53 im hessischen Teil des Hofes einen neuen Brunnen gebohrt. Das Wasser hatte eine sehr gute Qualität. Das hatte sich dann aber geändert, weil durch das Spritzen am Buchenberg Pflanzengifte enthalten waren.
Als wir dann 1964 den neuen Hof bezogen, sind meinen Eltern mit hochgezogen. Aber vor allem der Vater fühlte sich in der neuen Umgebung nicht wohl. Es fehlte ihm das Wasser an der Mühle.

Erinnerung an den Abriss des Fachwerkhauses der Buchenmühle unweit der Ortslage Wenigentaft im Jahre 1961

Siegmar Gattung, Empfertshausen, Ingenieur für Brandschutz a. D.:

Ich war seit 1960 Angehöriger des Kommandos Feuerwehr (Berufsfeuerwehr) des Volkspolizei-Kreisamtes in Bad Salzungen. Wir waren in der Feuerwache kaserniert untergebracht.

Mitte des Jahres erhielt die gesamte Abteilung Feuerwehr und das Kommando Feuerwehr Einsatzalarm. Warum und weshalb war uns zunächst nicht bekannt, nur dass wir eine besondere Aufgabe zu erfüllen hätten.

Es wurden Diskussionen laut, dass wir an der Staatsgrenze zur BRD ein Objekt abreißen sollten, was am Abend dann in einer Dienstbesprechung durch den Leiter der Abteilung Feuerwehr offiziell bestätigt wurde. An dieser Dienstbesprechung nahmen ein Offizier der Grenztruppen aus Dermbach und ein Vertreter des Staatlichen Forstwirtschaftsbetriebes Bad Salzungen teil. Es wurde die Buchenmühle genannt, mit der wir nichts anzufangen wussten.

In der zweiten Nacht, gegen 2.30 Uhr, wurde Objektalarm ausgelöst und wir rückten mit allen Einsatzfahrzeugen in Richtung Wenigentaft aus, bis oberhalb des Walds von der Buchenmühle. Der konkrete Einsatzbefehl lautete, ohne Geräusche an das alte Fachwerkhaus, welches unmittelbar ca. 1,5 Meter von der Grenze zur BRD stand, mit Stahlseilen und Äxten anzuschleichen und ein Stahlseil um die Eckpfeiler des Gebäudes zu befestigen. Die Stahlseile wurden an die Seilwinde eines LKW G5 vom Forst angeschlauft. Es waren zwei LKW G5 vor Ort, so dass noch ein zweiter Eckpfeiler ebenfalls an dessen Seilwinde angeschlauft wurde. Die LKW standen ca. 60 Meter oberhalb des Objektes am Waldrand und waren durch Stahlseile an starken Buchen verankert, um den LKW noch mehr Halt zu geben.

Bis dahin verlief alles geräuschlos, denn die Bewohner im neuen Gebäude der Buchenmühle, auf BRD-Gelände, wo auch ein Posten der US-Armee stationiert sein sollte, sollten den Abriss erst mitbekommen, wenn das Fachwerkhaus bereits einstürzte. Dies war keineswegs der Fall, denn der Abriss der Eckpfeiler mit Stahlseilen gelang nicht. Das Eichenfachwerk war so stabil, dass ein Drahtseil riss und die Buchen sich zu neigen begannen, an denen die LKW verankert waren.

Der neuen Lage entsprechend wurde von uns an den Ecken des Gebäudes die Gefache entfernt und die wichtigsten Stütz- und Querbalken mit Sägen durchgetrennt, damit die Stabilität des Fachwerkes nicht mehr gegeben war.

Als wir alle vier Ecken des Wohnhauses so destabilisiert hatten, erfolgte der erneute Einsatz der Drahtseile mit Seilwinden der LKW. Nachdem alle vier Ecken eingerissen waren, brach das Haus in sich zusammen.

Es dauerte einige Stunden, bis wir das gesamte Gebälk aus Eichenholz einigermaßen beseitigt hatten, denn die Verzapfungen des Gebälkes waren nicht leicht auseinander zu bringen. Neben dem Wohnhaus musste auch noch der nebenstehende Schuppen mit ehemaligem Backhaus entfernt werden. Beim Abriss des Backhauses wollte ein übereifriger Offizier der Grenztruppen unbedingt mit einer polnischen Kettensäge arbeiten. Obwohl dies von unserem Gruppenführer untersagt wurde, sägte er sich in den Oberschenkel und hatte Glück, dass der Knochen nicht verletzt war und von den

Grenztruppen ein Rettungswagen im Wald stationiert war, was uns selbst nicht aufgefallen war.

Im Laufe unseres Einsatzes an der Buchenmühle nahmen die Bevölkerung, Angehörige des BGS und der US-Armee auf BRD-Seite mit Tagesanbruch ständig zu und die Beschimpfungen wurden immer lauter, einschließlich Hetzparolen gegen die DDR. Wir haben uns davon nicht stören lassen und unseren Auftrag gewissenhaft erfüllt, denn wir wurden durch unsere Grenztruppen entsprechend gesichert.

Als Begründung für den Wohnhausabriss wurde uns von Grenzoffizieren erklärt, dass das Objekt mehrfach von Bürgern der DDR als Unterschlupf für einen späteren Grenzdurchbruch genutzt wurde, denn unmittelbar neben dem Wohnhaus war als Grenze nur ein einfacher Stacheldrahtverhau vorhanden.

Anmerkung

1 Die beiden folgenden Zeitzeugenberichte sind Abschriften von Gesprächen mit den Verfassern.

Christian Stöber

DDR-Grenzregime im Eichsfeld – Die Zwangsaussiedlungen in den Kreisen Heiligenstadt und Worbis

Das Eichsfeld war ein politisches Ausnahmegebiet in der DDR, das von Anfang an eine besondere Herausforderung für die SED-Diktatur darstellte. Grundlegend fehlte der Partei und der kommunistischen Ideologie ein lebensweltlicher Zugang zum Großteil der Bevölkerung. Mit der katholischen Kirche existierte bereits eine historisch und gesellschaftlich tief verwurzelte Autorität und Bezugsgröße, deren Normen und Werte sich in einer ausgeprägten Volkskirchlichkeit widerspiegelten. Mit einem Katholikenanteil von mehr als 80 Prozent bei rund 100.000 Bewohnern war die zwischen dem thüringischen Becken, Harz und Werra gelegene Region das größte katholische Gebiet in der DDR.[1] Nach Kriegsende erlebte die Kirche als Ordnungsmacht sogar einen Aufschwung, der sich neben der Kulturhoheit und dem hohen Organisationsgrad vor allem im Wiederaufstieg des politischen Katholizismus ausdrückte, sodass die SED im Herbst 1946 bei den ersten und einzigen halbwegs freien Wahlen ein Debakel in der Region erlebte. Mit lediglich 28 Prozent schnitt die SED in Thüringen und – von wenigen Ausnahmen abgesehen – in der ganzen SBZ nirgendwo schlechter ab, während die CDU umgekehrt als katholische Milieupartei trotz erheblicher Benachteiligungen und Repressionen mit deutlich mehr als 60 Prozent ihr bestes Wahlergebnis erzielte.[2] Zwar konnte die CDU in den 1950er Jahren mit der Unterstützung der sowjetischen Besatzungsmacht unter massiven Druck und Zwang weitgehend gleichgeschaltet und die administrative Vormachtstellung errungen werden, doch blieb die SED im Eichsfeld dennoch sowohl innerparteilich als auch machtpolitisch weit hinter ihren Ansprüchen zurück. So konnten weder die gravierenden Probleme innerhalb des Parteiapparates gelöst noch die starke Stellung der katholischen Kirche und die hartnäckige Resistenz der Bevölkerung durchbrochen werden.[3]

Außerdem befand sich die Region unmittelbar an der sogenannten „Demarkationslinie", die Deutschland auf alliierten Beschluss seit 1945 nach der Befreiung vom NS-Regime in Besatzungszonen teilte. Auf einer Länge von über 100 Kilometern grenzte das ostdeutsche Eichsfeld an die späteren Bundesländer Hessen und Niedersachsen. Mehr noch: Das Eichsfeld war als historische Landschaft, einheitlicher Kulturraum und ehemals territorial abgeschlossenes, eigenständiges kurmainzisches Fürstentum selbst durchtrennt. Nach der Annexion durch Preußen im Jahr 1802 und einem napoleonisch-westfälischen Intermezzo führte die europäische Neuordnung auf dem Wiener Kongress 1815 zur endgültigen politisch-administrativen Spaltung. Das nördliche Gebiet um Duderstadt fiel dem Königreich Hannover zu, der übrige, bedeutend größere Teil der preußischen Provinz Sachsen. Entlang dieser Grenzlinie erfolgte 1945 die Teilung Deutschlands. Das nordwestthüringische Territorium des Eichsfeldes gehörte zur SBZ, während sich das restliche Gebiet in der britischen und – geringfügig – amerikanischen Besatzungszone befand. Darüber hinaus wurde beim „Wanfrieder Abkommen" am 17. September 1945 der Gebietsaustausch von zwei Eichsfelddörfern der SBZ gegen fünf hessische Gemeinden beschlossen.[4]

Insofern war die Region wie kaum eine andere von der innerdeutschen Grenzziehung betroffen. Die besatzungszonale Teilung sorgte zwar nicht für einen prompten Abriss der vielfältig bestehenden religiösen, kulturellen und sozialen Verbindungen. Ein grenzüberschreitendes Identitätsbewusstsein und Zusammengehörigkeitsgefühl begründete und beförderte allein schon landsmannschaftlich die Westorientierung des ostdeutschen Eichsfeldes, zumal die „Demarkationslinie" gerade in den ersten Nachkriegsjahren – im Vergleich zu dem zunehmend perfektionierten DDR-Grenzregime der nachfolgenden Jahrzehnte – noch relativ durchlässig war.[5] Der Zugang zu Arbeitsplätzen und Besitztümern, zu Freunden, Bekannten und Verwandten, ja generell der Aufenthalt in den westlichen Besatzungszonen wurde allerdings sukzessive erschwert, mithin sogar untersagt und rechtlich kriminalisiert. Der grenzüberschreitende Verkehr und Warenaustausch bewegte sich teils in der Illegalität, nicht selten auch in einem moralischen Graubereich. Grenzgänger, Grenzschlepper und Schwarzhändler gehörten zum Alltag.[6] Bereits zum Jahresende 1945 wurde daher im damaligen Kreisgebiet ein polizeiliches Sonderkommando zur Eindämmung des Grenzschmuggels eingerichtet.[7] Noch im Sommer 1951 pendelten in der Region – ob mit oder ohne Interzonenpass – täglich rund 1.400 Grenzgänger gen Westen.[8] Ferner war das Hören westlicher Rundfunksender im Eichsfeld weit verbreitet, während die Bevölkerung die DDR-eigenen Kanäle dagegen teils kaum empfangen konnte. Der CDU-Kreisvorsitzende Arno Bahlmann bekannte auf einer Blocksitzung daher freimütig bis süffisant, „dass er, um sich zu orientieren, den RIAS hören müsste."[9] Die vielfältigen Einwirkungen aus dem Westen wurden von der DDR-Propaganda im Rahmen der Feindbildrhetorik jedoch einseitig als Gefahr für die politische Ordnung und innere Sicherheit, sprich als Bedrohung für die ostdeutsche Bevölkerung und das kommunistische Gesellschaftsprojekt dargestellt. Somit trafen in der Region – als innerdeutsches Grenzgebiet und katholisches Milieu – zwei ideologische Problemfelder zusammen, deren Gemengelage die SED bis an den Rand der Verzweiflung trieb. Aus einem Parteibericht aus dem Jahr 1954 sprach die blanke Resignation: „Das Eichsfeld ist nun mal ein schwerer Boden, unsere Menschen sind rückständigsten in der ganzen

DDR, der Westeinfluß ist zu groß, der Einfluß der Kirche zu stark; ehe hier ein Wandel eintritt, müssen erst neue Menschen geboren werden."[10]

Zäsurjahr 1952

Während die SED im Jahr 1959 mit dem „Eichsfeldplan" ein umfangreiches Maßnahmenprogramm verabschiedete, um die kulturelle, soziale und wirtschaftliche Infrastruktur in der industriearmen Region auszubauen und somit zugleich die Einflusssphäre der Kirche zurückzudrängen, erfuhr das Grenzregime bereits 1952 eine tiefgreifende Zäsur.[11] Nach der doppelten Staatsgründung in Deutschland und der zunehmenden Verschärfung des Systemkonfliktes zwischen Ost und West traten am 26. Mai des Jahres die „Verordnung über Maßnahmen an der Demarkationslinie zwischen der Deutschen Demokratischen Republik und den westlichen Besatzungszonen Deutschlands" sowie die „Polizeiordnung über die Einführung einer besonderen Ordnung an der Demarkationslinie" in Kraft.[12] Damit wurde die vormals provisorisch errichtete Grenze in einem mehrstufigen System von Sperranlagen und Zutrittsbeschränkungen systematisch abgeriegelt. Angefangen von der 5-km-Zone über den rund 500 Meter breiten „Schutzstreifen" bis hin zum zehn Meter umfassenden „Kontrollstreifen" galten erhebliche Restriktionen, die bis zuletzt mit gravierenden Auswirkungen und Folgen für den Alltag der Grenzanwohner, aber auch das übrige Leben in der DDR verbunden waren. Das Eichsfeld war von diesen Maßnahmen und Restriktionen besonders stark betroffen. Fast die Hälfte aller Ortschaften der späteren Kreise Heiligenstadt und Worbis mit knapp 30.000 Einwohnern lag innerhalb des Sperrgebiets.[13]

Binnen kurzer Zeit wurden die Anwohner zur Registrierung auf die Dienststellen der Volkspolizei einbestellt, Felder entlang des Grenzverlaufes gepflügt, Waldgebiete gerodet sowie Hinweisschilder und Schlagbäume zur Markierung des Grenzgebietes aufgestellt. Außerdem erfolgte die Anweisung, nach Westdeutschland führende Verkehrswege und Straßen auf Höhe des „Kontrollstreifens" aufzureißen und rund einen Meter tief auszuheben.[14]

Um die Bevölkerung über das strenge Reglement zu informieren, aber auch die Meinungsbildung zu beeinflussen und umgehend die Deutungshoheit zu übernehmen, ordnete Landrat Hans Teubert am 26. Mai 1952 in einer Rundverfügung an die Bürgermeister an, Einwohnerversammlungen durchzuführen.[15] Außerdem schaltete der staatliche Propagandaapparat gezielte Pressemeldungen in den Tageszeitungen, wonach der Grenzausbau zum „bewaffneten Schutz unserer Heimat" auf einschlägige Forderungen der Anwohner und Gemeindevertreter zurückgehen würde.

Abb. 65: DDR-Grenzzaun zwischen Bornhagen und Neuseesen, April 1961.

„Wir stehen fest hinter unserer Regierung"
Weitere Gemeinden an der Demarkationslinie fordern bewaffneten Schutz

Ebenso wie die Einwohner der Gemeinde Bleckenrode, über deren Forderung an die Regierung der Deutschen Demokratischen Republik nach Schutzmaßnahmen für die Errungenschaften unseres friedlichen Aufbaus wir in unserer gestrigen Ausgabe berichteten, hat auch die Bevölkerung anderer Orte entlang der Demarkationslinie die Regierung ersucht, den bewaffneten Schutz unserer Heimat zu organisieren. So heißt es beispielsweise in einer Entschließung der Gemeinde W e h n d e: „Wir erkennen immer mehr, in welch großer Gefahr sich das deutsche Volk befindet. Wir sind aber an der Erhaltung des Friedens interessiert und fordern, da in Auswirkung des Generalkriegsvertrages Saboteure und Agenten unsere Aufbauerfolge und unsere Errungenschaften zu zerstören versuchen, von unserer Regierung konkrete Maßnahmen zur Sicherung der Demarkationslinie. Wir fordern den verstärkten Schutz durch unsere Sicherheitsorgane und die Organisierung der bewaffneten Verteidigung." Die Einwohner von W a h l h a u s e n erklärten in ihrer Entschließung u. a.: „Wir sind nicht gewillt, dem Treiben der Imperialisten tatenlos zuzusehen und fordern von unserer Regierung den verstärkten Schutz der Demarkationslinie. Dazu ist die Organisierung der bewaffneten Verteidigung unserer Heimat notwendig. Wir werden in Verbindung damit unseren Kampf für einen Friedensvertrag mit Deutschland auf der Grundlage der Note der Sowjetunion noch stärker als bisher entfalten, um die friedliche Wiedervereinigung Deutschlands zu erzwingen. Wir stehen in dieser ernsten Stunde fest hinter unserer Regierung. Unter ihrer Führung werden auch wir in Wahlhausen den Frieden bis zum Äußersten verteidigen!"

Abb. 66: „Wir stehen fest hinter unserer Regierung". Das Volk, Ausgabe Heiligenstadt, 27.5.1952.

Die geplante Sonderversorgung mit Konsumwaren, die als Ausgleichsmaßnahme zur Besänftigung und Kompensation im Sperrgebiet angeordnet wurde, blieb dabei mitunter bloße Plantheorie. Stattdessen bestanden in den Folgemonaten teils drastische Engpässe im Lebensmittelangebot.[16] Außerdem setzte die SED einen umfassenden Personalaustausch im Grenzgebiet durch. Die Überprüfung und Auswechslung von Kadern – vor allem von Bürgermeistern und Lehrern – war von vornherein ein zentraler Bestandteil der Planungen für den Grenzausbau gewesen. Bereits einen Tag nach der neuen Grenzverordnung wurden in 13 eichsfeldischen Grenzgemeinden – offiziell als Rücktritte deklariert – die Bürgermeisterposten umbesetzt.[17] Im Kreis Worbis löste die SED im September 1952 vier weitere Amtsinhaber ab, weil die Partei ihnen die Voraussetzungen absprach, „um in einer derart verantwortungsvollen Funktion in einem Ort an der Demarkationslinie zu arbeiten."[18] Dabei konnten allein schon familiäre Beziehungen in die Bundesrepublik zum Verhängnis werden. „Starke verwandtschaftliche Verbindungen nach Westdeutschland", so das Credo, „schwächen die Kampfkraft der Partei."[19] Nach Möglichkeit wurden daher in den Grenzkreisen keine Kader mit Westverwandtschaft eingesetzt.[20]

Nur wenig später folgte die groß angelegte Zwangsaussiedlung, die in Thüringen unter der Tarnbezeichnung „Aktion Ungeziefer" firmierte und vom SED-Regime im direkten Zusammenhang mit dem Grenzausbau angewiesen wurde.[21] Demnach sollten politisch unliebsame Personen aus dem Grenzgebiet vertrieben und dauerhaft ins Landesinnere der DDR verbracht werden. Die Ausweisungsgründe waren genauestens festgelegt, beruhten aber oftmals auf Denunziation und Willkür. Eine Sonderkommission unter der Leitung des Landrates, der auch Vertreter der Volkspolizei, Staatssicherheit und Mitarbeiter der Kreisbehörde angehörten, mussten dazu bis zum Abend am 3. Juni 1952 die Listen mit den auszusiedelnden Personen zusammenstellen, den genauen Ablauf der Deportationen planen und den Umgang mit dem hinterlassenen Eigentum regeln.[22] Im Eichsfeld erfolgte die Ausgabe der Einsatzbefehle an die Bürgermeisterämter und Stadtverwaltungen in den Nachtstunden des 6. Juni. Der genaue Ablauf unterschied sich zwar teils örtlich geringfügig, folgte aber einer festgelegten Verfahrensweise. Nach ihrer Einbestellung erhielten die betroffenen Anwohner – überwiegend komplette Familien – Kenntnis über die bevorstehende Deportation, zu der schriftlich, notfalls unter der Androhung von Gewalt, das Einverständnis erklärt werden musste. Die plötzliche Ohnmachtserfahrung versetzte die Opfer teilweise in eine Schockstarre. Manfred Sippel aus Lindewerra berichtet, seine Eltern seien völlig fassungslos gewesen. „Meine Mutter war aufgelöst, heulte. Mein Vater war praktisch weggetreten. Er war gar nicht mehr fähig in irgendeiner Art und Weise, was auf ihn zu kam, zu koordinieren oder zu planen", so der damals Zwölfjährige.[23] Wenig später fuhren Lastwagen die

Zwangsaussiedler zusammen mit einer Auswahl ihres persönlichen Besitzes zu den umliegenden Bahnhöfen, die als Sammelplätze für die Weitertransporte, zumeist per Güterzug, dienten. Über den Zielort erteilten die Einsatzkräfte keine Auskunft. „Wer weiß, wo sie uns hinbringen. Sicher nach Sibirien!", spekulierte man stattdessen nicht selten, in Richtung der Sowjetunion deportiert zu werden.[24]

Die Transporte aus dem Eichsfeld erreichten vor allem den Kreis Altenburg am östlichen Ende von Thüringen und Wolfen bei Bitterfeld in Sachsen-Anhalt. 336 Personen wurden umgesiedelt, darunter 91 Familien. 172 von ursprünglich 508 Personen, deren Aussiedlung vorgesehen war, darunter 41 der 132 eingeplanten Familien, entzogen sich der Zwangsmaßnahme, größtenteils durch eine vorzeitige Flucht in den Westen.[25] So berichtet Josef Manegold aus Kella, von der bevorstehenden Deportation „hintenherum" erfahren zu haben. Der Bauer habe zunächst seine drei Kinder zusammen mit einigen Kühen, Pferden und Rindern über die Grenze geschickt, ehe er kurz darauf mit seiner Frau nachfolgen konnte und nur knapp der Deportation entgangen sei. „Unser Herrgott hat uns einen guten Schutzengel gegeben", schrieb er wenige Tage später über die geglückte Flucht in einem Brief an seine Schwester aus dem Notaufnahmelager Gießen.[26]

Unter den Ausweisungsgründen dominierte die „negative Einstellung" als Zeichen der „politischen Unzuverlässigkeit" in 58 Fällen, gefolgt von dem eher relativ selten aufgeführten Vorwurf „Grenzgänger und Schieber" mit 25 Angaben. Betroffen waren – entsprechend der sozialen und wirtschaftlichen Struktur des Eichsfeldes – neben Arbeitern und Handwerkern vor allem Bauern. 96 Betriebe mit einer landwirtschaftlichen Nutzfläche von ungefähr 830 Hektar sind durch die Zwangsumsiedlung frei geworden – ein Höchstwert im Vergleich mit den anderen betroffenen DDR-Grenzkreisen.[27] Zugleich fand mit der Aussiedlung von neun CDU-Mitgliedern, acht Angehörigen der DBD, aber auch drei Anhängern der SED eine parteipolitische Säuberung statt. Die Entledigung missliebiger Kritiker verbuchte die SED, die intern von „Miesmachern" und „Feinden der Zusammenarbeit" sprach, als „Meilenstein" der Blockarbeit.[28]

Reaktionen von Bevölkerung und Kirche

Die Reaktionen der Opfer aber auch der verbliebenen Anwohner im Grenzgebiet waren von Angst und Verunsicherung gekennzeichnet. Der schmerzhafte und unfreiwillige Verlust von Haus und Heimat, die Ungewissheit über das eigene Schicksal oder den Verbleib von Angehörigen, Nachbarn und Freunden, die Androhung oder sogar Anwendung von Gewalt, ja überhaupt die willkürliche Umsiedlung in ein unbekanntes Umfeld unter entwürdigenden Umständen hinterließ bei den Betroffenen tiefe Spuren und führte zu einschneidenden Biographiebrüchen. Eine Zeitzeugin aus Günterode schildert, ihr Vater sei nach der Zwangsaussiedlung zwar „körperlich noch sehr kräftig" gewesen, fern der Heimat aber „seelisch eingegangen."[29] Gleichermaßen schüchterte das Schockerlebnis die Grenzbewohner nachhaltig ein und sorgte in der Folgezeit für wiederkehrende Gerüchte, erneute Deportationen würden bevorstehen. Außerdem blieb unter der Bevölkerung die Hoffnung auf eine baldige Rückkehr der Zwangsausgesiedelten bestehen, auch wenn eine Heimkehr den absoluten Ausnahmefall darstellte, dessen vereinzelte Genehmigung innerhalb der SED sehr umstritten war.[30]

Kritik an den Maßnahmen äußerte die katholische Kirche. Ansässige Pfarrer informierten umgehend das bischöfliche Generalvikariat Erfurt über die Errichtung der Sperrzone und die Zwangsaussiedlungen im Eichsfeld. Die Berichte schilderten das offensichtliche Unrecht und menschliche Leid, wiesen aber auch auf die Herausforderungen für den Glauben der deportierten Christen hin. „Mit der Evakuierung unserer eichsfeldischen Bevölkerung in zum Teil rein protestantische Gebiete" drohe „auch im katholisch-religiösen Leben [...] größte Gefahr", schrieb ein besorgter Geistlicher am 9. Juni 1952. „Der Diabolus – der Durcheinanderwerfer – ist in gemeinster und schmerzlichster Weise wieder am Werk."[31] Der Erfurter Generalvikar Joseph Freusberg reichte daraufhin am 17. Juni eine kritische Stellungnahme beim DDR-Ministerrat ein. Er protestierte vor allem gegen die massiven Auswirkungen für die katholische Kirche und Bevölkerung in der 5-km-Sperrzone, in der sich nun knapp die Hälfte aller eichsfeldischen Pfarreien befand, sodass neben Wallfahrten teils auch reguläre Gottesdienste – wie überhaupt die Seelsorge – erheblich eingeschränkt wurden.[32] Ebenso hinterlegten andere hochrangige Geistliche bei der Staatsführung schriftlich ihren Protest. So thematisierten führende Kirchenvertreter das verschärfte Grenzregime am 26. Juni auf einer Zusammenkunft in Berlin, an der auch Propst Josef Streb, der Bischöfliche Kommissarius für das Eichsfeld, teilnahm, der bereits kurz vor dem Umsiedlungsbeginn von den Behörden in Kenntnis gesetzt worden war und dafür offenbar – wie später auch im Jahr 1961 – sogar Verständnis geäußert habe.[33] Streb informierte auf dem Treffen über die Abläufe und Folgen der staatlichen Maßnahmen. Er zeigte sich insgesamt wohlinformiert, unterschätzte den Umfang des betroffenen Personenkreises allerdings erheblich. Anstatt von mehr als 90 sprach er nur von 40 ausgesiedelten Familien. Der einhergehende Austausch von Lehrern und Bürgermeistern veranlasste ihn zur zutreffenden Vermutung, dass die Region „offensichtlich ‚umstrukturiert' werden" soll.[34] Abschließend unterzeichneten die Versammlungsteilnehmer ein Beschwerdeschreiben an DDR-Ministerpräsident Otto Grotewohl, das jedoch ebenso wenig wie die anderen Protestnoten veröffentlicht wurde.[35]

Zwangsumsiedlungen 1961

Die zweite große Zwangsumsiedlung im Jahr 1961, die nach den Maßnahmen von 1952 eine weitere entscheidende Wegmarke des perfiden DDR-Grenzregimes markierte, weist grundlegende Parallelen zur „Aktion Ungeziefer" auf, wurde jedoch – ausgehend von den zentralen Beschlüssen des Politbüros der SED – unter der Federführung des Ministeriums für Staatssicherheit wesentlich akribischer vorbereitet. Die MfS-Kreisdienststellen erstellten in Zusammenarbeit mit der Grenzpolizei sowie den Kreisämtern der Volkspolizei die Personenlisten nach den vorgegebenen Ausweisungsgründen. Die Listen wurden daraufhin der jeweiligen Kreiseinsatzleitung unter dem Vorsitz des 1. SED-Kreissekretärs zur Bestätigung vorgelegt.[36] Ebenso wurden zur Aufgabenverteilung konkrete Einsatzpläne „für die Durchführung von Aufenthaltsbeschränkungen im Sperrgebiet" ausgearbeitet, so der zynische Sprachgebrauch.[37]

Die Maßnahme, die im Bezirk Erfurt diesmal die Tarnbezeichnung „Kornblume" trug, begann nach mehrwöchiger Planung – knapp zwei Monate nach dem Mauerbau – am 2. Oktober mit der Instruktion der SED-Kreisleitungen, die daraufhin die polizeilichen und staatlichen Funktionsträger in Kenntnis setzten. Danach wurden die Einsatzhelfer mobilisiert und über ihre konkreten Aufgaben informiert, ohne aber – solange wie möglich – die Gesamtdimension der Aktion erkennen zu lassen.[38] Angesichts der regen Betriebsamkeit ließ sich der Großeinsatz jedoch spätestens seit diesem Zeitpunkt – zumindest in seiner gewaltigen Gesamtdimension – kaum mehr geheim halten. Das erhöhte Fahrzeugaufkommen wie auch die häufigen Personenversammlungen erschienen zwangsläufig verdächtig, zumal unter der Bevölkerung seit 1952 wiederholt Gerüchte über erneute Aussiedlungen kursierten. So waren erst im Vorjahr einschlägige Spekulation abermals entfacht.[39] Durchdringende Informationen gaben wohl letztlich auch den Ausschlag dafür, dass noch am Abend vom 2. Oktober 1961 nahezu die Hälfte der Bewohner des eichsfeldischen Grenzortes Böseckendorf in die westdeutsche Nachbargemeinde Immingerode flüchtete. Die gemeinsame Massenflucht wurde vor dem Hintergrund des zunehmenden Grenzausbaus und der Zwangskollektivierung der Landwirtschaft zwar schon im Vorfeld seit einigen Tagen geplant. Vermutlich hatte jedoch erst die Nachricht über die unmittelbar bevorstehenden Deportationen die kollektive Flucht ausgelöst. 16 Familien mit insgesamt 53 Personen konnten sich dabei erfolgreich in den Westen absetzen.[40]

Abgesehen davon verlief die Aktion im Eichsfeld weitgehend wie geplant. Sogenannte „Handlungsgruppen", bestehend aus mehreren Funktionären und Einsatzhelfern, informierten die betroffenen Personen und Familien in den frühen Morgenstunden vom 3. Oktober über ihre Zwangsumsiedlung. Anschließend musste das persönliche Hab und Gut unter ständiger Überwachung verpackt und verladen werden. Die plötzliche Nachricht über die Ausweisung aus Haus und Heimat bewirkte bei den Opfern oftmals einen traumatischen Schock. Angesichts der verzweifelten Reaktionen verhielten sich immerhin die Einsatzhelfer, wie Betroffene rückblickend bescheinigen, zumeist einfühlsam und rücksichtsvoll.[41] Gleichwohl vollzogen sich die Räumungen sehr zügig. Zumeist fand schon nach wenigen Stunden der Abtransport statt. Die Aktion wurde noch am selben Nachmittag abgeschlossen.[42]

Neben der spektakulären Massenflucht von Böseckendorf ereigneten sich Zwischenfälle nur vereinzelt, wenn auch Formen von Protest und Zivilcourage durchaus zu beobachten waren. Im Kreis Heiligenstadt verweigerte ein VEAB-Mitarbeiter die vorgesehene Beteiligung an einem Agitationseinsatz.[43] Der Bürgermeister von Kella wurde abgesetzt, nachdem er die Notwendigkeit der Maßnahmen offen infrage gestellt hatte, wie auch ein Parteisekretär aus Geismar nach einer Solidaritätsbekundung mit einem auszuweisenden Gastwirt sein Amt räumen musste.[44] Außerdem erfolgte der Abtransport in Lindewerra unplanmäßig, wo knapp 100 Einwohner die Deportation direkt am Straßenrand verfolgten.[45] Zugleich wurden die Ereignisse vom westlichen Werraufer aus von Bundesbürgern aufmerksam beobachtet, sodass direkt am Folgetag ein umfangreicher Bericht über die Maßnahmen in Lindewerra in der westdeutschen Lokalpresse erschien.

Zuvor waren die Transportfahrzeuge in einigen Ortschaften des Kreises Heiligenstadt erst mit Verspätung eingetroffen.[46] Eine absolute Ausnahme bildete die Rücknahme eines Ausweisungsbeschlusses. Ein Schmied aus Hohengandern, der ursprünglich umgesiedelt werden sollte, war aufgrund von laufenden Reparaturarbeiten bei der MTS, für die kein Ersatzpersonal gefunden wurde, kurzfristig für unentbehrlich erklärt worden.[47] Trotz dieser Vorkommnisse zogen die Verantwortlichen jedoch eine positive Abschlussbilanz. So bescheinigte der Rat des Kreises Heiligenstadt, „dass aufgrund der guten Vorbereitungen und der Leistungen der eingesetzten Kräfte eine reibungslose Durchführung gewährleistet war."[48]

Insgesamt wurden aus dem Kreis Heiligenstadt 147 Personen, aus dem Kreis Worbis 64 Personen in das Landesinnere umgesiedelt. Zusammen entspricht die Anzahl einem Anteil von ungefähr einem Prozent der Sperrgebietsbewohnerschaft – eine Quote, die dem republikweiten Durchschnittswert entspricht. Die prozentuale Verteilung der Aussiedlungsgründe zeigt in den beiden Eichsfeldkreisen nur geringe Auffälligkeiten. In Übereinstimmung mit den Befunden zu anderen DDR-Grenzkreisen galten in der Region mehr als zwei Drittel der Betroffenen als NS-belastet oder „sonstig reaktionär", obgleich letztere Kategorie, unter der eine vermeintliche politische Gegnerschaft zu Partei und Staat gefasst wurde, im Kreis Worbis mit 54 Prozent relativ hoch ausfiel. Im Kreis Heiligenstadt wich hingegen der Anteil der „Grenzgänger" mit 17 Prozent sichtlich vom landesweiten Durchschnitt ab. Beruflich traf die Aktion „Kornblume" im Eichsfeld wiederum vor allem Bauernfamilien.[49]

So sah es „drüben" am Dienstagmittag aus

Ein Grenzpolizist (im Vordergrund) schnippt gerade lässig eine Zigarette in die Werra, hinter ihm steht ein Grenzpolizei-Offizier (neben dem Beiwagenkrad). Im Hintergrund aufgeregt zusammenstehende Menschengruppen und Kinder, die wenig später von den Polizisten von der Straße vertrieben wurden. Ganz hinten ein Lastwagen, auf den dann Hausrat und Menschen verladen wurden. Niemand weiß, wohin sie kamen. Im Bild rechts hinten das Vorderteil eines Wagens vom Staatssicherheitsdienst.

Abb. 67: Zeitungsausschnitt aus: Hessische Allgemeine, Kasseler Stadtausgabe, 4.10.1961.

Agitatoren rechtfertigten die Umsiedlungen noch am selben Tag auf Einwohnerversammlungen in den Grenzgemeinden und Großbetrieben als notwendige Maßnahme der Staatsregierung, „die Aggressionspläne der Bonner Militaristen zu durchkreuzen, die Hitzköpfe abzukühlen und den Frieden zu sichern." Die „Umzüge" hätten lediglich Personen betroffen, die aufgrund ihrer „negativen Einstellung" oder „ihrer Vergangenheit" potenziell für die „dunklen Ziele" des

„Gegners" anfällig gewesen wären. Die Familien, so versuchten sich die Funktionäre beruhigend zu geben, seien „zur Stunde bereits in ihre vorbereiteten neuen Wohnungen eingezogen."[50] Tatsächlich wurden die Zwangsumsiedlungsopfer oftmals in provisorisch eingerichteten Notunterkünften mit spärlichster Ausstattung untergebracht. „Wohnung konnte man diese Bleibe nicht nennen", berichtet Annegret Büttner, die zusammen mit ihrer Familie aus dem elterlichen Gasthaus „Zum Lahmen Frosch" im eichsfeldischen Schönau bei Uder nach Bad Berka südlich von Weimar deportiert wurde. Die verunglimpfende Berichterstattung der DDR-Medien stigmatisierte die Betroffenen und führte zu sozialen Schikanen, was die Integration am neuen Wohnort erheblich erschwerte. Man habe erzählt, „wir seien Menschenhändler, Grenzschieber und Diversanten etc.", so Büttner. Erst als die Anwohner in persönlichen Gesprächen erfuhren, „wer wir wirklich waren, wurden sie uns gegenüber freundlicher."[51] Die langjährige Hoffnung der Familie auf eine Rückkehr ins Eichsfeld zerschlug sich endgültig im Jahr 1975 mit dem Abriss des Elternhauses, der von der Gemeinde aufgrund der angeblichen Baufälligkeit des Gebäudes angeordnet wurde.[52] Darüber hinaus war im Rahmen der Zwangsumsiedlungen wie überhaupt im Kontext des DDR-Grenzregimes eine Vielzahl von weiteren Gebäuden im Sperrgebiet dem Zerfall bis hin zur Zerstörung ausgesetzt.[53]

Abb. 68: Abriss des Gebäudes 1975.

Anschließend stand das Grenzgebiet unter erhöhter Beobachtung. Funktionäre mussten in noch engeren Abständen über die politische Lage in den Gemeinden innerhalb der Fünf-Kilometer-Sperrzone berichten. Ebenso erfuhr die staatliche Agitation und Propaganda eine deutliche Verschärfung. Die SED-Bezirksleitung Erfurt verabschiedete nur wenige Tage nach dem Abschluss der Zwangsumsiedlungen ein umfangreiches Maßnahmenpaket, um „die patriotische Erziehung der Werktätigen in den Grenzorten zu verstärken."[54] Daraufhin wurde zwar eine erhöhte Teilnahme der Anwohner an öffentlichen Veranstaltungen registriert, eine gesteigerte Loyalität zu Partei und Staat jedoch erheblich angezweifelt. „Die starke Beteiligung ist nicht der allseitige Ausdruck des gewachsenen politischen Bewusstseins", vermerkte Elsa Görbert, die Vorsitzende des Rates des Kreises Heiligenstadt, zum Jahresanfang 1962, „sondern in einer ganzen Reihe von Gemeinden der Ausdruck von Angst."[55] Tatsächlich prägte die tiefgreifende und wirkmächtige Einschüchterung anschließend das Alltagsleben der Grenzbevölkerung bis zuletzt als Dauerausnahmezustand.[56]

Abb. 69: DDR-Grenzzaun vor Asbach, davor Hinweistafel des Bundesgrenzschutzes, 1962.

Abb. 70: DDR-Grenzanlagen um Asbach, 1980er Jahre.

Die Friedliche Revolution und die Anfänge der Aufarbeitung

Nachdem die Zwangsumsiedlungen in der DDR jahrzehntelang staatlich tabuisiert wurden, gewann das Thema erstmals im Zuge der Friedlichen Revolution eine öffentliche Aufmerksamkeit. Im Kreis Heiligenstadt wurde im Dezember 1989 auf Beschluss des Kreistags eine unabhängige Sonderkommission zur Aufarbeitung von SED-Unrecht aus Vertretern der ehemaligen Blockparteien und der Bürgerbewegung gebildet. Dazu erhielt das Gremium unter dem Vorsitz von Helmut Riethmüller, der der Demokratischen Initiative angehörte, weitreichende Befugnisse. So konnte die Kommission einschlägige Unterlagen im Kreisarchiv sichten sowie Zeugen und Sachverständige zu Befragungen einbestellen. Die Kommission bot daraufhin Sprechstunden an, half Betroffenen, aber auch Kriminalämtern mit Aktenauskünften und informierte über das geplante Rehabilitierungsgesetz der DDR-Volkskammer, das schließlich am 6. September 1990 verabschiedet wurde.[57] In Verbindung mit dem zunehmenden Erkenntnisgewinn über den Umfang, die Planung und die Hintergründe der Zwangsumsiedlungen, aber auch den öffentlich vorgetragenen Forderungen der Opfer nach Entschädigung, setzte dadurch Anfang der 90er Jahre eine breite Berichterstattung zu dem bis dahin weitgehend unbekannten Thema ein, das somit – zumindest vorübergehend – aus der Vergessenheit befreit wurde.

Anmerkungen

1 Vgl. Klohr, Olof [u. a.]: Die katholische Kirche auf dem Eichsfeld. Eine Dokumentation. Rostock 1987, S. 8 und 26.
2 Vgl. Braun, Günter: Wahlen und Abstimmungen. In: Broszat, Martin/Weber, Hermann (Hrsg.): SBZ-Handbuch. Staatliche Verwaltungen, Parteien, gesellschaftliche Organisationen und ihre Führungskräfte in der Sowjetischen Besatzungszone Deutschlands 1945–1949. 2. Aufl., München 1993, S. 395–431 sowie Dressel, Guido (Hrsg.): Wahlen und Abstimmungsergebnisse 1920–1995 (= Quellen zur Geschichte Thüringens, Bd. 4). Erfurt 1995, S. 154–165.
3 Vgl. Stöber, Christian: „Lehren ziehen, Erfahrungen sammeln und ein Beispiel schaffen für den Aufbau des Sozialismus". SED-Herrschaft in den 50er Jahren und die Entstehung des Eichsfeldplans. In: Eichsfeld-Jahrbuch 22 (2014), S. 281–312.
4 Vgl. Baumann, Ansbert: Thüringische Hessen und hessische Thüringer. Das Wanfrieder Abkommen vom 17. September 1945 wirkt bis heute nach. In: Deutschland Archiv 33 (2004), Heft 6, S. 1000–1005 und Keppler, Josef: Wanfrieder Abkommen ohne Whiskey und Wodka. Zum Gebiets- und Bevölkerungsaustausch im westlichen Eichsfeld im Jahr 1945. In: Eichsfeld-Jahrbuch 18 (2010), S. 183–198.
5 Vgl. Behrens, Petra: Regionalkultur und Regionalbewußtsein im Eichsfeld 1920 bis 1990. In: Hadler, Frank/Schaarschmidt, Thomas/Schmiechen-Ackermann, Detlef [u. a.] (Hrsg.): Regionalismus und Regionalisierungen in Diktaturen und Demokratien des 20. Jahrhunderts (= Comparativ, Bd. 13/1). Leipzig 2003, S. 32–46.
6 Vgl. Buckler, Alois: Grenzgänger. Erlebnisse aus den Jahren 1947–1961 an der innerdeutschen Grenze. Leipzig 1991.
7 Vgl. Brief des 1. Vizepräsidenten Ernst Busse an den SMATh-Verwaltungschef über die Einrichtung eines Polizei-Sonderkommandos für die Zonengrenze, 11.12.1945. In: John, Jürgen (Hrsg.): 1945–1952 (= Quellen zur Geschichte Thüringens, Bd. 9), Bd. 1. Erfurt 1999, S. 185.

8 Vgl. Bericht über den Stand der Beschäftigtenlage im Notstandsgebiet Heiligenstadt, 9.7.1951; BArch DQ 2/818, Bl. 297–300.

9 Bericht über die Blockarbeit im Kreis Heiligenstadt [1952]; LATh – HStA Weimar, Bezirksparteiarchiv der SED Erfurt, Bezirksleitung der SED Erfurt, Nr. 162, Bl. 57–65, hier Bl. 61.

10 Abschlußbericht über den Ort Thalwenden (Eichsfeld), Kreis Heiligenstadt, Bezirk Erfurt, 23.10.1954. In: Gruhle, Jürgen (Hrsg.): Ohne Gott und Sonnenschein. Die DDR in den fünfziger Jahren – eine Dokumentation, Bd. 3: Altkreise Eisenach, Mühlhausen und Heiligenstadt. Nauendorf 2002, S. 96.

11 Zum Eichsfeldplan wie überhaupt zur Eichsfeldpolitik der SED vgl. Stöber, Christian: Rosenkranzkommunismus. Die SED-Diktatur und das katholische Milieu im Eichsfeld. Berlin 2019.

12 Vgl. Lebegern, Robert: Mauer, Zaun und Stacheldraht. Sperranlagen an der innerdeutschen Grenze 1945–1990. 2. erweiterte und ergänzte Aufl., Weiden 2015, S. 32 f.

13 Im Juli 1952 wurde der bestehende Landkreis Worbis mit Sitz in Heiligenstadt im Zuge der landesweiten DDR-Gebietsreform in die Kreise Heiligenstadt und Worbis aufgeteilt.

14 Vgl. Landrat des Landkreises Worbis an Abteilung 43, 28.5.1952; KreisA Eichsfeld, EA Heiligenstadt 726, o. P.

15 Vgl. Rundverfügung des Landrates des Landkreises Worbis, 26.5.1952; KreisA Eichsfeld, EA Heiligenstadt 726, o. P. Zur Propaganda rund um den Grenzausbau und die Zwangsumsiedlungen 1952 und 1961 in Thüringen siehe auch Geier, Anke: Zwangsumsiedlungen als Teil der Grenzsicherungsmaßnahmen der DDR im Jahr 1952. Die Sicherung der kommunistischen Herrschaft im Grenzgebiet. In: Landesbeauftragter des Freistaats Thüringen zur Aufarbeitung der SED-Diktatur (Hrsg.): Vertreibungen im Kommunismus. Zwangsmigrationen als Instrument kommunistischer Politik. Halle 2019, S. 137–166, hier S. 146–150.

16 Vgl. HO Lebensmittel, Landesleitung Thüringen: Bericht zur Sekretariatssitzung am 23.10.1952; LATh – HStA Weimar, Bezirksparteiarchiv der SED Erfurt, Bezirksleitung der SED Erfurt, Nr. 162, Bl. 51–54.

17 Vgl. Schreiben und Vermerk von Landrat Hans Teubert vom 29.5.1952; KreisA Eichsfeld, EA Heiligenstadt, Nr. 726/1.

18 SED-Kreisleitung Worbis: Zwischenbericht über die Tätigkeit unserer Partei im Kreis Worbis, 22.9.1952. In: Gruhle, Jürgen: Ohne Gott und Sonnenschein. Die DDR in den fünfziger Jahren – eine Dokumentation, Bd. 4: Altkreis Worbis. Nauendorf 2003, S. 6 f.

19 Analyse des Kreises Worbis [1957]; LATh – HStA Weimar, Bezirksparteiarchiv der SED Erfurt, Bezirksleitung der SED Erfurt, Nr. 485, o. P.

20 Vgl. Best, Heinrich/Mestrup, Heinz: Die Ersten und Zweiten Sekretäre der SED. Machtstrukturen und Herrschaftspraxis in den thüringischen Bezirken der DDR. Weimar 2003, S. 291.

21 Vgl. dazu allgemein Bennewitz, Inge/Potratz, Rainer: Zwangsumsiedlungen an der innerdeutschen Grenze. Berichte und Dokumente (= Forschungen zur DDR-Geschichte, Bd. 4). 4. Aufl., Berlin 2012. Mit Biewendt, Frank/Gödde, Ursula/Rauprich, Juliane (Hrsg.): Der totgeschwiegene Terror. Zwangsaussiedlung in der DDR (= Materialien des Thüringer Instituts für Lehrerfortbildung, Lehrplanentwicklung und Medien, Bd. 82). 2. Aufl., Erfurt 2006 liegt eine Publikation speziell zu Thüringen vor. Konkret den Geschehnissen im Eichsfeld geht Montag, Martin: Terror über den niemand spricht. Die Zwangsaussiedlungen 1952 und 1961 im Eichsfeld (= Studienreihe des Bürgerkomitees des Landes Thüringen e. V., Bd. 19). Zella-Mehlis 2009 nach.

22 Vgl. Blitzfernschreiben 36/52 des Staatssekretärs des Ministerpräsidenten der DDR, Anweisung über das Verfahren bei der Ausweisung; KreisA Eichsfeld, EA Heiligenstadt 726, Bd. 1,

o. P. und Anleitung für die Kommissionen zur Aufnahme des Inventars; KreisA Eichsfeld, EA Heiligenstadt, Bd. 726, o. P.

23 Interview mit Manfred Sippel am 21.2.2002; Grenzmuseum Schifflersgrund, Zeitzeugenarchiv.

24 Erinnerungsbericht von Rita Jagemann. In: Röhlke, Cornelia (Hrsg.): Erzählungen von der deutsch-deutschen Grenze. Das geteilte Eichsfeld 1945–1990. Erfurt 2001, S. 24–27, hier S. 24.

25 Vgl. Umsiedlungsstatistik Kreis Worbis, 18.6.1952; KreisA Eichsfeld, EA Heiligenstadt 726, Bd. 2, o. P. Die Angaben stimmen mit den angegebenen Informationen bei Bennewitz/Potratz (wie Anm. 21), S. 280 überein. Die Anzahl der geplanten und tatsächlich durchgeführten Zwangsaussiedlungen wird in den einschlägigen Akten und Darstellungen jedoch teils unterschiedlich beziffert. Montag, Zwangsaussiedlungen (wie Anm. 21), S. 46–51 summiert die Gesamtzahl der Zwangsaussiedlungen im damaligen Eichsfeldkreis auf 606 Personen.

26 Brief von Josef Manegold aus dem Notaufnahmelager Gießen, 11.6.1952 (Kopie); Grenzmuseum Schifflersgrund, Zeitzeugenarchiv.

27 Zur Zusammensetzung der Zwangsumgesiedelten im Eichsfeld siehe Bennewitz/Potratz (wie Anm. 21), S. 58 und 279–281.

28 Bericht über die Blockarbeit im Kreis Heiligenstadt [1952]; LATh – HStA Weimar, Bezirksparteiarchiv der SED Erfurt, Bezirksleitung der SED Erfurt, Nr. 162, Bl. 57–65.

29 Interview am 3.4.2002 (anonymisiert); Grenzmuseum Schifflersgrund, Zeitzeugenarchiv.

30 Vgl. Bennewitz/Potratz (wie Anm. 21), S. 99.

31 Schreiben des Pfarramts Heyerode an das bischöfliche Generalvikariat Erfurt, 9.6.1952; hier zitiert nach Bennewitz/Potratz (wie Anm. 21), S. 67.

32 Vgl. Bischöflicher Generalvikar für den thüringischen Teil der Diözese Fulda Joseph Freusberg an den Ministerrat der DDR, 17.6.1952; BStU, MfS, XX/4 2800, Bl. 30 f. Zu den Auswirkungen der verschärften Regelungen auf Gottesdienste, Seelsorge und Wallfahrten siehe Müller, Torsten W.: Katholische Kirche im eichsfeldischen Sperrgebiet. Die innerdeutsche Grenze und ihre Folgen für Gemeinden und Seelsorge. In: Jahrbuch für mitteldeutsche Kirchen- und Ordensgeschichte 14 (2018), S. 175–208.

33 Zu Propst Streb und seinem problematischen Verhältnis zur SED-Diktatur vgl. Pilvousek, Josef: Gratwanderung mit diplomatischem Geschick? Propst Josef Streb und sein kirchenpolitisches Engagement. In: Liedhegener, Antonius/Oppelland, Torsten (Hrsg.): Parteiendemokratie in der Bewährung. Festschrift für Karl Schmitt (= Jenaer Beiträge zur Politikwissenschaft, Bd. 14). Baden-Baden 2009, S. 347–364.

34 Aufzeichnungen Liebaus, Berlin, 26. Juni 1952. In: Kösters, Christoph (Hrsg.): Akten deutscher Bischöfe seit 1945. DDR 1951–1957 (= Veröffentlichungen der Kommission für Zeitgeschichte, Reihe A: Quellen, Bd. 58). Paderborn [u. a.] 2012, S. 193–199, hier S. 195.

35 Vgl. Bennewitz/Potratz (wie Anm. 21), S. 66–71.

36 Vgl. Bennewitz/Potratz (wie Anm. 21), S. 100–126 und Montag (wie Anm. 21), S. 28–36.

37 Einsatzleitung des Kreises Heiligenstadt: Einsatzplan, 20.9.1961; KreisA Eichsfeld, EA Heiligenstadt 727, Bd. 1, o. P.

38 Vgl. SED-Kreisleitung Heiligenstadt: Durchsage der Kreisleitung Heiligenstadt am 2.10.1961 um 13.30 Uhr. In: Gruhle (wie Anm. 10), S. 246 f. wie auch SED-Kreisleitung Heiligenstadt: Beschlussprotokoll über die Sonderbürositzung der Kreisleitung der SED Heiligenstadt am 2.10.1961. In: Gruhle (wie Anm. 10), S. 247.

39 Bericht der SED-Kreisleitung Worbis vom 5.11.1960. In: Gruhle (wie Anm. 18), S. 216.

40 Vgl. MfS-KD Worbis: Vorläufige Einschätzung der Gründe der Grenzdurchbrüche in der Gemeinde Böseckendorf, 8.10.1961. In: Gruhle (wie Anm. 10), S. 246 f. Siehe auch Möller, Heike:

„Böseckendorf ist abgehauen". Flucht aus der Sperrzone. In: Schwark, Thomas/Schmiechen-Ackermann, Detlef/Hauptmeyer, Carl-Hans (Hrsg.): Grenzziehungen – Grenzerfahrungen – Grenzüberschreitungen. Die innerdeutsche Grenze 1945–1990, Darmstadt 2011, S. 106 f.; Wagner, Dieter: Fluchten aus Böseckendorf. In: Eichsfelder Heimatzeitschrift 49 (2005), Heft 1, S. 9–13 und Wagner, Dieter: Hintergründe der Fluchten aus Böseckendorf und Gründung von Neu-Böseckendorf. In: Eichsfelder Heimatzeitschrift 49 (2005), Heft 10, S. 354–359.

41 Erinnerungsberichte von Opfern, die auch das Verhalten der Einsatzhelfer schildern, sind abgedruckt bei Röhlke (wie Anm. 24), S. 35–40. Siehe dazu auch Montag (wie Anm. 21), S. 36–40.

42 Vgl. SED-Kreisleitung Heiligenstadt: Durchsage der Kreisleitung Heiligenstadt am 3.10.1961 um 17 Uhr. In: Gruhle (wie Anm. 10), S. 251.

43 Vgl. 1. Einzel-Information Nr. 613/61 über die Durchführung der Maßnahmen zur Festigung der Staatsgrenze West, 3.10.1961; BStU, MfS, ZAIG 526, Bl. 218–222. Die Abkürzung VEAB steht für Volkseigener Erfassungs- und Aufkaufbetrieb für landwirtschaftliche Erzeugnisse.

44 Vgl. 3. Einzel-Information Nr. 613/61 über die Durchführung der Maßnahmen zur Festigung der Staatsgrenze West, 3.10.1961; BStU, MfS, ZAIG 526, Bl. 228–235.

45 Vgl. SED-Kreisleitung Heiligenstadt: Durchsage der Kreisleitung Heiligenstadt am 3.10.1961 um 17 Uhr. In: Gruhle (wie Anm. 18), S. 251.

46 Vgl. 2. Einzel-Information Nr. 613/61 über die Durchführung der Maßnahmen zur Festigung der Staatsgrenze West, 3.10.1961; BStU, MfS, ZAIG 526, Bl. 223–227.

47 Vgl. Abschlussbericht Nr. 625/61 über den Verlauf der Aktion zur Festigung der Staatsgrenze nach Westdeutschland, 6.10.1961; BStU, MfS, ZAIG 526, Bl. 236–259. Die Abkürzung MTS steht für Maschinen-Traktoren-Station.

48 Rat des Kreises Heiligenstadt: Einschätzung der Aktion am 3. Oktober 1961 zur Festigung an der Staatsgrenze West, 11. Oktober 1961; KreisA Eichsfeld, EA Heiligenstadt 727, Bd. 1, o. P.

49 Vgl. Bennewitz/Potratz (wie Anm. 21), S. 133 und S. 318–322.

50 SED-Kreisleitung Worbis, 3.10.1961. In: Gruhle (wie Anm. 18), S. 248.

51 Büttner, Annegret: Vertrieben – verfolgt – verleumdet. Der Verlust der Heimat. Erfurt 1999, S. 11.

52 Vgl. ebd., S. 17 f.

53 Vgl. Große, Volker/Römer, Gunter: Verlorene Kulturstätten im Eichsfeld 1945 bis 1989. Eine Dokumentation. 3. Aufl., Heiligenstadt 2010.

54 Programm der massenpolitischen, kulturellen und sportlichen Arbeit an der Grenze, 14.10.1961; LA Thüringen – HStA Weimar, Bezirksparteiarchiv der SED Erfurt, Bezirksleitung der SED Erfurt Nr. 890, Bl. 8–23. Siehe auch Rat des Kreises Heiligenstadt: Entwurf eines Maßnahmenplanes, 10.10.1961; KreisA Eichsfeld, EA Heiligenstadt 723, Bd. 4, o. P.

55 Vorsitzende des Rates des Kreises: Bürobericht über Durchsetzung der Direktive des Zentralkomitees zur Sicherung der Staatsgrenze West, 2.1.1962; KreisA Eichsfeld, EA Heiligenstadt 723, Bd. 9, o. P.

56 Vgl. Lapp, Peter Joachim: Dauerausnahmezustand. Die Überwachung der Grenzbevölkerung in der DDR. In: Deutschland Archiv 35 (2002), S. 210–219.

57 Der Schriftverkehr und die leihweise Herausgabe von Akten zu den Zwangsumsiedlungen ist teils dokumentiert im KreisA Eichsfeld, EA Heiligenstadt 727, Bd. 5. Zur juristischen Aufarbeitung und Wiedergutmachungsgesetzgebung vgl. Bennewitz/Potratz (wie Anm. 21), S. 200–235.

Christian Stöber

Das Grenzmuseum Schifflersgrund

Abb. 71: Grenzmuseum Schifflersgrund. Siehe zur Gedenkstätte auch die Abbildungen im Bildteil des Buches.

Abb. 72: Der Baggerfahrer Heinz-Josef Große – er durfte auch direkt an der Grenze Arbeiten verrichten – nutzte seinen Radlader am 29. März 1982 zur Flucht über den Grenzzaun im Schifflersgrund. Er wurde, kurz bevor er bundesrepublikanisches Gebiet erreichte, von DDR-Grenzsoldaten erschossen.

Abb. 73: Der Radlader Großes steht heute im Grenzmuseum Schifflersgrund.

Das Grenzmuseum Schifflersgrund in der Nähe von Bad Sooden-Allendorf befindet sich an der ehemaligen innerdeutschen Grenze zwischen Hessen und Thüringen. Der hier vorhandene Grenzabschnitt dürfte das längste erhaltene Teilstück des Eisernen Vorhangs sein. Er umfasst neben dem rund 1.500 Meter langen Metallgitterzaun und Kolonnenweg einen neun Meter hohen Beobachtungsturm wie auch den Todesort des gescheiterten Fluchtversuches von Heinz-Josef Große. Insofern steht Schifflersgrund exemplarisch für das gleichermaßen perfide wie auch perfektionierte DDR-Grenzregime, dessen Opfer sowie das erlittene Leid und Unrecht unter der SED-Diktatur. Ebenso sind aufgrund der besonderen Topographie – Schifflersgrund bezeichnet eine Geländesenke – einzigartige Sichtachsen vorhanden. Kaum woanders lässt sich der frühere Grenzverlauf zwischen Ost und West so instruktiv erschließen. Außerdem befindet sich das Museumsgelände auf einem historischen Austauschgebiet, das nach dem Kriegsende infolge einer von der amerikanischen und sowjetischen Besatzungsmacht geschlossenen Vereinbarung – dem sogenannten „Wanfrieder Abkommen" – im September 1945 von Hessen nach Thüringen zur SBZ wechselte. Insgesamt ist der historische Ort Schifflersgrund somit ein einmaliges Zeitzeugnis der deutschen Teilungsgeschichte. Entstanden aus einer zivilgesellschaftlichen Initiative, öffnete das Grenzmuseum Schifflersgrund bereits am 3. Oktober 1991, sodass die Gedenkstätte – bis heute vom gemeinnützigen Arbeitskreis Grenzinformation e. V. getragen – zu den ersten und somit ältesten Grenzmuseen in Deutschland zählt. Ausstellung und Außengelände sind seither schrittweise gewachsen und umfassen zahlreiche Originalobjekte, anschauliche Modelle und Rekonstruktionen der DDR-Sperranlagen. Als Gedenkstätte und außerschulischer Lernort mit einem vielfältigen Angebot zur Geschichtsvermittlung und Demokratiebildung zählt das Grenzmuseum jährlich rund 35.000 Besucher.

Die Zwangsumsiedlungen in der DDR werden in der aktuellen Dauerausstellung vor allem anhand von Bildern und Texten thematisiert. Neben einschlägigen Darstellungen und Quellensammlungen im Bibliotheksbestand sind außerdem historische Dokumente, eine umfassende Pressedokumentation und zahlreiche Erinnerungsberichte von Zeitzeugen vorhanden, dazu teils Fotos und schriftliche Unterlagen, die das Grenzmuseum von Umsiedlungsopfern und deren Angehörigen erhalten hat.

Danny Chahbouni und Volker Bausch

Das Unrecht nicht in Vergessenheit geraten lassen – Die Behandlung des Themas Zwangsaussiedlungen in der Gedenkstätte Point Alpha

Observation Post Alpha, der heutige Point Alpha, befindet sich in der geostrategisch brisanten Region des sogenannten *Fulda Gap*. Hier lagen sich hochgerüstete Großverbände von NATO und Warschauer Pakt in einem geographisch engen Raum buchstäblich gegenüber, so nah, wie sonst nur in der geteilten Stadt Berlin.

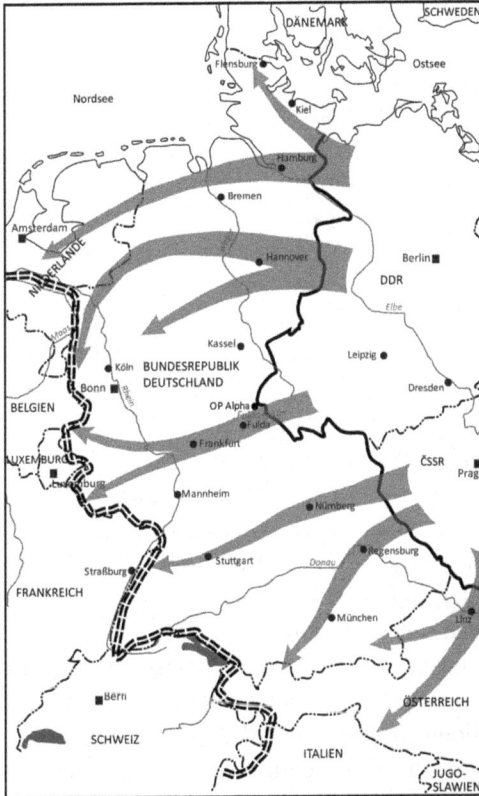

Abb. 74: Vermutetes Szenario eines Angriffs des Warschauer Pakts mit dem „Fulda Gap" im Zentrum. Siehe zur Gedenkstätte auch die Abbildungen im Bildteil des Buches.

Im Schatten des Eisernen Vorhangs, der hier seit 1945 die historisch, kulturell und konfessionell zusammengehörende Mittelgebirgslandschaft der Rhön trennte und damit uralte Lebenslinien durchschnitt, laufen die vielen „Erzählstränge" der Geschichte des Kalten Krieges gebündelt zusammen. Da ist die Geschichte der internationalen Beziehungen, die anhand des hohen Militarisierungsgrades der gesamten Region auf beiden Seiten der Grenze erzählt werden kann. Hier gibt es die Geschichte von Protest und Opposition, von spektakulären Fluchten und schweren Grenzzwischenfällen, ebenso wie die Geschichte von menschlichen Dramen, Diktatur, Vertreibung und Entrechtung.

Seit 1995 bietet die Gedenkstätte Point Alpha als Mahn-, Gedenk- und Erinnerungsort eine Zusammenfassung all dieser Perspektiven in ihren Ausstellungen und Bildungsangeboten. Ein besonderer Schwerpunkt liegt dabei seit jeher auf der Darstellung der Zwangsaussiedlungen, die sich hier in den Städten und Dörfern, die sich plötzlich auf der Ostseite der neuen Grenze befanden, in großer Zahl ereigneten.

Von der „Grünen Grenze" zum Grenzregime[1]

Im Herbst 2017 wurde die neue Dauerausstellung „Everyday Life – deutsch-amerikanischer Alltag im Fulda Gap" mit einem großen Festakt auf Point Alpha eingeweiht. Die Ausstellung beginnt mit dem Zeitzeugenbericht des über 100 Jahre alten, pensionierten US-Generals Albin F. Irzyk, der als junger Panzerkommandant in der Stoßarmee General George S. Pattons weit nach Thüringen hinein vorrückt und unter anderem das Konzentrationslager Ohrdruf befreit. Wenig später treffen sich die „Großen Drei" der Anti-Hitler-Koalition vom 17. Juli bis 2. August 1945 zum letzten Mal als siegreiche Verbündete über Nazi-Deutschland auf der Potsdamer Konferenz. Das bereits durch politische Verstimmungen geprägte Gipfeltreffen endet mit dem berühmten Abschlusskommuniqué, in welchem das besetzte Deutschland zwar wirtschaftlich als Einheit betrachtet (Abschnitt B, Art. 14), die „4 Ds" – Denazifizierung, Demilitarisierung, Demokratisierung, Dezentralisierung – aber durch jede Besatzungsmacht nach eigenem Gusto umgesetzt werden sollen (Abschnitt A, Art. 1.).[2]

Zu dieser Zeit hatte sich Irzyk zusammen mit seiner Panzerbesatzung aus Thüringen längst wieder zurückgezogen. Die designierte Besatzungszone der Amerikaner soll das gerade gegründete Groß-Hessen und Bayern umfassen, während Thüringen durch sowjetische Truppen besetzt wird. Diese Vereinbarung hatte man bereits im Februar 1945 auf der Konferenz von Jalta getroffen.[3]

Ein Jahr später nutzen amerikanische *Constabulary Forces* das erste Mal den Rasdorfer Berg, um die im Tal der Ulster gelegene Stadt Geisa zu beobachten. Das ehemalige Zentrum der Region befindet sich mittlerweile in einer exponierten Randlage der sowjetischen Besatzungszone. Die Verwerfungen in der Anti-Hitler-Koalition sind zu diesem Zeitpunkt nicht mehr zu übersehen und werden im Alliierten Kontrollrat vor allem durch einen stetigen Dissens über die Reparationsfrage deutlich.[4]

Abb. 75: Holzturm im US-Beobachtungsposten, 1970er Jahre.

Dennoch einigt man sich darauf, den Verkehr zwischen den Besatzungszonen in insgesamt vier Kontrollratsdirektiven zu regeln. Gleichzeitig werden dezentral organisierte Grenzpolizeikräfte der Länder aufgestellt, die den unkontrollierten Personenverkehr und Schmuggel eindämmen sollen.[5]

Die Grenze zur sowjetischen Besatzungszone wird seit dem 1. Dezember 1946 von der Deutschen Grenzpolizei bewacht. Die auf Befehl der Sowjetischen Militäradministration (SMAD) im November aufgestellte Polizeitruppe wird operativ der Roten Armee unterstellt und hat in Thüringen anfangs nur 874 Grenzpolizisten, die 670 Kilometer Zonengrenze zwischen sowjetisch-britischer bzw. sowjetisch-amerikanischer Besatzungszone bewachen sollen. Anfangs patrouillieren sie entlang der Demarkationslinie[6], im Volksmund einfach Grüne Grenze genannt, nur sehr sporadisch. Das ist auch einer gewissen Not geschuldet: Die

Grenzpolizei ist anfangs kaum einheitlich uniformiert, leidet unter schlechter Versorgung und ist nur notdürftig bewaffnet.[7]

Abb. 76: Geisa um 1987, aufgenommen von einem US-Soldaten vom OP Alpha aus. Das längliche Gebäude im Hintergrund ist ein Objekt der DDR-Grenztruppen.

Den Exodus, der seit den späten vierziger Jahren in Richtung westlicher Besatzungszonen bzw. Bundesrepublik einsetzt, kann sie nicht eindämmen. Sowjets und DDR-Regierung forcieren daher den schnellen Aufwuchs der Grenzpolizei und geben immer striktere Befehle an die Polizisten, um der Massenflucht Herr zu werden. Eine Folge dieser Verschärfung der Lage an der Zonengrenze zeigt sich in schweren Zwischenfällen, bei denen sowohl Zivilpersonen als auch Grenzpolizisten zu Tode kommen.[8]

Trotz immer engmaschigerer Kontrollen arrangieren sich viele „Grenzgänger" mit der Situation und finden Mittel und Wege, den Wirkungsbereich der Grenzstreifen zu umgehen. Das ändert sich schlagartig am 27. Mai 1952: Die Regierung der DDR erlässt die „Polizeiverordnung", mit der die verbliebenen Lebenslinien gekappt werden. Dies geschieht auf Grundlage sowjetischer Entscheidungen, aufgrund derer die SED einen Tag vorher eine „Verordnung über Maßnahmen an der Demarkationslinie zwischen der DDR und den westlichen Besatzungszonen Deutschlands" erlässt. Das Ministerium für Staatssicherheit wird explizit angewiesen, „strenge Maßnahmen" zu treffen.[9]

Abb. 77: DDR-Grenzanlagen zwischen Rasdorf und Wiesenfeld, 1984.

Die Bewohner des grenznahen Raumes finden sich plötzlich in einer Art militä-
rischem Sicherheitsbereich wieder, der sogenannten Sperrzone. Dieses fünf Kilometer landeinwärts reichende Sperrgebiet darf fortan nur mit besonderer Erlaubnis betreten werden, in einem 500 Meter breiten Schutzstreifen entlang der
Zonengrenze gilt gar eine nächtliche Ausgangssperre und ein 10-m-Kontroll-
streifen darf weder betreten noch überschritten werden.[10]

Zusätzlich gibt es eine ganze Fülle weiterer Auflagen und eine zunehmende
Militarisierung der Grenzpolizei, die nun dezidiert zum Schusswaffengebrauch
ermächtigt wird (§ 4 Polizeiverordnung). Organisiert wird die Abriegelung der
Grenze durch das 1950 gegründete Ministerium für Staatssicherheit (MfS).[11] Einige Tage vor dem Erlass der Polizeiverordnung war dafür die Polizeitruppe aus

dem Ministerium des Innern herausgelöst worden und unterstand jetzt dem MfS. Die „besondere Ordnung", die das damals noch junge SED-Regime auf Veranlassung der Sowjetunion im Grenzgebiet einführt, soll erst 37 Jahre später wieder aufgehoben werden – durch die Friedliche Revolution.[12] Für die Menschen in den Städten und Dörfern in der Sperrzone beginnt eine Zeit besonders rigider Repression.

Der Fischerhof und die geschleiften Höfe

Auch die Einwohner von Geisa befinden sich plötzlich mitten in der 5-km-Sperrzone. Kurz hinter der heutigen Stadtgrenze in Richtung Hessen beginnt der 500-m-Schutzstreifen.[13] Dahinter, auf dem Rasdorfer Berg, liegt der Fischerhof, mitten im 10-m-Kontrollstreifen. Die US-Soldaten, die den noch unbefestigten, rein als taktischen Punkt im Gelände definierten Beobachtungspunkt Alpha anfahren, passieren dabei eine umfangreiche Anlage aus Stallungen und Wirtschaftsgebäuden der Familie B. Die Einfriedung des Guts ist gleichzeitig die Grenze der Besatzungszonen. Die Lage inmitten des Grenzgebietes wird der Familie nun fast zum Verhängnis: Einen Tag nach dem Erlass der Polizeiverordnung, am 28. Mai 1952, bekommt Johannes B. von der zuständigen Gemeindeverwaltung in Borsch die Order, zunächst alle Bäume im Garten zu fällen. Bei dieser Gelegenheit wird ihm – vermutlich von einem wohlgesonnenen Informanten – mitgeteilt, dass die zwangsweise Umsiedlung der Familie anstehe – aufgrund der grenznahen Lage des Anwesens. In einer Nacht-und-Nebel-Aktion schafft es die Familie B., in der folgenden Nacht den gesamten Hausstand samt Vieh in den Westen zu bringen. Dabei unterstützen nicht nur Freunde aus dem nahegelegenen hessischen Grüsselbach, auch der Zoll und der erst im Jahr davor aufgestellte Bundesgrenzschutz halten sich verdeckt in Bereitschaft – mit Rückendeckung der US-Armee, die bis 1990 für die Grenzsicherung auf westlicher Seite zuständig bleibt. Zwar hätten die westlichen Kräfte nicht aktiv als „Fluchthelfer" eingreifen dürfen, aber zumindest verhindern können, dass Familie B. von Grenzpolizisten des Ostens wieder in die DDR zurückgebracht oder auf bundesdeutschem Gebiet beschossen wird.[14]

Abb. 78: Standort des Fischerhofes unmittelbar an der Grenze. Im Hintergrund der OP Alpha.

Für die Familie hat die geglückte Flucht in der DDR ein juristisches Nachspiel, denn durch ihr unerlaubtes Verlassen des „Arbeiter- und Bauernstaates" und die Mitnahme ihres Eigentums habe sie die Versorgung der DDR-Bevölkerung gefährdet. Die Konsequenz: Die Eheleute B. und die Schwiegermutter werden zu einem Jahr und drei Monaten Zuchthaus verurteilt – in Abwesenheit.[15]

Wer heute die rekonstruierten Grenzanlagen zwischen dem Haus auf der Grenze und dem US-Camp entlangwandert, findet allerdings keinen verlassenen Fischerhof, keine Ruinen oder Gebäudereste. Einzig ein Hinweisschild gibt Auskunft über das Schicksal des Bauerhofs: Er gehört zu den sogenannten geschleiften Höfen; geschleift deshalb, weil er zu nah an der neuen Grenze stand, Flüchtlingen eine Deckung bot oder das Sichtfeld der Grenzstreifen verstellte. 1954 titelt die Hünfelder Zeitung „Aus Angst reißen die Russen den Fischer-Hof nieder. Bevölkerung widersetzte sich dem Befehl – Jetzt tun es die Volkspolizei und Russen selbst".[16]

Aus Angst reißen die Russen den Fischer-Hof nieder

Bevölkerung widersetzte sich dem Befehl — Jetzt tun es die Volkspolizei und Russen selbst

Grüsselbach (hw). Das Herz möchte sich einem zusammenkrampfen, wenn man am frisch gepflügten und geeggten 10-Meter-Streifen an der „Grünen Grenze" sieht und nicht ganz 50 Meter entfernt neun junge Mädchen aus den die „Grenze" fast berührenden Gemeinden Wiesenfeld, Geisa und Borsch, mit Kultur- und Aufforstungsarbeiten beschäftigt sieht, ohne daß man sich ein freundliches „Guten Tag" sagen darf. Ja, selbst die Worte, die die Mädchen während eines kurzen Gesprächs zu uns herübersenden, müssen sie auf die Goldwaage legen, denn sie wissen nicht, wie die Aufseherin der Gruppe (man erkannte sie sofort an ihrer Desinteressiertheit, ihrem stetig gebückten Rücken und ihrer „verbissenen" Arbeitswut) und die zwei Vopo, die im „Sturmschritt" herankamen, nachdem sie uns mit ihrem Feldstecher entdeckt hatten, ihre Worte auslegen können.

Nun waren die beiden jungen bis an die Zähne bewaffneten Volkspolizisten — der Karabiner mit aufgepflanztem Seitengewehr hing ihnen griff- und schußbereit über der rechten Schulter, mindestens fünf Patronentaschen schmückten das breite Koppel eines jeden und die Maschinenpistole redete eine allzu deutliche Sprache — keineswegs so kriegerisch, wie sie sich zunächst den Anschein gaben. Nach anfänglichem Zögern ließen sie sich in ein Gespräch über den Sport ein. Wir unterhielten uns recht aufgeschlossen und stellten schließlich auch die Frage, weshalb die Russen und Volkspolizisten das Niederreißen des einst so blühenden Fischer-Hofes, der mitten im Wald zwischen Grüsselbach und Borsch eingebettet liegt, vornehmen. (Den Lesern dürfte die Lage des Fischer-Hofes, dessen Gebäudeteile unmittelbar die Grenze berühren und dessen Besitzer Hans Bednarek nach seiner Flucht in Hünfeld auf dem Siedlungsgelände auf dem Schustergut eine neue Bleibe gefunden hat, ein Begriff sein.)

Alles blühende Leben ist erloschen

Wie ein „verwunschenes Schloß" liegt vor uns der Fischer-Hof. Hinter Stacheldraht und dem 10-Meter-Streifen liegen das Wohnhaus, Scheune und Stallungen, die ehemals von blühendem und lautem Leben erfüllt waren. Jahrzehnte- und jahrhundertelang gewährte der 11 Hektar große Hof seinen Bewohnern Arbeit und Brot. Wir

konnten es dem Besitzer, der am Dienstagmorgen neben uns stand und sehen mußte, wie sein Hof gewaltsam oder infolge fehlender Pflege mehr und mehr verfiel, nachfühlen, daß keine friedvollen Gedanken hinter seiner Stirne Platz hatten. „Solange es irgendmöglich war, hielten wir es aus", so erzählte er uns, „wenn es für einen Bauern auf freier Scholle auch ein Unding ist, nur vom Sonnenaufgang bis -untergang schaffen zu dürfen und das nur unter polizeilichem Schutz. In der Nacht zum 28. Mai 1952, also vor etwa 2 Jahren, flohen wir dann nach Westen, als die Russen uns infolge Truppenverschiebungen einige Minuten aus dem Auge ließen."

Bevölkerung widersetzte sich Zerstörungs-Befehl

Und nun muß die Familie, 5 Meter von ihrem Eigentum entfernt, mitansehen, wie Russen und Volkspolizisten (die Bevölkerung der umliegenden Ortschaften widersetzte sich dem russischen Befehl zum Abreißen) ein Gefach nach dem anderen aus dem Mauerwerk herausbrechen und die Ziegel abreißen, ohne auch nur eine Geste des Widerstandes zeigen zu können. Seit Wochen zerbrach sich Hans Benarek den Kopf darüber, was die Russen zu dieser Maßnahme veranlaßte. Des Rätsels Lösung fand sich im Verlauf unseres Gesprächs mit den Vopo. Die Russen vermuten im Keller des Fischer-Hofes den Ausgang eines unterirdischen Ganges, der in die Westzone führen soll. Der Besitzer erzählte uns, daß es wirklich im Keller des Hauses eine Art Nische gibt, die die Bewohner als „Eisschrank" be-

nutzen konnten. Da sie mit einem Eigitter versehen ist, hat sich laut Aussage der beiden Vopo bisher noch kein Offizier oder Kommissar gewagt, in diese Nische einzutreten. Man will, um den westlichen „Agenten" einen Aufenthalt in dem Gebäude unmöglich zu machen, dieses bis auf die Grundmauern niederreißen.

„Bitte, nicht fotografieren"

Als unser Fotomann sich von unserer Gruppe etwas zurückzog, um die Gesprächspartner auf die Platte zu bannen, griff einer der beiden jungen Männer unwillkürlich zu seiner Waffe und bat uns, ihn nicht zu fotografieren. Nach diesem Vorgang zeigten die beiden plötzlich keinerlei Interesse mehr an einer Unterhaltung und bogen sich in Richtung der arbeitenden Mädchengruppe zurück.

1954

Diesen Anblick bietet der Fischer-Hof bei Grüsselbach jetzt, nachdem die Russen und Volkspolizei mit dem Abreißen begonnen haben. Der aufgewühlte Boden im Vordergrund ist der 10-m-Streifen. Foto: Roth

Henry-Dunant-Gedenkfeier

Die DRK-Bereitschaft Hünfeld teilt ihren Mitgliedern mit, daß sie sich zu der Henry-Dunant-Gedenkfeier am Samstag um 20 Uhr in der Kreisberufsschule in Hünfeld, und zwar in Dienstkleidung vollzählig einfinden sol-

Abb. 79: Die Hünfelder Zeitung berichtet über den Abriss des Fischerhofs, 1954.

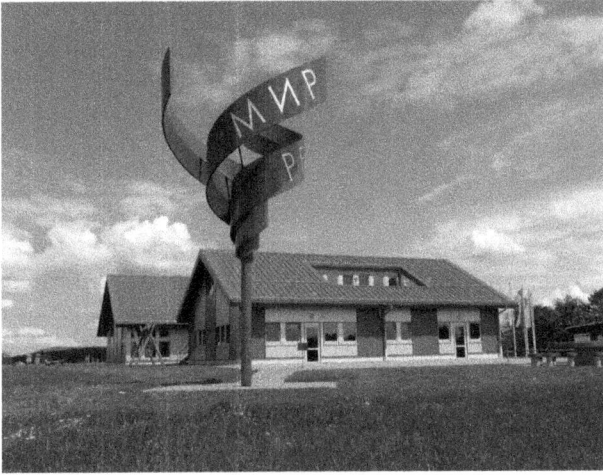

Abb. 80: Das „Haus auf der Grenze" der Gedenkstätte Point Alpha.

Die Liste der geschleiften Höfe, die sich in unmittelbarer Umgebung des heutigen Point Alpha befunden haben, ließe sich noch länger fortsetzen. Das Schicksal des Fischerhofs traf noch eine ganze Reihe weiterer landwirtschaftlicher Anwesen, die sich in unmittelbarer Grenznähe befanden. Eine der letzten spektakulären Abrissaktionen traf die Buchenmühle, die, zwischen dem hessischen Eiterfeld und dem thüringischen Wenigentaft gelegen, in der Mitte geteilt war. Hundert Jahre nach ihrer Errichtung im Jahr 1861 wurde der östliche Teil des Anwesens im September 1961 abgerissen. Die Familie lebte schon längere Zeit nur im westlichen Teil und hatte zum Schutz vor Übergriffen eine permanente Einquartierung von BGS-Beamten im Haus.[17]

Von „Ungeziefer" und „Kornblumen"

Schädlinge und Unkraut gelten gemeinhin als lästig und unerwünscht. Um beides zu bekämpfen, werden in der Regel äußerst rabiate Methoden angewendet. Kurz nachdem die SED-Regierung das MfS anweist, entsprechende Maßnahmen im Grenzgebiet durchzusetzen, beginnen nicht nur umfangreiche Grenzsicherungsmaßnahmen, sondern auch eine stabsmäßig orchestrierte Vertreibungswelle von politisch unliebsamen Personen aus dem neu definierten Sperrgebiet. Der Tarnname, den die thüringische Landesbehörde des Ministeriums für Staatssicherheit für die Aktion wählt, ist dabei Ausdruck der ganzen Unmenschlichkeit des totalitären Regimes in Ost-Berlin: Aktion Ungeziefer.[18]

Mit der Polizeiverordnung einher geht ab dem 27. Mai 1952 eine Verstärkung der Polizeipräsenz im Sperrgebiet sowie eine Registrierung aller Bewohner. Die eigentliche Zwangsaussiedlungsaktion beginnt am 5. Juni und endet am 8. Juni 1952. Insgesamt werden alleine in Thüringen bis zum 8. Juni 3.540 Menschen aus ihren Heimatorten zwangsausgesiedelt und an einen neuen Wohnort im Landesinneren der DDR verbracht. Der Verlust der Heimat geht dabei in der Regel mit einer massiven Verschlechterung der Lebensverhältnisse einher.[19]

Die Zwangsaussiedlung im Zuge der Grenzsicherung lässt sich auf Absprachen der Sowjetischen Kontrollkommission mit der SED-Führung bzw. der Führung der Deutschen Grenzpolizei aus dem Mai 1952 zurückverfolgen. Am 26. Mai erlässt schließlich der Chef der Hauptverwaltung der Deutschen Volkspolizei, Karl Maron, den geheimen Befehl 38/52, auf dessen Grundlage Volkspolizei, regionale SED-Gliederungen, MfS und Kriminalpolizei ihre Opfer auswählen: Grenzgänger, vermeintliche Ex-Nationalsozialisten oder auch willkürlich denunzierte Personen werden in Listen erfasst und in das Inland der DDR umgesiedelt.[20]

Im Landkreis Bad Salzungen ereilt dieses Schicksal etwa 900 Menschen, wenngleich die Disziplinierungsaktion des SED-Regimes – die Vertreibungen dienten in erster Linie dazu, ein Exempel zu statuieren – nicht gänzlich ohne Widerstand abliefen: In dem kleinen Ort Dorndorf kommt es gar zu einem Aufstand, der nur mit Hilfe von Panzerspähwagen und Bereitschaftspolizei niedergeschlagen werden kann.[21]

Für die im Sperrgebiet verbliebenen Bewohner beginnt mit der Aktion Ungeziefer eine Zeit strikter Repression, bei der die SED-Regierung nach dem Motto „Zuckerbrot und Peitsche" versucht, die Loyalität der Sperrgebietsbewohner durch Vergünstigungen oder Zulagen zu bekommen. Gleichzeitig schwebt jedoch permanent das Damoklesschwert der Zwangsaussiedlung über den Menschen.[22]

Besonders deutlich wird dies noch einmal im Sommer 1961: Seit dem Berlin-Ultimatum Nikita Chruschtschows im Jahr 1958 nimmt die Massenflucht aus der DDR noch einmal zu. Dies ändert sich erst, als am 13. August 1961 die Berliner Mauer das letzte Schlupfloch im Eisernen Vorhang verstellt.[23]

Während die Augen der Weltöffentlichkeit angeekelt nach Berlin schauen, tritt am 15. August 1961 das Politbüro zusammen und entscheidet, auch die mittlerweile „Staatsgrenze West" getaufte Grenze zur Bundesrepublik verstärkt zu sichern. Die Grenzpolizei wird jetzt vollends militarisiert und durch den Befehl 1/61 der Nationalen Volksarmee unterstellt. Damit einher geht ein Übergang zur militärischen Grenzsicherung, der bald auch den massiven Einsatz von Bodenminen mit sich bringt.[24]

Um das Sperrgebiet zu „festigen", wird auch das bereits 1952 erprobte Mittel der Zwangsaussiedlung erneut angewendet. Im Vergleich zum Sommer 1952 operieren Bezirks- und Kreiseinsatzleitungen, Stäbe in denen nahezu alle bewaffneten Organe der DDR vertreten sind, diesmal unter dem subtileren, aber nicht weniger menschenverachtenden Namen „Aktion Kornblume". Die Vertreibung von unliebsamen Personen aus dem Sperrgebiet wird diesmal mit der Entfernung von Unkraut legendiert.[25]

Der mittlerweile zum Minister des Innern aufgestiegene Karl Maron erlässt am 1. September 1961 den Befehl 35/61, in dem, ähnlich wie 1952, recht vage der Personenkreis der Menschen definiert ist, der das Sperrgebiet verlassen muss. Wieder sollen ehemalige Funktionäre des NS-Staats, wie beispielsweise ehemalige Ortsbauernführer, Grenzgänger, Rückkehrer aus der Bundesrepublik, aber auch „asoziale und arbeitsscheue Elemente" zwangsweise ausgesiedelt werden.[26] Vor allem im Fall der NS-Vergangenheit wird sich oftmals auf Denunziationen und Gerüchte verlassen. Auch die übrigen Gruppen sind bewusst vage formuliert, um Personen möglichst einfach unter die Tatbestände subsummieren zu können.[27]

Im Unterschied zur Aktion Ungeziefer sind die Aussiedlungen noch einmal stabsmäßiger durchgeplant: Am 3. Oktober 1961 wurden morgens um 05.30 Uhr zunächst die Bürgermeister der jeweiligen Orte informiert, welche Familien aus ihrer Kommune ausgesiedelt werden sollen. Um 6 Uhr klingelten dann sogenannte Handlungsgruppen an den Türen der Familien und verlasen die entsprechenden Evakuierungsbefehle – zur „eigenen Sicherheit", wie es grundsätzlich heißt.[28]

Dieses Schicksal widerfuhr auch Familie Wagner aus Geisa. Die Eheleute Wagner werden mit ihren drei Kindern aus ihrer Heimatstadt vertrieben und nach Ilmenau umgesiedelt. Traumatisch für die Kinder ist dabei nicht nur der Verlust der Heimat und die vollständig neue Umgebung, in der sie sich von jetzt auf gleich zurechtfinden müssen, sondern vor allem die Tatsache, dass von Seiten des MfS die Familie am neuen Wohnort gezielt als „Schwerverbrecher von der Grenze" diskreditiert wird. Vater Georg Wagner wird das erlittene Unrecht bis zu seinem Tod verfolgen und gemeinsam mit Tochter Marie-Luise wird er einer der führenden Funktionäre des 1990 gegründeten „Bundes der in der DDR Zwangsausgesiedelten".

Aufarbeitung und Wiedergutmachung

Wie kann Unrecht eine Wiedergutmachung erfahren? Die Frage, sofern überhaupt, könnte nur vage an dieser Stelle beantwortet werden. Aufarbeitung und

Gedenken sind jedoch untrennbar mit ihr verbunden, tragen sie doch elementar dazu bei, dass Unrecht nicht in Vergessenheit gerät.[29] Von Beginn an setzen sich die Point Alpha Stiftung, ebenso wie die ehrenamtlichen Trägervereine der Gedenkstätte vor der Stiftungsgründung im Jahr 2008, dafür ein, an die Zwangsaussiedlungen und die geschleiften Höfe zu erinnern und nachfolgenden Generationen so ein Bild des SED-Unrechts zu geben.[30] Insbesondere die Arbeit mit Zeitzeuginnen und -zeugen ist sogar konkret in der Satzung der Point Alpha Stiftung verankert.[31] Dieser Auftrag in der Stiftungsverfassung konnte 2014 durch die Überarbeitung der Dauerausstellung im Haus auf der Grenze, das bereits seit 2003 die Gedenkstätte um einen Thüringer Teil erweitert, mit neuem Leben gefüllt werden: Die Ausstellung „Die Staatsgrenze der DDR im Kalten Krieg" nutzt intensiv Zeitzeugen als Medien, um die Themen „Zwangsaussiedlungen" und „geschleifte Höfe" umfassend darzustellen. Eingebettet wird die „Oral History" in den wissenschaftlichen Forschungsstand durch Erklärungstexte, seltene Fotodokumente und faksimilierte Akten des Ministeriums für Staatssicherheit. Die Darstellung wird abgerundet durch die persönlichen Exponate von Marie-Luise Tröbs[32]. Puppenkleid und Spielzeugkaffeemühle sind einige ihrer wenigen Habseligkeiten, die sie als Kind vor dem Zugriff von Stasi und Volkspolizei retten konnte. Nicht zuletzt durch die Wahl von Geisa als Stiftungssitz der Point Alpha Stiftung entstand ein reger Austausch mit Frau Tröbs und ihrer Familie, die während der Aktion Kornblume aus Geisa zwangsausgesiedelt worden war.

Abb. 81: Beobachtungsturm im US-Camp.

Abb. 82: Der US-Turm mit Mustergrenze (Mitte) und dem gegenüberliegenden DDR-Beobachtungsturm (rechts).

Die Aufarbeitung der „vergessenen Vertreibung", so der Titel eines Seminars der Point Alpha Akademie und der Hessischen Landeszentrale für politische Bildung aus dem Herbst 2018, ist jedoch nicht nur Teil der musealen Darstellung in der Gedenkstätte, sondern wurde seit Stiftungsgründung im Jahr 2008 auf vielen verschiedenen Kanälen vorangetrieben. Im Jahr 2011, 50 Jahre nach der zweiten Zwangsaussiedlungswelle im Zuge des Mauerbaus in Berlin, wurde im Rahmen des jährlichen ökumenischen Festgottesdienstes zum 3. Oktober in besonderem Maße an das Schicksal der Zwangsausgesiedelten erinnert. In mehreren Abendveranstaltungen und Seminaren wurde die Thematik ebenso aufgegriffen. Die große Resonanz zu diesen Veranstaltungen motivierte die Stiftung im Jahr 2015, ein besonderes Projekt in Angriff zu nehmen: Gemeinsam mit dem Autor und Dokumentarfilmer Peter Grimm konnte die Dokumentation „Vertreibung 1961"[33] produziert werden, die im März 2017 den etwa 700 Gästen im vollbesetzten Bürgerhaus in Geisa präsentiert wurde. Bereits wenige Tage später war die Point Alpha Akademie, gemeinsam mit dem damaligen Landesbeauftragten des Freistaats Thüringen zur Aufarbeitung der SED-Diktatur, Christian Dietrich, Gastgeberin der internationalen Fachtagung „Forced migrations under communist rule – differences and similarities". Im Zuge dieser wissenschaftlichen Tagung konnte anhand verschiedener Vertreibungs- und Aussiedlungsaktionen vergleichend untersucht werden, wie der Entzug der Heimat Instrument der kommunistischen Herrschaftssicherung wurde.[34] In dieser Tagung zeigte sich einmal mehr der didaktische Anspruch von Point Alpha, Themen multiperspektivisch und sowohl regionalhistorisch, eingebettet in ein nationales Narrativ und in internationaler Dimension zu betrachten. Zwangsaussiedlungen können so erstmals in ihrer gesamten Dimension, nicht als isoliertes Phänomen im Kontext der Deutschen Teilung, sondern als gezielte Maßnahme der Herrschaftssicherung kommunistischer Diktaturen nachvollzogen werden.

Auch für die Zukunft wird die Point Alpha Stiftung das Thema Zwangsaussiedlungen weiter als eines ihrer Schwerpunktthemen behandeln: So wird im Zuge einer Erneuerung der Grenzrekonstruktion auch der geschleifte Fischerhof eine noch prominentere Rolle spielen, ebenso wie das Thema in einer Applikation für mobile Endgeräte aufbereitet werden wird. Der Ausstellungsbereich zum Thema Zwangsaussiedlungen und geschleifte Höfe im Haus auf der Grenze wird in den nächsten Jahren überdies erweitert und um zusätzliche Aspekte ergänzt.

Anmerkungen

1 Dieses wird hier definiert als „Gesamtheit der Rechtsnormen zur Regulierung der Verhältnisse an der Staatsgrenze einschließlich des Verkehrs und der Kommunikation über diese und das darauf begründete Tätigwerden der zur Sicherung eingesetzten Organe und gesellschaftlichen Kräfte." Suckut, Siegfried (Hrsg.): Das Wörterbuch der Staatssicherheit. Definitionen zur politisch-operativen Arbeit (= Analysen und Dokumente der BStU Bd. 5). Berlin, 3. Aufl. 2016, S. 152.
2 Vgl. Uhl, Matthias: Die Teilung Deutschlands. Niederlage, Ost-West-Spaltung und Wiederaufbau 1945–1949. Berlin 2011, S. 14 f.; Deutscher Text des Potsdamer Abkommens veröffentlicht in: Friedel, Mathias (Hrsg.) unter Mitarbeit von Axel Knoblich: Von der Teilung zur Wiedervereinigung. Dokumente zur Deutschen Frage in der Zeit des Kalten Krieges (1945–1989/90). Wiesbaden 2009, S. 22 f.
3 Erklärung der Konferenz von Jalta (Krim), 2. Februar 1945. In: Friedel (wie Anm. 2), S. 19 f.
4 Einblicke in die Diskussionen und Streitpunkte des Alliierten Kontrollrats bietet die Autobiographie des amerikanischen Militärgouverneurs General Lucius D. Clay. Vgl. Clay, Lucius D.: Decision in Germany. A personal report on the four crucial years that set the course of the future world history. New York 1950.
5 Vgl. Lapp, Peter Joachim: Das Grenzregime der DDR. Aachen 2013, S. 22 f.
6 Die DDR verwendete offiziell den Begriff „Demarkationslinie", später dann den Begriff „Grenze" und schließlich „Staatsgrenze".
7 Vgl. Lapp (wie Anm. 5), S. 66 f.; Dietrich, Torsten: Die Grenzpolizei der SBZ/DDR (1946–1961). In: Dietrich, Torsten/Ehlert, Hans/Wenzke, Rüdiger (Hrsg.): Handbuch der bewaffneten Organe der DDR. Berlin 1998, S. 201 f.
8 2017 publizierte der Forschungsverbund SED-Staat an der FU Berlin die zweite Todesopferstudie. Nach den Toten an der Berliner Mauer wurden diesmal Fälle entlang der Innerdeutschen Grenze rekonstruiert. Vgl. Schroeder, Klaus/Staadt, Jochen (Hrsg.): Die Todesopfer des

DDR-Grenzregimes an der innerdeutschen Grenze 1949–1989. Ein biographisches Handbuch. Bonn 2017. Exemplarisch angeführt werden können beispielsweise die Fälle Kurt Zimmermann (S. 34 f.) oder die Todesfälle der Grenzpolizisten Heinz Janello und Werner Schmidt (S. 452 f.).

9 „Verordnung über Maßnahmen an der Demarkationslinie zwischen der Deutschen Demokratischen Republik und den westlichen Besatzungszonen", abgedruckt in Bennewitz, Inge/Potratz, Rainer: Zwangsaussiedlungen an der innerdeutschen Grenze. Analysen und Dokumente. Berlin, 4. Aufl. 2012, S. 251–254. Vgl. Geier, Anke: Zwangsaussiedlungen als Teil der Grenzsicherungsmaßnahmen der DDR im Jahr 1952. Die Sicherung der kommunistischen Herrschaft im Grenzgebiet. In: Landesbeauftragter des Freistaats Thüringen zur Aufarbeitung der SED-Diktatur (Hrsg.): Vertreibungen im Kommunismus. Zwangsmigration als Instrument kommunistischer Politik. Halle (Saale) 2019, S. 137 f.

10 Das originale Dokument kann digital eingesehen werden unter: https://www.stasi-media-thek.de/medien/polizeiverordnung-zur-absicherung-des-grenzstreifens-zur-bundesrepublik-deutschland/blatt/1/ (letzter Zugriff: 25.1.2019).

11 Vgl. Lapp (wie Anm. 5), S. 231 f.; Gieseke, Jens: Das Ministerium für Staatssicherheit (1950–1990). In: Dietrich [u. a.] (wie Anm. 7), S. 371–422.

12 Vgl. Lapp (wie Anm. 5), S. 73 f.

13 Vgl. Stadt Geisa: „Auf einem Berg im Rhönerland". 1200 Jahre Geisa. Geisa 2017.

14 Vgl. Unkart, Diana/Stoll, Klaus Hartwig: Das war die Teilung. Grenzgeschichte und Grenzgeschichten aus der Rhön von 1945–1990 (= Schriftenreihe Point Alpha Bd. 3). Fulda 2015, S. 44 f.

15 Vgl. ebd., S. 49 f. Eine detaillierte Monographie zur Thematik bieten Christmann, Wolfgang/Leister, Bruno: Zur eigenen Sicherheit? Die Geschichte der geschleiften Höfe und ihrer Bewohner im Geisaer Amt. Burghaun/Meiningen, 4. Aufl. 2015.

16 Unkart/Stoll (wie Anm. 14), S. 48. Abgedruckter Bericht der Hünfelder Zeitung, genaues Datum unbekannt.

17 Vgl. Unkart/Stoll (wie Anm. 14), S. 118 f.

18 Die Aussiedlungswelle wurde auch mit der Tarnbezeichnung „Aktion G(renze)" geführt. Vgl. Potratz, Rainer: Demarkationslinie – gefährliche Grenze. In: Thüringer Institut für Lehrerfortbildung, Lehrplanentwicklung und Medien (Hrsg.): Der totgeschwiegene Terror. Zwangsaussiedlung in der DDR (= Materialien Heft 82). Bad Berka 2003, S. 18 f.

19 Eine der jüngsten Zusammenfassungen zur Aktion 1952 bietet Anke Geier. Vgl. Geier (wie Anm. 9), S. 140 f.

20 Thüringisches Hauptstaatsarchiv (ThHStA) Weimar, LBdVP 23, Bl. 36 ff.; Potratz (wie Anm. 18), S. 17.

21 Vgl. Unkart/Stoll (wie Anm. 14), S. 63 f.

22 Vgl. Geier (wie Anm. 9), S. 160 f.

23 Für die politischen Hintergründe zum Kalten Krieg und zur Deutschen Teilung liefert Bernd Stöver nach wie vor eine der besten deutschsprachigen Gesamtdarstellungen. Vgl. Stöver, Bernd: Der Kalte Krieg. Geschichte eines radikalen Zeitalters 1947–1991. München 2007.

24 Vgl. Oberdiek, Uwe: Die überwundene Grenze. Geschichte der deutschen Teilung zwischen Harz und Werra. Göttingen 2015, S. 159 f.; Potratz, Rainer: „Aktion Kornblume 1961". In: Thüringer Blätter zur Landeskunde (102) 2014.

25 Vgl. Unkart/Stoll (wie Anm. 14), S. 119 f.

26 Vgl. Potratz (wie Anm. 24).

27 Vgl. ebd.

28 Ebd.

29 Der Frage von Wiedergutmachungen im Kontext der Zwangsaussiedlungen ist ein komplettes Kapitel gewidmet bei Bennewitz/Potratz (wie Anm. 9), S. 200 f. Siehe auch den Beitrag von Inge Bennewitz in diesem Band.

30 In einer der ersten Buchveröffentlichungen über Point Alpha wird das Thema bereits erwähnt. Vgl. Stoll, Klaus Hartwig: Point Alpha. Brennpunkt der Geschichte. Petersberg 2007, S. 6 f.

31 Satzung der Point Alpha Stiftung § 2 Abs. 2, Nr. a. Online verfügbar: https://pointalpha. com/sites/default/files/downloads/stiftung/satzung_der_point_alpha_stiftung.pdf (letzter Zugriff: 15.2.2019).

32 Siehe ihren Beitrag in diesem Band.

33 Vertreibung 1961, online verfügbar: https://www.youtube.com/watch?v=e9fyOc_Tmhs (letzter Zugriff: 5.3.2019).

34 Landesbeauftragter des Freistaats Thüringen zur Aufarbeitung der SED-Diktatur (Hrsg.): Vertreibungen im Kommunismus. Zwangsmigration als Instrument kommunistischer Politik. Halle (Saale) 2019. – Siehe hierzu auch den Beitrag von Christian Dietrich in diesem Band.

Teil III: **Schicksale**

Marie-Luise Tröbs

Die Zwangsaussiedlung meiner Familie aus Geisa in der thüringischen Rhön

Das Leben meiner Eltern – Margaretha und Georg Wagner – und meiner Brüder, Gangolf, damals 7 Jahre alt, und Norbert[1], damals erst 4 Jahre alt, änderte sich am 3. Oktober 1961 durch ein staatlich organisiertes Verbrechen des SED-Regimes plötzlich sowie ohne Vorankündigung: Zu diesem Zeitpunkt ging ich als Zehnjährige in die vierte Klasse. Gemeinsam mit Gangolf, der damals in der zweiten Klasse war, besuchten wir vor Schulbeginn den Kindergottesdienst. Die Schule begann um 7.45 Uhr. Gegen 7.30 Uhr wollten wir nach der Kirche unsere Schultaschen von zu Hause holen und anschließend gemeinsam zur Schule gehen.

Doch es kam anders: Plötzlich erblickten wir Lastkraftwagen (LKWs) vor unserem Wohnhaus in der Schulstraße 67, nur wenige Meter unterhalb der Kirche. Dies ließ uns zunächst verstummen, doch wir ahnten nicht, dass von einem Moment zum anderen unsere unbeschwerte Kindheit vorbei sein sollte, als wir unser Haus betraten. Wir sahen viele fremde Menschen in unserem Haus und unsere Mutter, mit dem kleinen Bruder auf dem Arm, weinte und versuchte uns zu sagen, dass wir aus Geisa weggehen müssen. Wohin uns die fremden Menschen bringen werden, konnte sie uns nicht sagen. Im Morgengrauen um 6.30 Uhr hatte man unseren Eltern mündlich, nur unter Vorlage eines Schriftstücks, mitgeteilt, dass sie am gleichen Tag den Wohnort verlassen müssten. Uniformen und Waffen demonstrierten, dass Widerstand nicht geduldet werden würde. Den zugewiesenen Wohnort teilte man meinen Eltern nicht mit. Sie waren vollends verängstigt und dachten, dass sie nach Sibirien transportiert werden würden.

Die noch vor wenigen Minuten im Kindergottesdienst empfundene Gemeinschaft mit anderen Gläubigen der Stadt Geisa (das Geisaer Amt ist traditionell sehr katholisch geprägt) und die daraus empfundene Sicherheit waren plötzlich nicht mehr da. Ich fühlte mich von der Welt verlassen. Mit ähnlichen Gefühlen hatte auch meine Mutter zu kämpfen, denn meinen Vater führten nach der unheilvollen Botschaft des Verlassens von Geisa zwei Polizisten ins Rathaus ab. Das Erledigen von Formalitäten war nicht der alleinige Grund für die Trennung von seiner Familie, denn er durfte erst kurz vor dem Abtransport in das Haus zurückkehren.

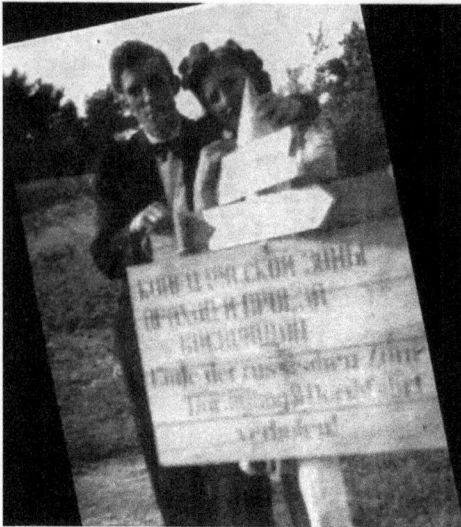

Abb. 83: Margaretha und Georg Wagner vor einem Verbotsschild in russischer und deutscher Sprache an der Zonengrenze mit der Aufschrift: „Ende der russischen Zone. Durchgang und Durchfahrt verboten"
(Ende der 1940er Jahre).

Abb. 84: Im Alter von acht Monaten mit den Eltern.

Abb. 85: Im Kindergarten, sechs Jahre alt (unter dem linken Fenster).

Abb. 86: Einschulung in Geisa.

Abb. 87: Fasching 1959 in Geisa.

Abb. 88: Erstkommunion am 9. April 1961 in Geisa. Stehend, am linken Arm des Priesters.

Abb. 89: 1961 anlässlich einer Familienfeier mit den sieben und vier Jahre alten Brüdern.

Abb. 90: Kurz vor der Zwangsaussiedlung mit der Mutter und dem vierjährigen Bruder.

Abb. 91: Nach der Zwangsaussiedlung traf sich die Familie Wagner regelmäßig mit Verwandten vor einem Schlagbaum mit Wachhaus in der Nähe von Geisa.

Trotz ihrer Traumatisierung und Kopflosigkeit hatte meine Mutter den sehnlichsten Wunsch, während der belastenden Stunden des Beladens der LKWs nicht ohne die Verwandten aus Borsch und Wenigentaft sein zu müssen. Hinzu kam ihre zwischenzeitlich gefasste Entschlossenheit, sie über die zuvor mitgeteilt bekommene unfassbare Tatsache benachrichtigen zu müssen. Ein Telefonat mit den Verwandten konnte nicht mehr geführt werden, denn die Telefonleitung im Haus hatte die Staatssicherheit bereits gekappt.

Diese Absicht war auch der Grund, mir in das Ohr zu flüstern, schnell zur Bäckerei „Faber" in Geisa zu laufen und mitzuteilen, dass von dort der Versuch unternommen werden sollte, die Schwester meines Vaters in Borsch sowie den Vater und die Schwestern meiner Mutter in Wenigentaft zu kontaktieren. Da die Staatssicherheit unser kurzes Gespräch beobachtet hatte, fiel meiner Mutter als Antwort ein, dass die Tochter beim Bäcker Brötchen holen müsse, ansonsten könnten die Kinder nicht frühstücken. Kaum zu glauben, aber darauf ließ man sich ein, jedoch ging mit mir eine Polizistin, die in der Bäckerei vor keiner Lüge zurückschreckte. Die Inhaber der Bäckerei waren mit uns verwandt. Aufgrund der Vertrauensverhältnisse hoffte meine Mutter auf das Gelingen ihres Planes. Verängstigt betrat ich den Ladenraum der Bäckerei mit der fremden Frau. Frau Faber, meine Tante Anneliese, fragte sofort verwundert, ob wir Besuch hätten. Daraufhin bekam sie die gewissenlose Antwort, ja und sie sei meine neue Tante.

Der Plan ging auf, denn kurz nach uns betraten andere Bewohner von Geisa die Bäckerei, die ihrem Herzen Luft machten und die unfassbaren Geschehnisse ansprachen. Da unsere Verwandten keinen PKW hatten, machten sie sich zu Fuß oder mit dem Fahrrad auf den Weg nach Geisa. Erschütternde Momente spielten sich beim Eintreffen vor unserem Haus ab, denn unsere Familie sollte mit ihrer Traumatisierung allein gelassen werden. Niemand sollte von außen das Haus betreten. Gott sei Dank siegte letztendlich der familiäre Zusammenhalt!

Immer wieder wurde mir verboten, das Haus zu verlassen, während wildfremde Menschen anfingen, unsere Habseligkeiten auf die LKWs zu verladen, denn es stand nicht nur ein LKW vor der Haustür. Dennoch gelang mir auch tatsächlich, mich davonzustehlen. So schnell ich konnte, rannte ich zum Schlossberg, wo sich meine Schule befand. Doch meine Enttäuschung war groß. Der Unterricht hatte bereits begonnen. Statt dort Trost zu finden, spürte ich, wie das Leben für die anderen weiterging – ohne mich. Traurig machte mich auch das Verhalten der Lehrerin, die mir mit Verständnislosigkeit und Unsicherheit begegnete.

Ich lief wieder nach Hause, wo immer noch die Kommandos damit beschäftigt waren, unseren Hausstand zu verladen. Mitnehmen durften wir allerdings nur das, was auf die LKWs passte. Die Zwangsaussiedlung unserer Familie sollte um 12 Uhr abgeschlossen sein. Die Frist konnte von Polizei und Staatssicherheit aber nicht eingehalten werden. Bis 13.30 Uhr zog sich alles hin, was vor allem mit dem privaten PKW unserer Familie zusammenhing. Unser Vater erzählte uns Kindern sehr oft, wie er um das Auto gekämpft hat, denn es war ebenso für die Enteignung vorgesehen wie der gesamte Besitz (Wohnhaus sowie Grund und Boden) unserer Familie, einschließlich unserer Sparguthaben. Erst als mein Vater drohte, das Auto mit einer Axt zu zerhacken, um es unbrauchbar zu machen, wurde ihm widerwillig die Mitnahme gestattet. Letztendlich durften mein Vater und meine Brüder mit diesem PKW Geisa verlassen, jedoch in Begleitung eines bewaffneten Polizisten.

Nicht nur schmerzlich, sondern auch existenziell war der Verlust des Eigentums, welches wir zurücklassen mussten. Aber der Großmutter Lebewohl sagen zu müssen, war besonders herzzerreißend und quälte meine Kinderseele sehr. Was für eine menschenverachtende Entscheidung, sie nicht mit ihrer Familie zwangsauszusiedeln! Erschwerend kam hinzu, dass sie damals bettlägerig und ohne uns auf fremde Hilfe angewiesen war. Aber darauf wurde keine Rücksicht genommen. Nach dem dramatischen Abschiednehmen von ihr mit der Ungewissheit, wohin man ihre Familie bringen wird, führte man uns ab, meinen Vater und die beiden Brüder zum privaten PKW, der aus Sicherheitsgründen unmittelbar vor der Haustür stehen musste. Meine Mutter und ich hatten eine größere Strecke bis zu einem Polizeifahrzeug zu bewältigen. In diesem Fahrzeug saßen außer uns noch 6 Polizisten. Das Zurücklegen des vorgegebenen Weges dauerte gefühlsmäßig eine Ewigkeit. Rechts und links der Wegstrecke waren sehr viele Menschen zu sehen. Manche weinten, doch überwiegend herrschte Stille, Schweigen. Wie sehr hätte ich mir ein Wort gewünscht, ein Zeichen der Anteilnahme. Warum schauten so viele Menschen zu? Warum blieben sie stumm? Warum sagte keiner, „Lasst den Blödsinn! Es sind unbescholtene Bürger!"? Das schweigende Zusehen wirkte auf mich als Zehnjährige wie eine Zustimmung zu der Maßnahme.

Der Transport verlief menschenunwürdig; die Route war vorgegeben; ausschließlich mussten Nebenstraßen befahren werden. Nach 20 Kilometer außerhalb des Sperrgebietes wurde der Transport gestoppt. Es war die Anhöhe kurz hinter dem Ort Wiesenthal, von wo aus keine Möglichkeit der Flucht bestand. Alles konnte optimal überschaut werden. Nunmehr wurden die Akteure für die zuvor geleistete Arbeit in Geisa mit einem Verpflegungsbeutel belohnt. Meine Eltern mit ihren drei Kindern mussten dabei zusehen. Ihnen kamen die Tränen, als sie sahen, dass wir Kinder versuchten, hungrig wie wir waren, herunter gefallene Äpfel zu essen, die jedoch viel zu hart waren. Nach außen sollte alles wie ein normaler Umzug aussehen. Die Ankunft am zugewiesenen Wohnort war erst nach 18 Uhr vorgegeben. Stabsmäßig durch die Stasi geplant, erreichten wir den Zielort gegen 19.00 Uhr. Das Auto, in dem meine Mutter mit mir saß, hielt kurz hinter dem Ortsschild von Ilmenau an. Hier wartete ein Stasi-Mann, der dem Fahrer Anweisungen gab und auch die Straße der neuen Unterkunft für unsere Familie mitteilte. Nach der Ankunft durfte ich zu meinen Brüdern, die sich noch im privaten PKW bei meinem Vater aufhielten, der auch angekommen war. Nach ca. 40 Minuten kam meine Mutter mit einer fremden Frau zu uns. Sie wohnte gegenüber der neuen Wohnung und wollte uns Kinder nicht nur betreuen, sondern vor allem auch etwas zu essen und trinken geben.

Als meine Eltern später hinzukamen, erzählte die Frau, dass man ihr drei Tage zuvor gesagt habe, es zöge gegenüber eine Familie ein, zu der sie keinen Kontakt aufnehmen solle. Es würde sich um Schwerverbrecher von der Grenze handeln. Dies brannte sich in meine Kinderseele ein. Zukünftig wollte ich immer nur beweisen, dass dies nicht der Wahrheit entspricht.

Auch in Ilmenau wurden unsere Möbel wieder von einer Arbeitskolonne abgeladen, wiederum fremde Menschen, von denen keiner daran dachte, wenigstens die Betten für uns drei Kinder aufzustellen. Letztendlich bereitete man dann doch ein Bett für uns vor. Darin verbrachten wir die erste Nacht, aneinander gekuschelt und weinend. Vor jedem neuen Geräusch hatten wir Angst und riefen nach unseren Eltern. Die mussten zunächst auf Matratzen lagern. Die zugewiesene Wohnung bestand aus nur zwei Zimmern und einer kleinen Küche.

Es war ein Mietshaus, in dem noch drei weitere Familien wohnten. In unserer Wohnung soll zuvor ein an Tuberkulose Erkrankter gelebt haben. Die Räume waren insgesamt sehr abgewohnt und dunkel, fast wie verrußt.

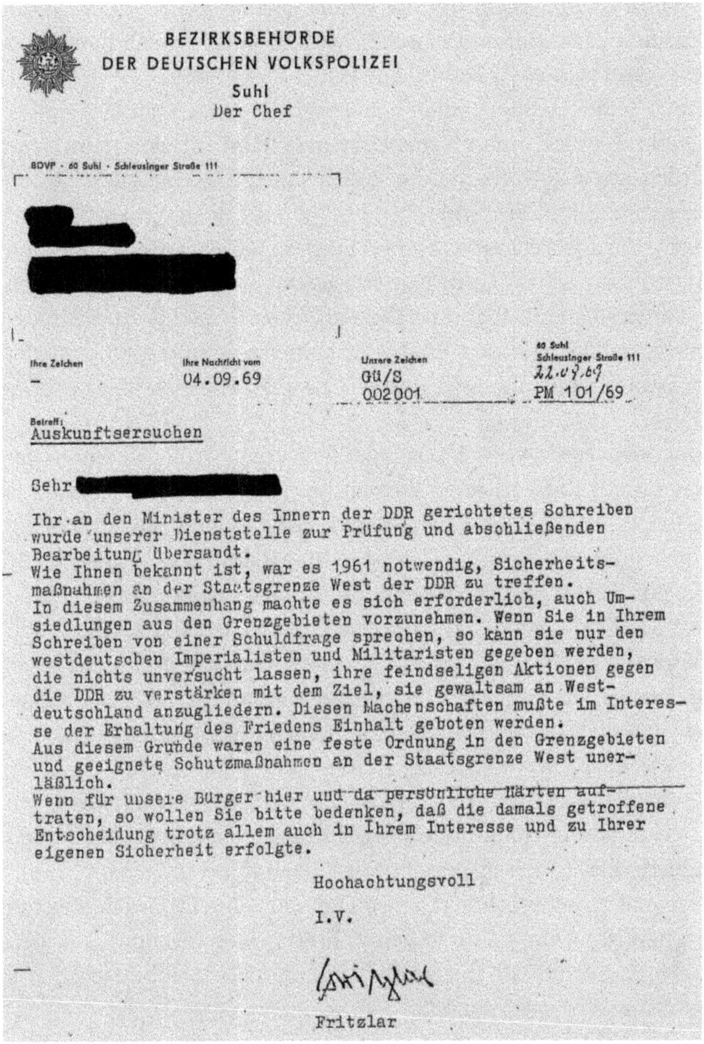

BEZIRKSBEHÖRDE
DER DEUTSCHEN VOLKSPOLIZEI
Suhl
Der Chef

BDVP · 60 Suhl · Schleusinger Straße 111

Ihre Zeichen	Ihre Nachricht vom	Unsere Zeichen	60 Suhl Schleusinger Straße 111
—	04.09.69	GU/S 002001	22.09.69 PM 101/69

Betreff:
Auskunftsersuchen

Sehr ▉▉▉▉▉▉▉

Ihr an den Minister des Innern der DDR gerichtetes Schreiben wurde unserer Dienststelle zur Prüfung und abschließenden Bearbeitung übersandt.
Wie Ihnen bekannt ist, war es 1961 notwendig, Sicherheits-maßnahmen an der Staatsgrenze West der DDR zu treffen. In diesem Zusammenhang machte es sich erforderlich, auch Um-siedlungen aus den Grenzgebieten vorzunehmen. Wenn Sie in Ihrem Schreiben von einer Schuldfrage sprechen, so kann sie nur den westdeutschen Imperialisten und Militaristen gegeben werden, die nichts unversucht lassen, ihre feindseligen Aktionen gegen die DDR zu verstärken mit dem Ziel, sie gewaltsam an West-deutschland anzugliedern. Diesen Machenschaften mußte im Interes-se der Erhaltung des Friedens Einhalt geboten werden. Aus diesem Grunde waren eine feste Ordnung in den Grenzgebieten und geeignete Schutzmaßnahmen an der Staatsgrenze West uner-läßlich.
Wenn für unsere Bürger hier und da persönliche Härten auf-traten, so wollen Sie bitte bedenken, daß die damals getroffene Entscheidung trotz allem auch in Ihrem Interesse und zu Ihrer eigenen Sicherheit erfolgte.

Hochachtungsvoll

I.V.

[Unterschrift]

Fritzlar

Abb. 92: Georg Wagner konfrontierte den Minister des Inneren der DDR am 4. April 1969 mit dem „Warum" für die Zwangsaussiedlung. Am 22.09.1969 antwortete ihm im Auftrag die Bezirksbehörde der Deutschen Volkspolizei in Suhl.

Ilmenau hatte damals 22.000 Einwohner, meine Geburtsstadt Geisa war ein Kleinstädtchen. Ich hatte anfangs immer Angst, mich zu verlaufen und mir fehlte unser Garten, den ich immer als Spielplatz genutzt hatte. Die Trennung von Geisa, meiner Geburts- und Heimatstadt, in der ich bis zu diesem Tag meine Kindheit verbrachte, gehört zu den schwierigsten Erfahrungen, die ich bisher in meinem Leben gemacht habe. Nicht nur der Verlust meines Zuhauses, auch die Trennung von meinen Verwandten, Freunden, von allem, was mein damaliges Leben ausmachte, verursachte ein Gefühl von Trauer und Angst.

Bis zu diesem Schicksalstag verliefen meine Kindertage in Geisa unbeschwert. Ich mochte es, mich in der Natur aufzuhalten, wir Kinder nannten es strolchen. Natürlich war das Aufhalten im Freien nur bedingt möglich. Schon früh zeigten mir meine Eltern die Schlagbäume, die untersagten, den Weg dahinter fortzusetzen. Am Schlagbaum zwischen Buttlar und Wenigentaft mussten meine Eltern einen Passierschein vorzeigen. Dieses Dokument ließ dort erst den Besuch meiner Verwandten zu. Während der Fahrt von Geisa bis zum Schlagbaum bekamen wir Kinder von den Eltern Verhaltensregeln vorgegeben; der Tonfall der Eltern war anders als sonst und wir erlebten zugleich angsterfüllte Momente.

Vor allem um Geisa eröffnete sich mir immer eine neue Welt. Die Eltern liefen nicht einfach mit uns Kindern einen Weg entlang, sondern vermittelten uns lauter Geheimnisse, wenn sie riefen: „Schaut mal, Kinder" und zeigten uns am Wegesrand Blumen und Pflanzen und nannten sie zugleich beim Namen. So wusste ich nicht nur die Namen der Bäume, die in unseren damaligen Gärten meine Eltern und Großeltern gepflanzt hatten, auch liebte ich den Rotdorn, den man heute vielerorts noch in Geisa bewundern kann sowie die Lindenbäume am Schlossberg und die Kastanien am Gangolfiberg. Wenn das Laub der Kastanien gefallen ist, muss ich hin und wieder mit meinen Füßen durchlaufen, um in meinen Ohren das Rascheln von damals zu hören.

Achtsam durch die Natur zu gehen, habe ich mir bewahrt, nur halte ich heute vor allem danach Ausschau, ob ich eine Blume aus meinen Kindertagen sehe und wenn, dann bin ich mit meinen Erinnerungen sofort in Geisa.

Auch meiner Oma lauschte ich andächtig und versuchte ihr auf den Seiten des aufgeschlagenen Naturführers zu folgen. Ich war völlig fasziniert von den bunten Abbildungen, schaute sie mit großen Augen an und fühlte mich wie eine Entdeckerin auf einer Expedition.

Wenn ich mich recht entsinne, war das Ganze auch deshalb so außergewöhnlich, weil die Erklärungen der Eltern und Oma anders waren als die der Erwachsenen, die mir in der Schule das Leben verständlich zu machen versucht hatten. Noch heute bin ich gerne draußen unterwegs und schaue und staune. Nur wenn die Temperaturen im September kühler werden und die ersten herbstlichen Vorboten in der Natur wahrzunehmen sind, bekomme ich Beklemmungen. In dieser Zeit erinnern mich die Bäume mit ihrer Laubfärbung sowie die abgeernteten Felder an den Tag der Zwangsaussiedlung. Ich sehe mich in dem Polizeiauto sitzen, weinend an meine Mutter gekuschelt und die Emotionen machen mir das Herz schwer.

Die Erinnerungen an Geisa habe ich mit der Zeit wie einen Schatz in meinem Inneren gehütet und verborgen. Erst als Jugendliche und junge Frau habe ich die Zusammenhänge zwischen diesem Schicksal und den Gefühlen wie Leere, Lähmung, Hilflosigkeit, Wertlosigkeit und Zorn erkannt und gelernt, mich damit auseinanderzusetzen. Hinzu kamen die Schuldgefühle, die aus dem Schweigen resultierten, das man uns befohlen hatte – 30 Jahre lang.

Meine Eltern waren zum Zeitpunkt der Zwangsaussiedlung nicht in der Lage, uns Kindern mitzuteilen, welchen Grund man ihnen für diese schreckliche Vertreibung aus der Heimat angegeben hatte: „Zur eigenen Sicherheit! Wenn die westdeutschen Imperialisten und Militaristen geschlagen wären, könnten sie wieder in die Heimat zurück". Auf die – im Nachhinein fast komische – Frage meiner Mutter, wie lange es dauern könnte, soll man ihr geantwortet haben: einige Monate, es könne aber auch ein Jahr dauern!

Das Schicksal der Zwangsaussiedlung hat das Leben unserer Familie aus der Bahn geworfen, die Existenz genommen. Meine Mutter war auch in Ilmenau Hausfrau, mein Vater hat trotz Unterstützung des katholischen Pfarrers über Wochen keine Arbeit gefunden.

Man nahm meinen Eltern ihre Identität, denn sie besaßen keinen Personalausweis mehr. Mein Vater bekam eine Anstellung beim VEB Kraftverkehr Ilmenau. Da er ohne Personalausweis war, bestand die neue Arbeitsaufgabe darin, mit dem LKW Kohlen innerhalb des zugewiesenen Wohnortes auszufahren. Das war ein gewaltiger Einschnitt in seiner Erwerbsbiographie! Vor der Zwangsaussiedlung war er Einsatzleiter bei der MTS in Geisa bzw. seit Juli 1961 beim VEB Kraftverkehr in Vacha tätig. Dieser Betrieb musste Fahrzeuge für die Zwangsaussiedlungsaktion am 3. Oktober 1961 bereitstellen. Um die Vorbereitungen vor meinem Vater geheim halten zu können, schickte man ihn zwangsweise in den Urlaub. Seine Gegenargumente wurden nicht akzeptiert, er musste sogar ohne seine beiden schulpflichtigen Kinder an einen vorgegebenen Urlaubsort fahren. Nach der Rückkehr waren es noch 14 Tage bis zum Zeitpunkt der Zwangsaussiedlung. Während dieser Zeitspanne überfiel ihn immer wieder ein „Unbehagen", das er gegenüber meiner Mutter mit den Worten zum Ausdruck brachte „Es liegt was in der Luft". Dass seine Familie so ein schreckliches Schicksal ereilen wird, erahnte er nicht und hätte es sich auch nicht in seinen kühnsten Träumen vorstellen können.

In der Zeit nach dem 3. Oktober 1961 erlebte ich meine Eltern ständig mit einer Grundtraurigkeit und mein Vater zerbrach sich bis zum 28. April 1990 immer wieder den Kopf über die Hintergründe und über die Verantwortlichen für unser Schicksal. Sowie unsere Familie Besuch aus der Heimat hatte, hörte ich, wie mein Vater die Gäste mit folgenden Fragen konfrontierte:

– Wer hat uns dieses Schicksal angetan? Ihr müsst doch wissen, wer hinter dieser unmenschlichen Tat steckt!
– Warum hat man uns aus der Heimat vertrieben und uns enteignet?

Da er keine Antwort darauf bekommen konnte, dauerte dieses zermarternde Grübeln bis zum 28. April 1990. An diesem Tag folgten über 4.000 Zwangsausgesiedelte in Thüringen der Einladung des Neuen Forums Erfurt, veröffentlicht in einer Annonce der „Thüringer Allgemeinen", und trafen sich in der Erfurter Thüringenhalle. An diesem Tag endete das durch die Staatsmacht befohlene Schweigen.

Wir erfuhren, dass mehr als 12.000 Menschen durch das unmenschliche Grenzregime der DDR aus der 1952 definierten Sperrzone entlang der innerdeutschen Grenze ausgesiedelt worden waren. Ausgehend von diesem Ausmaß der politischen Willkür gründeten die Zwangsausgesiedelten am 19. Mai 1990 einen Verein, den Bund der in der DDR Zwangsausgesiedelten e. V. Mein Vater setzte sich als Präsident des Vereins bis zu seinem Tod am 15. November 2007 für die Rehabilitierung und Entschädigung der Zwangsausgesiedelten ein. Auch glaubte er, dass dieses menschenunwürdige Schicksal den Erlass von Gesetzen bedingen wird, die nicht die Würde der betroffenen Opfer erneut verletzen.

Anmerkung

1 Über das Schicksal meiner Familie habe ich u. a. berichtet in dem Film der Point Alpha Stiftung „Vertreibung 1961" von Peter Grimm (online verfügbar unter: https://www.youtube.com/watch?v=e9fyOc_Tmhs), in einem Interview auf www.zeitzeugen-portal.de sowie in dem Tagungsband „Der lange Schatten der Mauer". 15. bundesweiter Kongress der Landesbeauftragten für die Stasi-Unterlagen und zur Aufarbeitung der Folgen der Kommunistischen Diktatur und der Bundesstiftung zur Aufarbeitung der SED-Diktatur mit den Verfolgtenverbänden und Aufarbeitungsinitiativen vom 27. bis 29. Mai [2011] in Dessau-Roßlau. Magdeburg 2011 (online verfügbar unter: https://aufarbeitung.sachsen-anhalt.de). Quellen sind unter dem Titel „Das Schicksal der Familie Wagner in Dokumenten" abgedruckt in: Unkart, Diana/Stoll, Klaus Hartwig: Das war die Teilung. Grenzgeschichte und Grenzgeschichten aus der Rhön von 1945 bis 1990 (= Schriftenreihe Point Alpha Bd. 3). Red.: Volker Bausch. Fulda 2015, S. 327–338.

Hans-Peter Häfner

Widerstände gegen die Zwangsaussiedlungen von 1952 im DDR-Kreis Bad Salzungen

Die folgenden Berichte und Schilderungen über die Zwangsaussiedlungen bzw. die Wider-stände aus der Bevölkerung dagegen im ehemaligen DDR-Kreis Bad Salzungen wurden von Dr. Hans-Peter Häfner aufgrund von Befragungen und schriftlichen Unterlagen von Zeitzeu-gen aus der Region zusammengetragen. Der Autor war nach dem Mauerfall ab Dezember 1989 stellvertretender Bürgermeister von Vacha in Thüringen. Er berichtet in enger Verbun-denheit mit der Region und ihren Menschen über die damaligen Ereignisse.

Am 27. Mai 1952 ist die „Verordnung über Maßnahmen an der Demarkationslinie zwischen der Deutschen Demokratischen Republik und den westlichen Besatzungszonen"[1] in Kraft getreten. Diese Verordnung hatte die sowjetische Kontrollkommission von der Regierung der DDR bereits am 5. Mai verlangt, als Antwort Stalins auf den noch gar nicht beschlosse-nen Deutschlandvertrag, der ab 26. Mai 1952 die Einbindung der Bunderepublik in das westliche Sicherheitssystem regelte. In der Verordnung wurden nach sowjetischem Vorbild vorgeschrieben:

- ein umgepflügter 10-m-Kontrollstreifen entlang der Grenze, der nicht betreten werden durfte,
- eine 500-m-Schutzzone mit Ausgang der Bevölkerung nur bei Tageslicht und
- eine 5-km-Sperrzone mit genehmigungspflichtigem Aufenthalt für alle Personen.

Für jede der drei Zonen wurden Absperrungen mit Minen, Stacheldraht, Wegesperren oder Schlagbäumen aufgebaut. Die Polizei wurde in Zusammenarbeit mit dem Staatssicher-heitsdienst beauftragt, sogenannte „unsichere" Personen zu benennen und ins Hinterland der DDR weit von der Grenze weg auszusiedeln. Das hat in vielen Familien zur Flucht über die zunächst noch nicht vollständig abgesperrte Grenze geführt. Zum Beispiel sind in der Chronik der Stadt *Vacha* von 1946 bis 1958 nach sicherlich unvollständigen Angaben der Zeitzeugen Hans Goller und Günter Hermes 214 geglückte Fluchten, 43 gescheiterte Flucht-versuche und 18 erschossene Todesopfer dokumentiert. Bei zwei Aussiedlungsaktionen 1952 und 1961 wurden etwa 11.000 Menschen aus den Sperrgebieten vertrieben. Im damali-gen Kreis Bad Salzungen sollen es nach verschiedenen Angaben 850 oder 989 Menschen gewesen sein, die zur Aussiedlung vorgesehen waren[2].

Abb. 93: Die DDR-Grenzanlagen zwischen dem hessischen Philippsthal und dem thüringischen Vacha, 1982.

In Vacha hat der evangelische Pfarrer Kirchenrat Paul Dahinten (*1885–1972)[3] auf zwölf Seiten im Kirchenbuch über die Aussiedlung im Juni 1952 und die betroffenen 300 Bürger der Stadt mit allen Namen berichtet. Er schrieb wörtlich:

> Am 5.6.1952 wurde den Familien in Vacha und Oberzella von Polizisten mitgeteilt, dass sie am Folgetag ihre Wohnung räumen und den Wohnort verlassen müssen. Alle Betroffenen in Oberzella flüchteten am gleichen Tag über die Grenze in den Westen. In Vacha standen 101 Familien auf einer Liste, die niemand vorher gesehen haben wollte. Die Aussiedelung war von langer Hand vorbereitet. So stand eine seit ¾ Jahr verheiratete Frau noch mit ihrem Mädchennamen darauf und in Geisa wurde eine Familie Mathausch gesucht, die schon lange vorher in den Westen geflohen war.[4]

Alle 134 ausgesiedelten Bürger hat Kirchenrat Dahinten namentlich erfasst. Er hat ebenfalls 166 Bürger namentlich genannt, die unter Hinterlassen all ihrer Habe über die Grenze flüchteten. In der Stadt Vacha herrschte zwei Tage lang große Unruhe. Niemand hat bis 19 Uhr am 6. Juni 1952 mit der Räumung begonnen. Erst am Abend haben starke Polizeieinheiten zwangsweise die Wohnungen geräumt und die Menschen und Möbel in geschlossene Güterwagen verladen. Als ein Versuch scheiterte, den Eisenbahnzug in Richtung Westen zu starten, ist Widerstand erloschen. Es verbreitete sich dumpfes Schweigen in der Stadt. Wegen des Aufstandes der Bevölkerung in der Nachbargemeinde Dorndorf konnte der Zug erst verspätet am 7. Juni 1952 um 4 Uhr in den 125 km entfernten Kreis Sondershausen abfahren. Dort erhielten die Vertriebenen notdürftige Zimmer, teilweise ohne Ofen und Wasserleitung.

Über den Widerstand der Bürger in *Dorndorf* und *Merkers* hat die Zeitzeugin Dorothea Nennstiel dem Dorndorfer Museum ausführlich schriftlich berichtet. Am 5. Juni 1952 hat der Bürgermeister 16 Familien informiert, dass sie den Wohnort verlassen müssen.

> Polizei und wildfremde Personen nehmen den Betroffenen die Personalausweise ab und beginnen mit der Zwangsräumung. Wie Feuersturm durchraste die schier unglaubliche Hiobsbotschaft den gesamten Ort. Das Dorf war fest entschlossen, die Evakuierung zu verhindern.[5]

Mehr als 2.000 Menschen protestieren auf den Straßen. Der Gastwirt ruft zum Widerstand auf, ein Bürger beginnt den Protest mit einer Unterschriftensammlung.

> Am 6.6.1952 räumen Kalikumpel und eine Schulklasse unter Anleitung ihres Lehrers die Möbel wieder aus den Güterwaggons am Bahnhof und befreien dort eine festgesetzte Familie und den verhafteten Unterschriftensammler. 2 Bürger blockieren die Weichen, so dass der Zug nicht abfahren kann. Der Bürgermeister, der herbeigerufene Landrat und 20 zusätzliche Polizisten sind machtlos gegen die wütenden Bürgerproteste, ihre Ansprache vom Autodach wird unterbrochen, ihr Auto umgekippt, den hinzugezogenen Einsatzfahrzeugen werden die Reifen zerstochen. Die Funktionäre und alle Uniformierten müssen zunächst aus dem Ort flüchten. Nach Mitternacht erscheinen im Ort 4 Panzerspähwagen, mehrere LKW mit russischem Militär und mehr als 100 bewaffnete Polizisten. 3 junge Männer läuten Sturm mit den Kirchenglocken. Aber die sich versammelnde Menschenmenge muss schließlich der erdrückenden Übermacht weichen.[6]

Abb. 94: Kaliwerk in Merkers, 1957.

Gemeinde Vacha

Um 12.45 Uhr wurden auf dem Verladebahnhof Vacha 13 Familien verladen. Der Transport stockte erst bis Mittag,
was auf den mangelnden Einsatz der Agitatoren zurückzu-
führen ist. Der Transport hat sich im Laufe des Nachmittags gebessert, da sich die Parteiorganisatoren tat-
kräftig einsetzten. 17.45 Uhr wurden insgesamt 30 Familien verladen. Die kleinen Ortschaften um Vacha herum
sind restlos verladen. Die Namen der Ortschaften werden
noch bekannt gegeben. Zwischenfälle sind keine zu verzeichnen.

Gemeinde Dorndorf

Das Schnellkommando von VP.-Komm. Rosenberger wurde
eingesetzt. Gegen 13.20 Uhr wurde eine Familie verladen. Beim Gastwirt ▪▪▪▪ wurde eine Zusammenrottung
von Menschen festgestellt, welche Unterschriften gegen
diese Aktion gaben. Der Organisator ist ein gewisser
▪▪▪ wohnhaft in Dorndorf. Auf Anordnung des M.f.S.
Bad Salzungen wurde von einer Festnahme Abstand genommen. Auf Grund des Druckes der Bevölkerung begab sich
der Landrat W a g n e r von Bad Salzungen nach Dorndorf
und rief eine Gemeinderatssitzung ein.

Abb. 95: Lagebericht des Volkspolizei-Kreisamts Bad Salzungen über den Aufstand in Dorndorf, 6.6.1952 (Abschrift/Grafik vom Original).

Den drei Glockenläutern, dem Unterschriftensammler und drei betroffenen Familien gelingt vor der drohenden Verhaftung die Flucht über die Grenze. Die beiden Weichenblockierer werden verhaftet und erst nach einer Woche wieder freigelassen. Für 13 Familien beginnt der Abtransport. Sie werden mit wenigen Möbeln auf offene LKW-Ladeflächen verladen, von einem bewaffneten Polizisten bewacht und jeder LKW wird zudem von bewaffneten Polizisten auf einem Motorrad begleitet. Nach schier endloser Fahrt sind sie auf dem 120 km entfernten Marktplatz in Sondershausen angekommen, von wo sie in vorläufige unmöblierte Unterkünfte verteilt wurden. Erst nach dem Aufstand vom 17. Juni 1953 bekamen sie die Erlaubnis, nach Hause zurückzukehren.

In *Merkers* hat sich am späten Nachmittag des 6. Juni eine Menschenmenge von etwa 200 Bürgern am Marsch nach Dorndorf beteiligt. Aufgerufen hatte dazu der allseits bekannte Arzt Dr. Deilmann und seine Familie mit der Begründung, dass man doch nicht zuschauen könne, dass Menschen ohne erwiesene Schuld und ohne Gerichtsbeschluss aus ihren Häusern vertrieben werden. Am Bahnhof im 4 km entfernten Dorndorf erklärte die dortige Bürgerwache, dass alle Uniformierten aus dem Dorf geflüchtet seien. Man würde aber sofort anrufen, sobald der Abtransport wieder drohe. Das war in der Nacht gegen 1 Uhr. Der hastig hervorgestoßene Satz des Anrufers: „Jetzt kommen die Russen!" In kürzester Zeit rief die Tochter von Deilmanns, Frau Nennstiel, mit der öffentlichen Feuersirene wieder etliche unentwegte Merkerser zusammen. Als ihnen jedoch, nun schon im ersten Morgengrauen, auf halber Strecke ein Armeelaster entgegenkam, auf dem Bewaffnete einen gefesselten Verhafteten bewachten und sie außerdem die Geräusche von Panzerfahrzeugen hören konnten, erkannten sie, dass ihr Kampf verloren war. Sie gaben auf. Die Suche eines Militärkommandos nach der Sirenenauslöserin verlief ergebnislos, weil alle Befragten dichtgehalten haben.

Aus den Aufzeichnungen von Kirchenrat Dahinten ist über weitere Widerstände der Bevölkerung noch zu ergänzen:

In *Geisa* sind 37 Familien mit mehr als 100 Personen teils geflohen, teils ausgesiedelt worden. 60 junge Männer haben sich mit Knüppeln, Mistgabeln und Äxten bewaffnet und gedroht: Wer uns anfasst, den schlagen wir tot! Sie gingen unbehelligt im geschlossenen Zug über die Grenze. In *Ketten, Walkes* und *Apfelbach* ging die wehrfähige Jugend über die Grenze, in *Reinhardts* die Hälfte der Bevölkerung. Der Besitzer des *Rothofes* bei Geisa ging mit 28 Stück Vieh und 4 Pferden, dem gesamten Bestand an Schweinen und Kälbern nach dem Westen. In *Buttlar* gingen 3 sehr angesehene Familien über die Grenze. In *Kaltennordheim* wurde die Bevölkerung vom Bürgermeister auf den Marktplatz gerufen und über die Aussiedlung von 11 Familien informiert. Es kam zum Sturmläuten der Kirchenglocken durch Jugendliche. Die Funktionäre wurden getreten, das Gefängnis gestürmt und dort 2 Familien befreit und versteckt, die vorher beim Grenzübergang festgenommen worden waren. 10 Familien in Kaltennordheim gelang vor der Vertreibung die Flucht in den Westen. Auch in *Erbenhausen* gelang es 10 Familien zu fliehen. Schlimm ging es in *Klings* zu. Die Auszuweisenden erklärten: „Wir weichen nur der Gewalt." Nach Ankunft von 150 Polizisten mit Gummiknüppeln kam es zu Tumulten, in deren Verlauf sogar Polizeihunde auf die Leute gehetzt wurden. Aus *Brunnhartshausen* wurde eine dreiköpfige Familie ausgesiedelt und zunächst in Dermbach bewacht. Jugendliche des Heimatortes haben sie dort befreit und zurückgeholt.[7]

So lauten die Berichte von Zeitzeugen über die so genannte „Aktion Ungeziefer", die zwangsweise Aussiedlung von angeblich „politisch unzuverlässigen" Menschen aus 15 Orten des Sperrgebietes im damaligen Kreis Bad Salzungen im Jahr 1952.

Anmerkungen

1 Abgedr. in: Bennewitz, Inge/Potratz, Rainer: Zwangsaussiedlungen an der innerdeutschen Grenze. Analysen und Dokumente. Berlin, 4. Aufl. 2012, S. 260–261.

2 Die Anzahl der tatsächlich zwangsausgesiedelten Personen im Kreis Bad Salzungen ist in dem Beitrag „Die Zwangsaussiedlungen 1952 und 1961 in Zahlen" in diesem Band angegeben.

3 Kirchenrat Dahinten war 1912 Pfarrer in Helmershausen, 1918 in Pferdsdorf, dann seit 1926 Pfarrer in Vacha und seit 1946 Superintendent.

4 Diese und auch die folgenden Aufzeichnungen Dahintens stammen sämtlich aus dem Vachaer Kirchenbuch. Es wird im evangelischen Pfarramt Vacha verwahrt. Der Bericht von Kirchenrat Dahinten ist im Jahrgang 1952/53 auf den Seiten 438–449 enthalten. – Siehe auch Bickelhaupt, Thomas: 134 Einwohner vertrieben. Kirchenbuch Vacha über Zwangsaussiedlungen 1952. In: Glaube + Heimat, Ausgabe Thüringen, Nr. 33 (1995), S. 9.

5 Unveröffentlichter Zeitzeugenbericht von Dorothea Nennstiel aus dem Jahr 2004, maschinenschriftlich vervielfältigt. Ein Exemplar befindet sich im Besitz des Verfassers.

6 Ebd.

7 Wie Anm. 4.

Peter Grimm

Der „Fall Fink" – wie die Staatsmacht ein Exempel an einer unbescholtenen Familie statuierte

Würde man die menschenverachtende Brutalität dieser Vertreibung außer Acht lassen, könnte man den Fall ein Kuriosum nennen. Immerhin versuchten die Grenzpolizisten und Grenzsoldaten der DDR seit Bestehen der innerdeutschen Grenze, die Menschen daran zu hindern, sich aus dem Machtbereich der SED in Richtung Westen abzusetzen. Dass zwei Männer aus dem Grenzsperrgebiet 14 Tage vor dem Mauerbau verhaftet werden, um dann von Grenzern, Volkspolizisten und Staatssicherheit buchstäblich in den Westen geprügelt zu werden, klingt einigermaßen absurd. Und doch war es eine effektive Strafmaßnahme, um den Widerstand der Bauern in einigen Dörfern in der Rhön zu brechen. Denn was hier in der Provinz geschah, war ein in der DDR eigentlich undenkbarer kleiner Bauernaufstand. Der Rädelsführer – in den Augen der SED-Obrigkeit – wird mit seinem ältesten Sohn in den Westen verjagt und damit er dort ruhig bleibt, behält das Regime den Rest der Familie – die Frau mit den zwei jüngeren Kindern – als eine Art Geisel in der DDR zurück. Sie werden wenige Wochen später nach Sachsen zwangsausgesiedelt. Wenn auch ein besonderer Einzelfall, so war es eben kein Kuriosum, sondern ein perfider Plan, wie er nur in einer Diktatur Gestalt annehmen kann.

Ein Rückblick in das Jahr 1960. Überall in der DDR steigt der Druck auf die freien Bauern, sich unter das Regime der „Landwirtschaftlichen Produktionsgenossenschaften" zu begeben. Auch wenn es der Name und die Propaganda anders suggerierten, so gab es keinerlei Freiwilligkeit. Die drei möglichen Genossenschaftstypen, die Verträge, die Einsetzung der Vorsitzenden, all das war genau und zentral geplant. Am einfachsten ließen sich die LPG noch in jenen Gegenden im Norden gründen, in denen die Landwirtschaft traditionell schon lange stärker von großen Gutshöfen und Rittergütern bestimmt war, als von freien Bauern. Die kleinen Gehöfte, die zwischen 1945 und 1948 im Zuge der Bodenreform aus dem enteigneten Großgrundbesitz entstanden, mochten die wenigsten Neubauern gegen die Staatsmacht verteidigen. Viele von ihnen waren zuvor ohnehin Landarbeiter auf den enteigneten Gütern gewesen. Insofern war der Eintritt in die LPG für sie kein Kulturbruch, sondern eher eine Rückkehr zur Normalität. Und die Flüchtlinge und Vertriebenen aus den verlorenen Ostgebieten unter den Neubauern hatten ihren Kulturbruch schon hinter sich, der Neubauernhof war ihnen noch nicht Heimat geworden.

Abb. 96: Werbung für den Eintritt in Landwirtschaftliche Produktionsgenossenschaften, Februar 1953.

Doch in den Regionen, in denen eigenständige Bauernhöfe die Landschaft prägten, war das vollkommen anders. Bauern, deren Familien ihre Höfe seit Generationen bewirtschaftet hatten, wollten dieses Erbe nicht hergeben. Hochfliegende Pläne vom „sozialistischen Frühling auf dem Lande" konnten sie kaum locken. Die eigene Scholle hatte die Familie ernährt, egal, wer gerade herrschte. Daran sollte sich aus ihrer Sicht nichts ändern. Eine solche Atmosphäre bestimmte auch das dörfliche Leben in der Rhön. Hier in der Gegend um Geisa kam verschärfend noch die Lage im Grenzgebiet hinzu. Denn Jahr für Jahr wurde diese Grenze dichter gezogen und wurden die Bestimmungen im Grenzsperrgebiet strenger.

Eines dieser kleinen Dörfer ist Kranlucken mit seinen knapp 300 Einwohnern. Die meisten Familien lebten von der Landwirtschaft. Der Boden ist karg in der Gegend, weshalb es schon eine Kunst ist, hier einen Hof so zu bewirtschaften, dass er einigermaßen ertragreich ist.

Abb. 97: Kranlucken heute.

Der erfolgreichste Bauer im Ort ist Hermann Fink. Seinen Hof hätte man eigentlich als Vorzeigebetrieb herausstellen können. Doch erfolgreiche private Bauernhöfe passten nicht in die Pläne, die der SED-Staat mit der Landwirtschaft hatte. Im Ort allerdings waren Finks Rat und Hilfe bei den anderen Landwirten gefragt. Er galt durchaus als Autorität. Und Bauer Fink dachte selbstverständlich nicht daran, sich der LPG anzuschließen, wofür die SED-Agitatoren schon seit Jahren warben.

Die Genossen wollten die freien Bauern zu abhängigen Arbeitern großer landwirtschaftlicher Betriebe machen. Durch den propagierten Beitritt zur LPG wurden die Landwirte zwar nicht formell enteignet, allerdings war auch nie daran gedacht, den Genossenschaftsmitgliedern wirkliche Mitsprache- und Entscheidungsrechte über ihre Güter zuzugestehen. Letztlich wurde der Bauer doch zum Landarbeiter. Allein das war abschreckend genug.

Seit 1952 versuchte die SED, die Bauern zum LPG-Beitritt zu drängen. Zu dieser Zeit beteiligte sich kein einziger Kranluckener Bauer an der LPG-Gründung. Da mochte das Angebot der Lockerung des Abgabesolls, verbunden mit doppelten Aufkaufpreisen für landwirtschaftliche Erzeugnisse noch so verlockend klingen, dafür wollten die Bauern ihr Land nicht hergeben. Einige Jahre lang blieb der Druck auf die Bauern einigermaßen erträglich, doch Ende der fünfziger Jahre häuften sich die Versammlungen wieder, auf denen die Bauern zum LPG-Eintritt gedrängt werden sollten. Sie versuchten sich zu entziehen, keiner wollte sich nötigen lassen. Doch für 1960 rief die SED-Führung den „sozialistischen Frühling auf dem Lande" aus. Der Erste Sekretär, Walter Ulbricht, wollte am 14. April verkünden, dass die DDR-Landwirtschaft fortan vollgenossenschaftlich sei. Im März wurden die Bauern auch in Kranlucken so massiv unter Druck gesetzt, dass sogar hier alle Bauern rechtzeitig zur Ulbricht-Rede LPG-Mitglieder geworden waren.

Abb. 98: Walter Ulbricht in Suhl, 1957.

Für die Bauern war das eine herbe Niederlage. Wer, wie Hermann Fink, ein erfolgreicher Landwirt war, kann diese Entmündigung nur schwer verdauen. Wo er selbst bestimmt hatte, wie gewirtschaftet wird, sagen ihm nun andere, weitaus weniger kompetente Bauern, was er zu tun hat. Eigentlich kann das nicht lange gut gehen, aber die Bevölkerung hat natürlich auch Angst. Im Grenzgebiet kann man sich noch gut an die Zwangsaussiedlungen im Rahmen der Aktion Ungeziefer erinnern. Und wie allen DDR-Bewohnern ist ihnen auch stets bewusst, dass der Volksaufstand am 17. Juni 1953 von der sowjetischen Besatzungsmacht niedergeschlagen worden war. Aufbegehren gegen den SED-Staat galt als kaum aussichtsreich. Also fügte man sich.

Andernorts waren etliche Bauern, die nicht in die LPG eintreten wollten oder dies unter Druck taten, aber sich hernach trotzdem nicht unterwerfen wollten, in den Westen geflohen. In Berlin war schließlich die Mauer noch nicht gebaut. Aber für Hermann Fink kam das nicht in Frage. Er wollte sich nicht aus der Heimat verdrängen lassen.

Die Finks waren nach wie vor eine wichtige Familie im Dorf, nicht nur wegen ihres Hofes. Egal ob in der Blaskapelle, der Feuerwehr oder der Kirchgemeinde – überall war Vater Fink mit seinen Söhnen aktiv präsent. Der jüngste Sohn, Bertholt, erlangte auch auf andere Weise noch regionale Bekanntheit. Neben der traditionellen Blaskapelle gründete er mit Freunden eine Rock'n'Roll-Band, die nur mit Blasinstrumenten und einer Ziehharmonika spielte. Damit waren sie in allen Tanzsälen der Gegend präsent.

Doch es gärt unter der alltäglichen Oberfläche, sowohl in Kranlucken, als auch im gesamten SED-Staat. Es ist mittlerweile 1961. Woche für Woche, Tag für Tag steigt die Zahl der Flüchtlinge, die sich in West-Berlin im Notaufnahmelager Marienfelde melden. Die Unzufriedenheit der DDR-Bevölkerung mit diesem Staat könnte nicht deutlicher demonstriert werden. Die SED-Führung in Ost-Berlin weiß, dass sie reagieren muss.

In Kranlucken sieht sich Hermann Fink zu dieser Zeit die ersten Abrechnungen der LPG an. Zu all dem niedergehaltenen Groll, nicht mehr Herr auf dem eigenen Hof zu sein, hat er nun schwarz auf weiß in Zahlen, um wieviel geringer die Erträge der ersten LPG-Ernte im Vergleich zum eigenen Hof waren. Und er weiß, das lag nicht am Wetter, sondern an falschen Entscheidungen des LPG-Vorsitzenden. Soll er dem Niedergang auf den eigenen Äckern jetzt als weisungsgebundener LPG-Angehöriger tatenlos zusehen? Das ist nicht seine Art.

Im Sommer 1961 beobachtet die SED-Führung die Situation im Grenzgebiet an der innerdeutschen Grenze angespannt. Während die Genossen die Abriegelung der noch offenen Sektorengrenze in Berlin planen, fürchten sie zugleich jegliche Unruhe im restlichen Grenzgebiet.

Hermann Fink aus Kranlucken denkt nicht an solche politischen Verwick-
lungen. Er will vor allen Dingen in seiner Heimat, mit seiner Familie auf dem
Hof der Vorfahren arbeiten und leben. Er möchte wieder freier Bauer sein und
fasst in jenem angespannten Sommer 1961 den Mut zu einem Schritt, dem ein
Bauernaufstand folgt, mit dem die SED nicht gerechnet hatte.

Formell war die LPG eine Genossenschaft, in deren Statut stand, dass man
auch austreten könne. Allerdings wusste jeder, dass das praktisch unmöglich
war, denn die sozialistische Umgestaltung der Landwirtschaft war ein unum-
kehrbarer Prozess. Jeder kleinste Rückschritt stellte den Machtanspruch der
SED grundsätzlich in Frage. Es war vollkommen undenkbar, dass das jemand
wagen würde. Deshalb waren die Genossen auch in Geisa nicht auf einen solchen Fall vorbereitet.

Umso größer war das Erschrecken, als am 29. Juni 1961, einem Donnerstag,
Hermann Fink als erster Bauer ganz offiziell und öffentlich seinen Austritt aus
der LPG verkündete. Noch am gleichen Tag folgten ihm 28 Kranluckener Bauern, die ebenfalls ihren LPG-Austritt erklärten. Weitere Bauern folgten diesem
Beispiel. Damit waren in Kranlucken plötzlich drei Viertel der Landwirte nicht
mehr in der Zwangsgenossenschaft. Und das Beispiel machte Schule, denn
auch in den Nachbardörfern kam es zu immer mehr Austritten aus der LPG.

Abb. 99: Militärparade der SED-Bezirksleitung in Suhl, 1957.

Sowohl die SED-Kreisleitung als auch die SED-Bezirksleitung waren geschockt.
Das war nicht hinnehmbar, es war eine Kampfansage, ein Aufstand. Vor allem,
weil sich die Bauern ganz offen zu ihrer Abkehr von der LPG bekannten. Wenn
dem nicht Einhalt geboten würde, könnten anderswo die Bauern diesem Bei-

spiel folgen. Die SED-Funktionäre fürchteten völlig zu Recht einen Flächenbrand. Aber weil niemand mit einem solchen Aufbäumen der Bauern gerechnet hatte, gab es auch keinen Plan, wie darauf angemessen zu reagieren sei. Und eigenständig, ohne Abstimmung mit der Parteiführung, wollte kein Funktionär etwas entscheiden.

Zuerst versuchten die Genossen deshalb nur, den Aufruhr einzudämmen, indem sie alle widerständigen Bauern bearbeiteten, sie sollten ihre Austrittserklärung doch zurückziehen, solange dies noch ohne schlimme Konsequenzen möglich sei. Diese Drohungen wirkten kaum. Wer einmal den Mut zu einem solchen Schritt gefasst hatte, ließ sich so leicht nicht umstimmen. Fast alle Abtrünnigen blieben bei ihrem offenen Widerstand gegen die LPG und jeder Tag, an dem ihnen deshalb nichts Böses geschah, stärkte ihr Selbstbewusstsein.

Aber die Genossen arbeiteten am Gegenschlag. Die SED-Bezirksleitung Suhl machte sich in Absprache mit den zuständigen Mitarbeitern des Zentralkomitees in Ost-Berlin daran, einen Plan gegen die Kranluckener Bauern zu entwerfen. Vor allem dem als Rädelsführer ausgemachten Hermann Fink und seinem 20jährigen Sohn Wilhelm sollte es an den Kragen gehen. Sie seien „besonders aggressiv" in Erscheinung getreten. Die Genossen beschlossen, „den unverbesserlichen Faschisten in die Westzone auszuweisen".[1] Ungewöhnlich in einem Staat, der sonst keine Mühe scheute, seine Bewohner am Grenzübertritt nach Westen zu hindern und sie lieber einsperrte.

Im Funktionärsdeutsch beschrieb Volkspolizei-Major Muder in einem Bericht an die Ost-Berliner Hauptverwaltung der Volkspolizei die Situation in Kranlucken so:

> Ausgangslage war, daß die sozialistische Entwicklung der Landwirtschaft im Kreis Bad Salzungen in einigen Orten durch offensichtlich organisierte Feindtätigkeit gehemmt wurde und den zur Festigung der bestehenden LPG eingesetzten Agitatoren zum Teil hetzerisch und beleidigend entgegengetreten wurde. Als besondere Situation trat auf, daß Ende Juni 1961 aus der LPG, Typ I, Kranlucken 32 Austrittsgesuche und aus der LPG, Typ I, Bremen, 18 Austrittsgesuche von Seiten der Genossenschaftsbauern eingereicht wurden. Trotz verstärkter Agitationstätigkeit wurden nur wenige Austrittsgesuche zurückgezogen und bei der Agitation kam es zu den vorgenannten Erscheinungen.[2]

Über Wochen hinweg waren die Bauern nicht einzuschüchtern. Sie ließen die Agitatoren trotz aller Drohungen abblitzen. Da musste ein Exempel statuiert werden. Man konnte ja nicht einfach 50 Bauern verhaften, also musste einer so exemplarisch bestraft werden, dass die anderen einknicken würden. Die Wahl fiel auf Hermann Fink und seinen Sohn Wilhelm. Warum man die beiden nicht einfach einsperrte, sondern aufsehenerregend in den Westen trieb, lässt sich nur mutmaßen. Zum einen ließ sich die Vertreibung besser propagandistisch ausschlachten, als wenn man die beiden eingesperrt oder in die DDR-Provinz verbannt hätte. Außerdem konnten die Finks nicht mehr in der DDR für Unruhe sorgen. Und im Westen würden die Finks schweigen, weil sie um den Teil ihrer Familie fürchten müssten, der im Osten festgehalten bliebe. Es hatte sich für das Regime schon oft als wirksam erwiesen, Menschen mit der Androhung von Konsequenzen für Familienangehörige einzuschüchtern. Der Volksmund verwendete dafür auch in der DDR einfach den NS-Begriff „Sippenhaft" weiter.

Die Vertreibung der Finks in den Westen wurde von SED-Kreisleitung, Volkspolizei und Staatssicherheit minutiös und aufwendig geplant. Ein Sonderkommando der Volkspolizei wurde extra in die Kreisstadt Bad Salzungen verlegt und dort vorübergehend kaserniert. Auch die Stasi beorderte zusätzliche Mitarbeiter nach Geisa. Grenzpolizei, Volkspolizei und Staatssicherheit hatten für eine noch wirksamere Bewachung des Grenzstreifens zu sorgen. Nichts Überraschendes sollte stören, vor allem sollte es keine Augenzeugen der Vertreibung geben.

Zusätzlich zu Fink sollten im Vorfeld auch andere „besonders aggressive Kräfte" dauernd observiert werden. Stasi und Volkspolizei postierten sich im Fernmeldeamt Vacha, um dafür zu sorgen, dass am Tag der Aktion in Kranlucken kein Telefon mehr funktionierte.

Am 2. August dann besetzte ein operativer Stab aller Sicherheitsorgane unter Leitung des 1. Sekretärs der SED-Kreisleitung das Kulturhaus in Geisa, um von hier aus die geplante Aktion generalstabsmäßig zu leiten. Verhältnismäßigkeit à la DDR: Die Staatsfeinde im Visier der massiv aufmarschierten Staatsmacht waren ein Bauer und sein Sohn.

Auf den 20jährigen Wilhelm warteten die Häscher am 3. August 1961 morgens um sieben an einem Kontrollposten auf der Straße zwischen Kranlucken und Schleid. Der junge Mann arbeitete als Landmaschinenschlosser und fuhr an diesem Morgen wie an jedem Tag zur Arbeit. Zuerst glaubte er vielleicht noch kurz an eine Routinekontrolle der Grenzpolizei, wie es sie im Grenzgebiet häufig gab, aber das änderte sich schnell. Stasi-Mitarbeiter verluden ihn auf einen zivilen Lastwagen und fuhren ihn nach Geisa zur 3. Grenzbrigade. Dort musste der junge Mann sämtliche Papiere abgeben und wurde anschließend ein letztes Mal verhört.

Sein Vater sollte nach dem minutiös erarbeiteten Plan eigentlich im Kohlbachtal verhaftet werden, allein mit seinen Kühen auf der Weide. Doch so genau die Gewohnheiten des Staatsfeinds vom Lande auch beobachtet worden waren, an diesem Morgen war er früher auf der Weide und damit auch wieder zurück zu Hause. Erst dort konnten ihn die Genossen abholen und nach Geisa bringen. Um Unruhe zu vermeiden, brauchten sie eine Legende und sagten der Familie, dass Sohn Wilhelm einen Motorradunfall gehabt habe und der Vater deshalb mit nach Geisa kommen müsse. Erst dort wurde ihm klar, dass es eigentlich um seine Verhaftung ging.

Bald darauf kamen Vater und Sohn wieder zusammen. Sie wurden beide auf einen Lastwagen verladen und in Richtung Grenze gefahren. Was Staatssicherheits-Mitarbeiter ganz genau mit ihnen vorhatten, wussten sie nicht. Es ist die Rede von der Ausweisung in den Westen. Aber stimmte das auch? Zudem wollten sich die Finks nicht widerstandslos abschieben lassen. Sie kämpften darum, in der Heimat bleiben zu können. In einem Bericht schreibt der Leiter des Volkspolizei-Kreisamtes Bad Salzungen, Major Muder, sie hätten gesagt, „lieber ein Jahr eingesperrt zu werden, nur nicht eine Ausweisung über die Grenze".

Die Stasi Mitarbeiter reagierten brutal oder wie Major Muder es ausdrückte: „Auf dem Lkw kam es noch zu Diskussionen, in deren Verlauf Fink die Arbeiter nochmals beleidigte und Vater und Sohn bekamen einige Schläge, doch solche ohne nachhaltige Wirkungen."[3]

Dabei hatten sie schon mehr als einige Schläge einstecken müssen, bevor sie auf den Lastwagen verladen wurden. In einem letzten Verhör wurden sie geschlagen, damit sie noch weitere Namen von „Abweichlern" preisgeben, allerdings ohne Erfolg.

Was also der Volkspolizeibericht mit der Umschreibung „einige Schläge" eingesteht, heißt im Klartext: Sie kamen schwer zusammengeschlagen an der Grenze an.

Die beiden Fink aus Kranlucken, Werkzeuge der Bonner Militaristen und Faschisten, können nach ihrer Ausweisung nicht mehr ihr schädliches Werk in unserem Arbeiter-und-Bauern-Staat treiben. (U. B.) Hermann und Willi Fink in Begleitung von Grenzpolizisten auf dem Weg, wo sie hingehören, in die Westzone

Abb. 100: Im SED-Blatt „Freies Wort" wurden Wilhelm und Hermann Fink 1961 kriminalisiert und öffentlich zur Schau gestellt.

Als der Transport die Grenze erreichte, warteten schon ausgesuchte Genossen der Grenzpolizei mit gezogener Waffe. Hermann Fink traut ihnen in diesem Moment alles zu. Als den Finks befohlen wird, über die Grenze zu gehen, ruft er seinem Sohn zu, er solle rückwärtslaufen, ihnen nicht den Rücken zudrehen, damit es später nicht so aussehen kann, als wären sie auf der Flucht erschossen worden.

Doch es ging tatsächlich nur um ihre Abschiebung. Vater und Sohn landeten im Westen, gegen ihren Willen. Ein Zurück gab es nicht. Im nahen Ort Tann meldeten sie sich beim westdeutschen Zoll. Die Beamten dort konnten die Geschichte der Finks kaum glauben. Mit Flüchtlingen hatten sie schon zu tun, aber nicht mit Ausgewiesenen. Im Fernschreiben des Zollbeamten liest sich der ungläubige Bericht des Vorfalls so:

> am 3.8.61 um 11.30 Uhr meldeten sich beim zkom [Zollkommissariat] tann der landwirt hermann fink, geb. 21.11.10 in kranlucken, und sein sohn, der kfz-schlosser willi fink, geb. 22.1.41 in kranlucken, beide wohnhaft in kranlucken nr. 45 (sbz [Sowjetische Besatzungszone]). sie wurden angeblich am 3.8.61 gegen 8 uhr vom ssd [Staatssicherheitsdienst] verhaftet, nach geisa gebracht und dort verhoert, beschimpft, bedroht und geschlagen. der landwirt sollte die kuendigung seiner mitgliedschaft in der lpg zuruecknehmen. er hatte als einer der ersten gekuendigt. seinem beispiel waren allein in kranlucken etwa 28 bauern gefolgt. er galt daher als urheber der kuendigungswelle und wurde oeffentl. durch flugblaetter und lautsprecher als westlicher agent hingestellt. von geisa (sbz) wurden angeblich beide personen, begleitet von ssd-angehoerigen in zivil, in ein waldgebiet zwischen langwinden (sbz) und sinswinden (br [Bundesrepublik]) bis auf etwa 80 m an die sbz-dl [Demarkationslinie] herangebracht, dort erneut beschimpft und getreten. danach wurden sie von 2 grepo [Grenzpolizisten] mit vorgehaltenen waffen ueber die dl in das bg [Bundesgebiet] gejagt. beide kamen in arbeitskleidung und stark erschuettert ueber das vorangegangene in tann an. [...] die ehefrau, ein sohn und eine tochter mussten in kranlucken (sbz) zurueck bleiben. eine schwaegerin des landwirts wohnt in setzelbach krs. [Kreis] huenfeld. sie wurde verstaendigt.
> da anfaenglich zweifel an der richtigkeit der darstellung auftraten, habe ich die vertriebenen [...] aufgesucht. nach dem persoenlichen eindruck scheinen die angaben aber zuzutreffen.[4]

Während Vater und Sohn auf dem Weg in den Westen waren, erlebte der Rest der Familie eine gründliche Hausdurchsuchung des Finkschen Gehöfts. Die Genossen suchten irgendetwas, das sich vielleicht gegen Fink verwerten ließ, um die Vertreibung propagandistisch zu begründen. Denn so geheim die Aktion auch vorbereitet und durchgeführt wurde, letztlich sollte ja ein öffentlichkeitswirksames Exempel statuiert werden. Allerdings brachte die Hausdurchsuchung nichts Nützliches für die Propaganda zu Tage. Im Bericht von Major Muder hieß es dann auch leicht enttäuscht und am Ende selbstentlarvend:

In Anschluß daran wurde durch die Angehörigen der Abt. K eine Hausdurchsuchung durchgeführt, wobei 2 Bilder von ihm aus der Faschistenzeit, 2 Orden von seinem Vater aus dem 1. Weltkrieg, 3 kleine nazistische Liederhefte und eine faschistische Zeitung mit einem Artikel, der die Bauernschaft und das Soldatentum behandelt, beschlagnahmt wurden. [...]

Die Durchsuchung des Wohngebäudes erbrachte ganz klar den Eindruck, daß Fink in seinem Haushalt alles belastende Material schon früher beseitigt haben muß. Von der Durchsuchung der Scheune wurde Abstand genommen, da sie voll Heu war und auch keine Anzeichen vorhanden waren, daß darin etwas versteckt ist. Ich kam zu diesem Entschluß, weil die Durchsuchung der Scheune sehr viel Stunden benötigt hätte und unsere polizeilichen Maßnahmen dann noch durchgeführt worden wären, als die breite Aufklärungsarbeit unter der Bevölkerung bereits im Gang gewesen wäre. Dabei hätte der Eindruck entstehen können, daß eine Ausweisung durch Arbeiter bereits erfolgt ist, aber die Sicherheitsorgane noch nach Belastungsmaterial suchen.[5]

Schmützfinken dorthin befördert wo sie hingehören!

Zwei unverbesserliche Faschisten und eingefleischte Handlanger für den Bonner Atomkriegsstaat

Hermann und Willi Fink aus Kranlucken

wurden am Donnerstag von Arbeitern der volkseigenen Betriebe des Kreises Bad Salzungen zur Staatsgrenze befördert und in das Eldorado aller Faschisten und Militaristen, in die Westzone, ausgewiesen.

Die Arbeiter sagten: **Schluß mit dem Treiben der Schmützfinken!**

Und die Arbeiterklasse handelte.

Was zwang die Arbeiter zu diesem Schritt?

Hermann und Willi Fink inspirierten und organisierten als Werkzeuge der Bonner Atomkriegsstrategen Ausfälle aus der LPG Kranlucken.

Hermann und Willi Fink betrieben schamlose Hetze gegen die Arbeiterklasse, gegen die Genossenschaftsbauern und gegen die Arbeiter-und-Bauern-Macht der DDR.

Hermann und Willi Fink unternahmen den verbrecherischen Versuch, die DDR von innen auszuhöhlen und die alten kapitalistischen Ausbeuterverhältnisse wieder herzustellen.

Hermann und Willi Fink leisteten den Aggressionsgelüsten des deutschen Militarismus Vorschub, die DDR mit bewaffneter Gewalt in den Machtbereich der Militaristen zurückzuerobern.

Im Interesse der Arbeiter und Bauern, im Interesse des Friedens, im Interesse des Sozialismus hat die Arbeiterklasse gehandelt und zugepackt. Es gibt bei uns nur wenige Finks, aber wo sie auftauchen, um ihre faschistische Wühltätigkeit zu betreiben, bekommen sie es mit der Macht und der Kraft der Arbeiterklasse zu tun.

Alle Genossenschaftsbauern sind aufgerufen, sich gerade jetzt noch enger mit den Arbeitern zu verbünden. Bonn will seinen Nervenkrieg gegen uns mit Menschenhandel, Abwerbung, Lügen über eine angebliche Hungersnot, Wirtschaftskrieg, Unruhestiftung, Sabotage und Diversion auf die Spitze treiben.

Dazu braucht das Bonner Gesindel Subjekte vom Schlage der Finks.

Genossenschaftsbauern!   **Schluß damit!**

Kommt in unsere Einwohnerversammlung! Dort erhaltet ihr genaue Auskünfte über das verbrecherische Treiben der Finks. Laßt uns gemeinsam beraten, wie der sozialistische Weg in den Dörfern schneller und besser zu beschreiten ist!

Ergreift die ausgestreckte Hand der Arbeiterklasse und arbeitet mit!

Alle gemeinsam - so geht es besser

SDBS V-21-1 SaG 020-61 8 1040

Abb. 101: Propagandaflugblatt gegen die Familie Fink.

Was der Genosse Major da „Aufklärungsarbeit unter der Bevölkerung" nennt, beschreibt eine Propagandakampagne, die offenbar ebenso minutiös geplant und vorbereitet worden war, wie die Aktion selbst. Nach Erinnerungen eines Nachbarn von Finks Hof wurden kurze Zeit nach Verschwinden der Polizei Flugblätter verteilt. Überschrieben mit „Schmutzfinken dorthin befördert wo sie hingehören!" heißt es da:

> Zwei unverbesserliche Faschisten und Handlanger für den Bonner Atomkriegsstaat, Hermann und Willi Fink aus Kranlucken, wurden am Donnerstag von Arbeitern der volkeigenen Betriebe des Kreises Bad Salzungen zur Staatsgrenze befördert und in das Eldorado aller Faschisten und Militaristen, in die Westzone, ausgewiesen.[6]

Natürlich hat diesen Propaganda-Unsinn niemand geglaubt. Aber darum ging es nicht. Es ging um Einschüchterung. Die widerspenstigen Bauern sollten zurück in die LPG gezwungen werden. Wenn man für den Austritt zum Faschisten erklärt wurde, dann war an Repressalien eigentlich alles möglich. Es blieb ja nicht bei dem einen Flugblatt. Die SED zündete ein wahres Propagandafeuerwerk zum Fall Fink. Es wurden Agitationsgruppen zu Versammlungen auf die Dörfer geschickt, es gab Flugblätter, Plakate und verschiedene Zeitungsartikel und natürlich die organisierte Zustimmung der Bevölkerung. So berichtete beispielsweise die Suhler SED-Zeitung „Freies Wort":

> Bei einer Zirkusvorstellung in Bad Liebenstein gab es nach der Verlesung einer Erklärung der Werktätigen zur Verjagung der Finks zehn Minuten lang Applaus.[7]

Sogar das SED-Zentralorgan „Neues Deutschland" widmete dem Fall einen Artikel. Ein Signal an alle Bauern in der DDR, die eventuell über einen LPG-Ausstieg nachdenken. Unter der Überschrift „Arbeiter verjagten DDR-Feinde. Faschistische Elemente über die Staatsgrenze vertrieben" schreibt das Blatt:

> Hermann und Willi Fink hatten sich als Feinde der Staatsmacht der DDR entlarvt. Sie beschimpften und verleumdeten die Arbeiter, denen sie in übelster Weise nachredeten, sie seien nicht in der Lage, die Geschicke des Arbeiter-und-Bauern-Staates zu lenken und zu leiten. Bestrebt, die Ausbeuterordnung des Kapitalismus in der DDR zu restaurieren, versuchten sie, die Kranluckener Genossenschaftsbauern auf den Weg der kapitalistischen Entwicklung in der Landwirtschaft zurückzuzerren.
> Bei beiden handelt es sich um unbelehrbare Feinde aller ehrlichen Genossenschaftsbauern, die die DDR von innen zersetzen wollten. Ihr Bestreben war darauf gerichtet, Massenaustritte aus der LPG in Kranlucken zu organisieren. Voller Zynismus priesen sie das kapitalistische Wolfsgesetz der Vernichtung von Klein- und Mittelbauern in Westdeutschland. Ihr schädliches Treiben entsprang der Absicht, solche kapitalistischen Zustände eines Tages auch in Kranlucken wieder zu praktizieren.[8]

Diese Propaganda wirkte gerade in den Tagen, in denen Tausende über die Berliner Sektorengrenze in den Westen flohen, besonders absurd. Aber die, die partout nicht ihre Heimat verlassen wollten, wurden wirkungsvoll eingeschüchtert, zumal sie wussten, dass bei solchen Vorwürfen eher lange Zuchthausstrafen als eine Ausweisung üblich waren. Und einige Tage später war auch der letzte freie Weg in den Westen durch die Mauer versperrt.

Hermann und Wilhelm Fink sollten dauerhaft ausgesperrt bleiben. Die Volkspolizei protokollierte den Befehl, dass die „Ausweisung zu behandeln ist wie eine Republikflucht mit ihren Folgen", was konkret entweder Einreiseverbot oder Verhaftung beim Erscheinen an einem DDR-Grenzübergang bedeutete. Erst nach 24 Jahren, 1985, wagte Wilhelm es trotzdem, in die DDR zu reisen, zum ersten Mal nach der Vertreibung. Auch wenn das Ost-West-Verhältnis etwas entspannter war, als Jahrzehnte zuvor, war es bis zur Einreise nicht sicher, dass er tatsächlich mit seiner Frau den 50. Geburtstag seines Bruders Berthold im Osten feiern konnte. Das erste Zusammentreffen der Finks aus Ost und West, auch mit Vater Herrmann, gab es nicht viel früher, 1982 im tschechischen Karlsbad.

Die Erinnerung an das bedrückende Treffen in Karlsbad ist Finks Tochter Hermine auch Jahrzehnte später noch präsent. An dem Versuch, die 21 Jahre der Trennung, in denen keinerlei Begegnung möglich war, bei diesem Treffen zu überbrücken, musste die Familie scheitern. Vor allem Vater und Tochter kamen nicht mehr recht zusammen. Zur Zeit der Vertreibung war Hermine 16 Jahre alt. Er hatte ihre weitere Entwicklung nicht nachvollziehen können. Es fiel ihm sichtlich schwer, in der jungen selbstbewussten Frau, die sich gegen vielfältige Widerstände hatte durchsetzen müssen, seine Tochter zu erkennen. Die beiden Teile der Familie waren in verschiedene Welten gezwungen und es gab in dieser Zeit keine Hoffnung, dass sich dies ändern könnte. So wie schon 1961 nach den Zwangsaussiedlungen.

Hermanns Frau Anna durfte zunächst mit den beiden jüngeren Kindern auf dem eigenen Hof bleiben. Man hielt sie unter Beobachtung, aber das Bleiberecht hatte man ihr im Rat des Kreises auf Nachfrage sogar zugesichert. Solange noch ein Teil der Familie Fink auf dem Hof leben konnte, war vielleicht noch nicht alles verloren. Immerhin hatte diese Generation gelernt, dass sich Zeiten und Machtverhältnisse grundlegend ändern können.

Als aber am 3. Oktober 1961 die Zwangsaussiedlungs-Aktion mit dem Decknamen „Blümchen" anrollte, als Teil der Aktion „Kornblume", mit der überall im DDR-Grenzsperrgebiet Menschen vertrieben wurden, die in der Logik der SED einen „Unsicherheitsfaktor" darstellten, traf es auch den Rest der Familie Fink. Die Mutter wurde mit Sohn und Tochter in den Kreis Döbeln gebracht. Der Sohn Bertholt bekam eine Arbeit in der LPG zugewiesen, gleichzeitig verhängte die Abteilung Inneres über ihn eine Arbeitsplatzbindung. Damit war ihm verboten, den Arbeitsplatz und damit letztlich auch den Wohnort zu wechseln. Ein Verstoß gegen eine solche Auflage war strafbar. Immerhin: Nach drei Jahren durfte Anna Fink im Rahmen einer Familienzusammenführung in den Westen ausreisen.

Erst nach dem Mauerfall durften die vertriebenen Finks wieder nach Kranlucken reisen. Ihr enteignetes Eigentum bekamen sie nicht zurück. Nach der Wiedervereinigung konnte Hermanns jüngster Sohn Bertholt nach langem Hin und Her immerhin die Hofgebäude kaufen und sanieren. Er wollte, dass die Finks wieder in Kranlucken präsent sind.

Anmerkungen

1 SED-Propagandaflugblatt vom 3. August 1961, Archiv Point Alpha Stiftung.

2 Bericht über den Einsatz in Kranlucken, Thüringisches Staatsarchiv Meiningen, BdVP-Suhl, Nr. 246, S. 18–23.

3 Bericht über den Einsatz in Kranlucken (wie Anm. 2).

4 Fernschreiben vom Zollamt Fulda vom 4.8.1961, Hessisches Hauptstaatsarchiv Wiesbaden, Abt. 531, Nr. 97.

5 Bericht über den Einsatz in Kranlucken (wie Anm. 2).

6 SED-Propagandaflugblatt vom 3. August 1961, Archiv Point Alpha Stiftung.

7 Freies Wort vom 5. August 1961.

8 Neues Deutschland vom 5. August 1961.

Gerhard Schätzlein

Die Zwangsaussiedlungen und der Aufstand von Streufdorf

Behäbig liegt Streufdorf[1] am Fuße der Frankenschwelle, nach Südwesten bewacht von der alten Burgruine Straufhain. Nur einen Steinwurf weit ist seit 1946 die Grenze zu Bayern, die Grenze zur Bundesrepublik. Bis zum 14. Mai 1946 fuhr noch mehrmals täglich die kleine Bimmelbahn mitten durch das Dorf. Dann wurde sie abgebaut – Reparation für die Sowjetmacht. An die hat man keine so gute Erinnerung seit man gerüchtweise erfuhr, dass im Oktober russische Soldaten drei Frauen erschossen hatten, die über die Grenze wollten. Nur erschossen? Die Leute wussten es anders und sie waren froh, dass die Russen gingen und die deutschen Grenzer kamen. An die hat man sich mittlerweile gewöhnt, wie an so vieles Neue, das nach dem verlorenen Krieg über das Land kam.

Dabei hat man auch immer nach vorne geschaut und ist nie am Alten hängen geblieben, auch nicht in der Landwirtschaft. Deshalb war auch Streufdorf die erste Gemeinde im Landkreis Hildburghausen, die eine Landwirtschaftliche Produktionsgenossenschaft gründete. Nein, sie waren auch dem Neuen aufgeschlossen, obwohl für die allermeisten noch die Kirche der Mittelpunkt vom Dorf war. Vielleicht hielten die Streufdorfer etwas mehr zusammen als andere und ließen sich nicht auseinanderdividieren durch die neue Politik. Auch die Verbindung nach „drüben", wo viele Verwandte im Rodacher Gebiet hatten, mochten sie nicht so ohne weiteres aufgeben, solange es noch irgend ging.

Abb. 102: Der „Platz des 5. Juni" in Streufdorf erinnert heute an die Vorgänge im Jahr 1952.

Abb. 103: Die LPG in Streufdorf.

Streufdorf war sicherlich keine bequeme Gemeinde im Sinne der sozialistischen Machthaber. Den Herren in Hildburghausen missfiel, dass bei der letzten Volkswahl 13 % gegen die offiziellen Kandidaten stimmten. Bei einer Volksbefragung für eine von den Machthabern gewünschte Verordnung stimmten immerhin 27 % der Einwohner mit Nein. Plakate wurden im Zeitraum der Volksbefragung ständig abgerissen. In einem Aktenvermerk vom 7. Juli 1953 hieß es: „Die Mitarbeit der Parteien und Organisationen ist ungenügend. Ebenso die Mitarbeit der Verwaltung."[2] Der westliche Einfluss sei stark vorhanden. Bürgermeister Fritz Pfeifer gehöre zudem der CDU an. Zum Schluss ist vermerkt: „Schwierige Gemeinde, die der Bürgermeister noch negativ beeinflußt. Bürgermeister Pfeifer lehnt die Teilnahme an einer Verwaltungsschule ab und ist daher auch nicht mehr tragbar für die staatliche Verwaltung."

Doch jetzt, im Mai 1952, lag etwas in der Luft, eine Spannung, die fast jeder spürte, aber niemand so recht erklären konnte. Lag es daran, dass so oft fremde Gestalten in der Gemeinde auftauchten? Beim Bürgermeister hatten sie sich nicht gemeldet. Bis nachts spät tagten sie in der neuen Maschinen-Ausleihstation (MAS). Bürgermeister Pfeifer hatte zwar ein unangenehmes Kribbeln im Bauch. Bahnte sich da etwas an, von dem er nichts wissen durfte?

Anfang Mai jedenfalls wurde auf einmal die 5-km-Sperrzone eingeführt. Natürlich war Streufdorf mitten darin. In die Personalausweise wurde jetzt der Vermerk eingestempelt: „Der Aufenthalt in der Sperrzone ist gestattet." „Was man gestattet, kann man auch verbieten," sagte der eine oder andere, aber nicht allzu laut, denn man soll ja nicht schlafende Hunde wecken. Dann, Ende Mai 1952, mussten an den Häusern neue Hausnummern angebracht werden. War da ein Zusammenhang mit dem Stempel im Ausweis?

In dieser Woche wurde im Wirtshaussaal ein Film gezeigt. „Das verurteilte Dorf"[3] hieß der Titel. Der junge Günter Rüttinger war mit seinem Freund dort, wie auch der 29jährige Gerhard Kühnhold. Der Saal war brechend voll. So viel Abwechslung wurde schließlich in Streufdorf nicht geboten. In dem Film ging es darum, dass in der damaligen amerikanischen Besatzungszone ein Truppenübungsplatz entstehen sollte. Zu diesem Zweck sollte ein ganzes Dorf beseitigt werden. Die Bewohner setzten sich zur Wehr. Heftiges Glockengeläute war das Signal. Mit Heugabeln, Sensen und Stöcken bewaffnet, verteidigten die Menschen ihr Dorf.

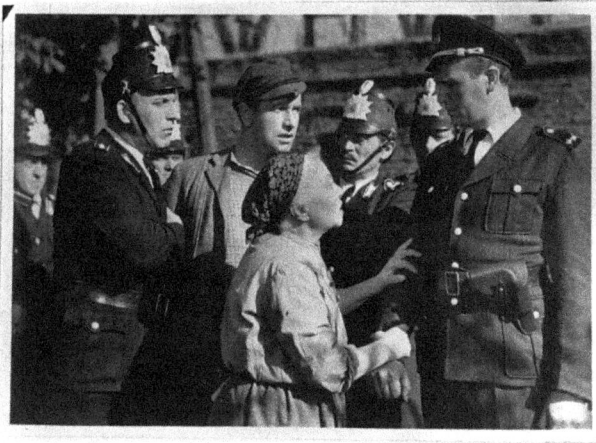

Abb. 104: Eine Szene aus dem DEFA-Film „Das verurteilte Dorf", 1952.

An diesem Abend hinterließ der Film keinen nachhaltigen Eindruck. Das kam erst später.

1. Juni 1952: Über ihre Betriebe erhielten die LKW-Fahrer Anweisung zu einem Sondereinsatz. Am 5. Juni sollten sie um 1 Uhr nachts in Hildburghausen sein, die Lastkraftwagen leer und aufgetankt. Der Grund des Einsatzes wurde nicht erklärt.

Albin Götz ging noch in die Schule, letzte Klasse. Seine Eltern waren noch Einzelbauern. Sie reuterten am 4. Juni Luzerne[4]. Natürlich musste Albin kräftig mit zulangen. Er kam spät nach Hause und hatte das Vieh noch zu versorgen. Erst lange nach neun Uhr kam er ins Haus. Natürlich war die Hausaufgabe noch nicht gemacht. Albin setzte sich darüber, doch schon nach kurzer Zeit fielen ihm die Augen zu. „Dann stehe ich morgen eben früher auf!", sagte er und verkroch sich schnell ins Bett.

5. Juni 1952, 3.30 Uhr: Bürgermeister Fritz Pfeifer wachte auf, weil seine Frau ihn am Arm rüttelte. „Wach auf, Fritz, da ist jemand an der Haustür!" flüsterte sie. Pfeifer ging ans Fenster, öffnete und stellte dabei fest, dass auf der Straße mehrere LKWs standen und Volkspolizei (VP) an der Haustür war. Der

Aufforderung, sofort die Tür zu öffnen, leistete er Folge und ging nach unten. Hier traten ihm einige Leute von der VP und in Zivilkleidung entgegen, die ihm dabei einen Zettel vorhielten, den sie mit der Taschenlampe beleuchteten und den Pfeiffer unterschreiben sollte.

Auf diesem Zettel stand ungefähr folgender Wortlaut: „Ich verpflichte mich, mein Anwesen innerhalb von zwei Stunden zu verlassen und führe diese Maßnahme freiwillig durch." Der Bürgermeister lehnte jedoch die Unterschrift ab und sagte zu den Herren: „Wenn ich schon gehen muss, so gehe ich auch ohne Unterschrift." Nach seinen Feststellungen waren ungefähr acht Volkspolizisten und zwei Herren vom Staatssicherheitsdienst anwesend. Mehrere Arbeiter, die die Verladung des Mobiliars durchführen sollten, standen herum.

Pfeiffer nahm die Leute mit in die Wohnung. Hier wurde ihm sofort der Personalausweis gegen eine Bescheinigung entzogen, ebenso seiner Frau. Einer der Männer fragte ihn dann, was verladen werden sollte. Doch Fritz Pfeiffer vermochte nicht sogleich zu antworten. Zu viel ging ihm durch den Kopf. Die Frau hatte begonnen zu schluchzen. Da er so unentschlossen war, fingen die Arbeiter selbständig an, Möbelstücke aus dem Haus herauszutragen und auf den bereitstehenden Lkw zu verladen.

Pfeiffer weckte seine Nachbarsleute, die er bat, ihm behilflich zu sein. Im Hauseingang traf er eine Frau, die ebenfalls von den Evakuierungsmaßnahmen betroffen war und den Bürgermeister bat, ihr seine Hilfe zur Verfügung zu stellen. Sie sah dann allerdings ein, dass es ihm unmöglich war, ihr beizustehen. „Sag den anderen Bescheid!", flüsterte Pfeiffer der Frau noch zu. Sie nickte zustimmend. Nicht lange danach war das halbe Dorf auf der Straße. Keiner wusste etwas Genaues, dann aber wurde verbreitet, einige Mitbürger würden ausgesiedelt – sie kämen nach Sibirien. Dagegen lehnten sich die Leute auf.

Albin Götz wachte auf. Auf der Straße hörte er Rufen und Schreien. Ein richtiger Tumult war das. Autos brummten. Hatte er verschlafen? Albin lief hinaus und bekam mit, dass heute Bürger weggebracht werden sollen. Vor einigen Höfen entlang der Hauptstraße standen LKWs, Männer liefen in die Häuser und kamen mit Möbelstücken wieder heraus. Dazwischen standen oder fuhren Einsatzwagen der Volkspolizei. Frauen schluchzten, Kinder weinten, wohin man nur sah. Albin sah auch einige seiner Lehrer herumstehen, darunter Direktor Böhm, die Lehrer Lippold und Schmidt, sogar Frau Schmidt stand mitten in der Menschengruppe. Alle redeten und schimpften. Währenddessen waren Herr Schmidt und Frau Reich verschwunden und kurz darauf begannen die Glocken in der Kirche zu läuten, erst eine, dann zwei, dann alle drei, sie läuteten Sturm, wie seit Jahrhunderten bei einem Brand oder sonst einem Naturereignis. Das Läuten schien die Streufdorfer wachzurütteln. Direktor Böhm rief die großen Schüler zu sich. Lehrer Lippold und der Direktor selbst gingen mit je einer Gruppe von Schülern und Jugendlichen zu den Lastwagen, stiegen hoch und luden alle Möbel ab, welche die Arbeiter inzwischen aufgeladen hatten. Viele Nachbarn halfen mit. Inzwischen war es 6 Uhr am Morgen geworden, beim Bürgermeister war bereits der größte Teil der Möbel auf dem LKW aufgeladen. Auch bei ihm übernahmen die Jugendlichen das Kommando. Der LKW wurde wieder entladen. Die Arbeiter protestierten nur matt. Die Polizisten drohten und schimpften, doch sie wussten nicht, was sie machen sollten. Auf eine solche Situation waren sie nicht vorbereitet.

Als der Bürgermeister darauf ins Dorf ging, wurde er von einem der herumstehenden Volkspolizisten aufgefordert, mit ihm zu kommen. Sofort wurden die Polizisten von Leuten umringt, die eine drohende Haltung einnahmen. Darauf ließen die VP-Leute ihn in seine Wohnung zurückgehen. Sie postierten sich dafür, ungefähr zehn Mann, vor Pfeifers Wohnungstür mit bereitgehaltenen Waffen und luden selbst wieder die Möbel auf.

Indessen kamen die ersten Fahrzeuge vom Heldburger Unterland, schwer beladen mit dem Hausrat der dort Ausgesiedelten, die Straße von Seidingstadt und Westhausen herangerollt. „Haltet sie auf, haltet sie auf!", ertönte auf einmal ein Ruf in der Menge und pflanzte sich immer weiter fort. Streufdorf ist der Durchgang vom Heldburger Unterland nach Hildburghausen. Und als die ersten Lastwagen mit Möbeln durch Streufdorf fuhren, wurden sie durch Barrikaden aufgehalten. Heuwägen, Gabelwender und sonstige landwirtschaftlichen Geräte wurden auf die Straße geschoben und ineinander verkeilt, auch Brennholz und Eichenstöcke wurden über die Straße gelegt, so dass kein Durchkommen mehr war.

Mittlerweile hatten die zusammengerufenen Leute im Ort die Straßen aufgerissen, Mähmaschinen, Bauholz und Stricke über die Straße gebaut, um so jeden Verkehr nach dem sogenannten „Heldburger Zipfel" und zur Kreisstadt zu unterbinden.

Ein Teil der Fahrzeuge, die beladen waren, zogen sich an der Dorfstraße zusammen und blieben hier, da sie an der Weiterfahrt verhindert waren, ebenso stehen wie die Fahrzeuge aus dem Heldburger Unterland. Bürgermeister Pfeifer veranlasste einige Jugendliche, Erde und Steine in den Auspuff zu stopfen, so dass die Motoren abstarben und die Autos auch nicht mehr rückwärts wegfahren konnten. Die Ausgesiedelten aus dem Unterland waren inzwischen aus den Fahrzeugen ausgestiegen und hatten sich den Streufdorfern hinzugesellt. Durch Schuldirektor Herbert Böhm und Lehrer Lippold erhielten auch die Klassen 7 und 8 den Auftrag, diese Fahrzeuge ebenfalls zu entladen und die Möbel in die Höfe hineinzutragen.

In der Zwischenzeit waren immer mehr Einheiten der Volkspolizei zusammengezogen worden, doch sie waren gegen die Bevölkerung, die eine sehr

feindliche Haltung einnahm, machtlos. Die Polizei war bewaffnet mit Gummiknüppeln, Karabiner und aufgepflanztem Bajonett, doch sie hatten anscheinend keinen Befehl, die Waffen anzuwenden. Den Polizisten, die seitlich auf
den Lkw standen, wurden teils die Gummiknüppel abgenommen, teils wurden
sie entwaffnet. Zum Schusswaffeneinsatz kam es nicht.

Gegen 11 Uhr des 5. Juni karrte die SED-Kreisleitung fünf LKWs mit Männern
heran. An die hundert mussten es sein. Es waren anscheinend Parteiaktivisten
aus den Betrieben, sogenannte „Aufklärer", die der Bevölkerung das ‚Unsinni-
ge' ihres Verhaltens klarmachen sollten. Sie mischten sich unter die Leute, die
hinter der Barrikade standen und begannen, auf sie einzureden, doch sie bekamen den Volkszorn zu spüren. Etlichen Agitatoren wurden kräftige Schläge ins
Gesicht verabreicht, erzählt Günter Rüttinger. Albin Götz beobachtete, dass Leute agitierten und zum Ausdruck brachten, solche Elemente, wie die Widerständ-
ler müssten hier verschwinden. Es kam dann zu Handgreiflichkeiten. Zwei Bürger drangen auf den Agitator ein. Es kam zu einer Schlägerei. Einer der beiden
hielt den Hetzer fest, der andere schlug auf ihn ein. Er traf ihn ins Gesicht und
brach ihm das Nasenbein. Blut floss aus der Nase des Agitators.

Auch andere „Aufklärer" erhielten kräftige Schläge ins Gesicht. Ein junger
Bursche, Karl-Heinz Wohlleben, setzte sich während der Aktion auf den Brunnen und fotografierte die ganzen Vorgänge. Albin beobachtete, wie ein Mann
aus einem Nachbarort mit nur einem Arm einen Agitator zusammenschlug und
sich danach aus dem Staub machte.

Auf diesen Tumult hin wurde erneut Verstärkung der Polizei angefordert
und gegen 12.30 Uhr waren ungefähr im Ort 400 bis 500 Mann Volkspolizei,
darunter auch Bereitschaftspolizei aus Meiningen. Gleichzeitig erschienen auch
mehrere höhere Offiziere der Russen, die sich aber in die Maschinen-Ausleihsta-
tion-Station (MAS) zurückzogen, sowie Stasi-Leute.

Es waren noch andere Polizeikräfte, Feuerwehr und auch eine Reiterstaffel
um das Dorf herum postiert. Die Bereitschaftspolizisten wurden in größerem
Abstand südlich des Dorfes verteilt mit der Anweisung alles herein-, aber niemand herauslassen.

Um die gleiche Zeit versuchte die Polizei in einem Großeinsatz die Straßensperren zu beseitigen. Dabei wurde rücksichtslos von den Gummiknüppeln Gebrauch gemacht. Es kam zu einem richtigen Handgemenge, weil die Bürger sich
mit allen zur Verfügung stehenden Waffen wehrten. Trotz dieser Gewalttätigkeit
siegte auch diesmal die Bevölkerung und die Volkspolizei musste zurückgehen.
Während der ganzen Zeit läuteten die Glocken immer weiter.

Erst als kurze Zeit danach ein Bereitschaftswagen der Kreisfeuerwehr und
50 Mann berittene Polizei im Dorf eingesetzt wurden, die mit Wasserwerfern
vorgingen, musste die Bevölkerung weichen. Albin Götz musste mit ansehen,

wie die Eichenstöcke unter dem Druck des Wasserstrahls nur so wegflogen und die Menschen wie die Ameisen weggewirbelt wurden. Er rannte ins Elternhaus zurück und setzte sich ins Wohnzimmer.

Die VP beseitigte die Straßensperren und nahm, unter unvergleichbarem Terror, durch Schläge auf Frauen und Männer des Ortes, verschiedene Leute fest. Daraufhin stürmten die Funktionäre mit vorgehaltener Pistole und wüsten Beschimpfungen in die Häuser und holten u. a. auch Bürgermeister Pfeifer, seine Frau und seine beiden Kinder heraus. Unter Fußtritten, Schlägen und Beschimpfungen, wie „CDU-Schwein" usw., wurden sie auf LKWs verladen. Ebenso erging es vielen anderen Einwohnern des Dorfes Streufdorf.

An der MAS-Station, die Hauptquartier der Staatssicherheit und der VP war, wurde Pfeifer von dem Kreisvorsitzenden der SED, Jäger, erkannt und unter Beschimpfungen vom Auto heruntergeholt. Dabei sagte Jäger wörtlich: „Wenn sich dieses Schwein von Bürgermeister rührt, wird er sofort umgelegt." Pfeifers Frau sprang ebenfalls vom Wagen und sie wurden beide in ein Zimmer auf die MAS-Station gebracht. Hier sahen sie auch mehrere Angehörige der Gemeindevertretung und andere Einwohner des Ortes wieder, die mit Handschellen gefesselt waren.

Sämtliche Papiere, Wertgegenstände usw. wurden ihnen abgenommen und nach ungefähr einer Stunde wurden sie abermals auf einen Lkw verladen. Dabei mussten sie so sitzen, dass sie sich nicht an die Bordwand des Fahrzeugs legen durften, um jede Bewegung oder Flucht unmöglich zu machen. Vier Volkspolizisten mit entsichertem Karabiner saßen ihnen im Rücken und vier Mann vor ihnen. Außerdem hatte der Führer des Transportes den Auftrag erhalten, bei der geringsten Fluchtbewegung auf die Gefangenen zu schießen. Sie wurden in das Gefängnis Hildburghausen eingeliefert und im Laufe von zwei Tagen mehrmals am Tage und in der Nacht vernommen, wobei sie immer wieder beschimpft wurden mit „Lumpen, Verbrecher" usw.

Der Lehrer Schmidt und die Lehrerin Reich waren auch dabei gewesen und hatten selbst Sturm geläutet. Deshalb wurde auch Frau Reich mit ausgesiedelt. Zusätzlich zu den ursprünglich zwölf zur Aussiedlung vorgesehenen Familien wurden noch vier weitere ausgesiedelt. Fieberhaft suchten die Leute vom Staatssicherheitsdienst nach dem Mann mit einem Arm, der einen Aufklärer zusammengeschlagen hatte, um ihn zu verhaften. Den wahren Täter fanden sie nicht, er kam ja aus einem anderen Dorf. Deshalb nahm man Franz Bauer aus Streufdorf fest, den einzigen, der hier nur einen Arm hatte. Die Familie wurde ebenfalls ausgesiedelt, und zwar in die Gegend von Arnstadt (Kreis Arnstadt, Thüringen). Von dort aus setzte sich Familie Bauer auch in den Westen ab.

Abb. 105: Jahrestreffen der ausgesiedelten Streufdorfer.

Karl-Heinz Wohlleben, der während der Aktion vom Brunnen aus die ganzen Vorgänge fotografiert hatte, wurde anschließend mit seiner Mutter und Groß-mutter ausgesiedelt. Schuldirektor Böhm, der das Kommando zum Möbelabla-den gegeben hatte, wurde abends noch als letzter aus Streufdorf ausgesiedelt. Gegen 13 Uhr war der ganze Spuk erst einmal vorbei.

Am Nachmittag des 5. Juni machte Albin Götz mit seinem Vater im Obstgar-ten Grünfutter für das Großvieh. Das Vieh hatte Hunger, das Leben musste wei-tergehen. Als sie ins Haus kamen, waren schon die Agitatoren da, die alle staat-lichen Maßnahmen für richtig erklärten. Die „Aufklärer" kamen in alle Häuser und versuchten, die Leute zu beruhigen und zu besänftigen. Es half nicht über-all.

Kurz danach flohen fünfzehn Streufdorfer Familien über die Grenze in den Westen, alle getrieben von der Angst vor weiteren Deportationen. Damals gab es noch kein Minenfeld, sondern nur den 10-m-Streifen. Paul Nussmann verließ noch am Morgen des 7. Juni 1952 seinen Heimatort. Aus einem Versteck hatte er mit ansehen müssen, wie seine Familie durch Polizei und Stasi verschleppt wurde.

Nach drei Tagen wurde Herbert Pfeifer mit noch vier weiteren Streufdorfern entlassen und unter Polizeibewachung mit dem LKW in den Kreis Arnstadt ge-bracht. Dort fand er am nächsten Tag seine Familie wieder, mit der er sich dann sofort nach West-Berlin absetzte, um einer wiederholten Verhaftung zu entgehen.

„Im Namen des Volkes" verhängte das Bezirksgericht Suhl mit Sitz in Meiningen am 23. September 1952 unter Vorsitz von Oberrichter Jäschke gegen drei Streufdorfer in einem Schauprozess hohe Zuchthausstrafen. Der Landwirt Franz Bauer wurde zu acht Jahren verurteilt. Obwohl der Mann, der im Zweiten Weltkrieg einen Arm verloren hatte, nachweislich keinen Anteil an den Protesten der Bevölkerung hatte, wurde er als ‚Rädelsführer' mit der höchsten Strafe belegt. Ihm wurde vorgeworfen, einen der Agitatoren niedergeschlagen zu haben. Der Schneidermeister Franz Höhn erhielt sechs Jahre und der Tischlermeister Werner Schmidt vier Jahre. In der Urteilsbegründung ist u. a. nachzulesen:

Nach Beendigung des Zweiten Weltkrieges war zu verzeichnen, daß eine Reihe von Ländern aus der Kette der kapitalistischen Staaten ausgebrochen waren und somit dem Einfluß des anglo-amerikanischen Imperialismus entzogen wurden. Dazu gehörte auch die damalige sowjetische Besatzungszone Deutschlands, die heutige DDR. Im imperialistischen Stadium des Kapitalismus ist die Welt in der Hauptsache unter den mächtigsten imperialistischen Staaten aufgeteilt und eine Neuverteilung der Welt, also eine Neueroberung von Absatzmärkten, kann nur durch einen Krieg erfolgen. Diese Kriege können aber durch die Menschen verhindert werden, wenn sie sich zu gemeinsamen Aktionen gegen die Kriegstreiber zusammenschließen. [...] Die westlichen Imperialisten ergreifen alle Maßnahmen, um das Friedenslager – dazu gehört auch die DDR – zu schwächen und die Bevölkerung zu beunruhigen. Sie schicken Agenten, Spione und Saboteure in unsere Republik und nutzen dabei auch den noch nicht ausreichenden Schutze an der Demarkationslinie für ihre verbrecherischen Ziele.
Die Werktätigen forderten daher von unserer Regierung, daß sie an der Demarkationslinie entsprechende Maßnahmen treffe, welche das Eindringen von Spionen und Saboteuren und Provokationen wesentlich erschweren. Auf Grund der VO [= Verordnung] v. 26.5.1952[5] wurden in den ersten Junitagen aus den Orten an der DL [= Demarkationslinie] verschiedene Familien in einen weiter nach innen gelegenen Kreis umgesiedelt. [...] Während die Masse der auch davon betroffenen Werktätigen diesen Maßnahmen unserer Regierung das größte Verständnis entgegenbrachte und sie unterstützte, kam es in einigen Orten zu Provokationen gegen unsere Volkspolizei und die zur Aufklärung der Bevölkerung eingesetzten Instrukteure in erheblichem Ausmaß. Von einigen verbrecherischen Elementen aufgehetzt, ließen sich auch solche Menschen zu strafbaren Handlungen hinreißen, welche im allgemeinen keine bewußt feindliche Einstellung zur DDR hatten. Es wurden Volkspolizisten beschimpft und gefährlich bedrängt, Instrukteure blutig geschlagen, Barrikaden gebaut, um den Abtransport der zur Umsiedlung bestimmten zu verhindern, Lkws angehalten und wieder abgeladen und ähnliche Provokationen bewerkstelligt. Einige verbrecherische Elemente nutzten auch eine derartige Situation aus, um offen ihre Feindschaft gegen unseren Staat und seine Organe zum Ausdruck zu bringen, wobei sie hofften, daß sie in dem großen Durcheinander nicht auffallen würden. [...] Aufgabe der Gerichte muß es sein, durch harte, erzieherische Strafen den Angeklagten das Gesellschaftsgefährdende ihrer Handlungsweise zum Bewußtsein zu bringen.[6]

Die anderen Streufdorfer Bewohner kamen scheinbar mit einem blauen Auge davon. In einem Kommentar drohte ihnen die damalige SED-Zeitung „Das Volk"[7]: „Es wird vielleicht noch mehrere Einwohner von Streufdorf geben, die ebenfalls auf der Anklagebank hätten sitzen müssen. Sie sollten sich dieses Urteil eingehend vor Augen halten." Und die Lokalzeitung glaubte noch einen daraufsetzen zu müssen, indem sie veröffentlichte: „Dieser Prozeß zeigt erneut, daß immer diejenigen schuldig werden und als Verbrecher im Zuchthaus landen, die sich von den Giftspritzen des RIAS" – des Westberliner Radiosenders Rundfunk im amerikanischen Sektor – „infizieren lassen."

Anmerkungen

1 Zur Geschichte der innerdeutschen Grenze zwischen Thüringen und Bayern sei auf das mehrbändige Werk „Grenzerfahrungen" verwiesen: Rösch, Barbara/Schätzlein, Gerhard: Grenzerfahrungen 1945–1990. Fotos, Texte, Aussagen. Willmars, 2. Aufl. 1993; Schätzlein, Gerhard/Rösch, Bärbel/Albert, Reinhold: Grenzerfahrungen. Bayern – Thüringen 1945 bis 1971. Hildburghausen, 8. Aufl. 2005; Schätzlein, Gerhard/Albert, Reinhold: Grenzerfahrungen. Bezirk Suhl – Bayern/Hessen 1972 bis 1988. Unter Mitarb. v. Hans-Jürgen Salier. Hildburghausen, 2. Aufl. 2004; Schätzlein, Gerhard/Albert/Salier, Hans-Jürgen: Grenzerfahrungen. Bezirk Suhl – Bayern/Hessen zur Zeit der Wende [1989/90]. Hildburghausen 2005.
2 Zit. nach Schätzlein [u. a.], Grenzerfahrungen … 1945 bis 1971 (wie Anm. 1), S. 87.
3 Hierzu siehe auch Bennewitz, Inge: „Das verurteilte Dorf" (DEFA, 1952). Ein Eigentor für die SED-Propaganda. In: Deutschland Archiv Bd. 36 (2003), H. 5, S. 772–789; dies.: Die mißbrauchte Erde. „Das verurteilte Dorf" – Film und Wirklichkeit. In: DEFA-Jahrbuch [apropos: Film] 2004, S. 204–223.
4 Auf Reuter (Heureiter) wurde Gras zum Trocknen aufgehängt. Luzerne = eine Pflanzenart, die u. a. zu Heu verarbeitet wird.
5 Abgedr. in: Bennewitz, Inge/Potratz, Rainer: Zwangsaussiedlungen an der innerdeutschen Grenze. Analysen und Dokumente. Berlin, 4. Aufl. 2012, S. 262–265.
6 Zit. nach Schätzlein [u. a.], Grenzerfahrungen … 1945 bis 1971 (wie Anm. 1), S. 94.
7 Ebd.

Gerhard Schätzlein und Kurt Bender

Verlorene Heimat an der Grenze: ein Zeitzeugenbericht

Den folgenden Zeitzeugenbericht von Kurt Bender, der am 11.2.2018 in Gotha verstarb, über die Zwangsaussiedlung seiner Familie hat der Regionalhistoriker Gerhard Schätzlein aufgezeichnet. Das ehemalige Familienanwesen, der Gereuthof, ist heute eine Wüstung. Die Familie Bender hat dort Informationstafeln angebracht, die auf das Schicksal des Hofes und seiner Bewohner aufmerksam machen.

Ich wurde 1933 als jüngster der drei Bender-Brüder auf dem Gereuthof bei Helmershausen geboren. Meine Großeltern Karl Wilhelm und Mathilde Wilhelmine Bender bewirtschafteten den Gereuthof seit 1892 und haben ihn 1893 von einer Besitzergemeinschaft gekauft. Von ihren sechs Kindern wurden fünf auf dem Gereuthof geboren. Der Gereuthof war ein Einzelgehöft und gehörte zur Gemeinde Helmershausen/Thüringen, wo wir zur Schule und zur Kirche gingen. Unser Hof war nur über bedingt befahrbare Wege zu erreichen, eine befestigte Straße gab es nicht. Für die Trinkwasserversorgung hatte mein Großvater 1896 einen vierzehn Meter tiefen Brunnen gebaut, zwei Teiche auf eigenem Grund dienten zur Wasserversorgung unserer Nutztiere. Der bäuerliche Betrieb bewirtschaftete ca. 30 Hektar landwirtschaftliche Nutzfläche, wobei sowohl Tierhaltung als auch Ackerbau betrieben wurden.

Abb. 106: Der Gereuthof.

Abb. 107: Luftaufnahme des Gereuthofs durch den Bundesgrenzschutz 1972. Im Vordergrund die nahe gelegenen Grenzanlagen.

Mein Vater Wilhelm Bender und meine Mutter Johanna geb. Beyer aus Immelborn im Werratal heirateten 1922 und führten nun den elterlichen Hof.

Mein Großvater Karl Wilhelm starb 1926, im selben Jahr wurde das Wohnhaus und ein Jahr später Stall und Scheune durch Feuer fast vollständig vernichtet. Mit viel Fleiß und der Hilfe meiner Großeltern mütterlicherseits bauten meine Eltern die Gebäude wieder auf und erweiterten Stall und Scheune. Ab 1930 gehörten eine 110 Volt Stromanlage mit Stationärmotor, Generator und Batterie sowie ein Telefonanschluss zum Gereuthof. Ab 1939 half ein eigener Traktor nicht nur bei der Feldarbeit, er trieb im Bedarfsfall Dreschmaschine, Häcksler, Generator oder Wasserpumpe an. Das Wasser wurde in einen Behälter auf den Boden des Stallgebäudes gepumpt und in Wasserleitungen für den Hausgebrauch und im Winter für die Tiere genutzt.

Während des Krieges wurden meine beiden älteren Brüder, wie viele andere, zum Militär eingezogen, der Ältere, Armin Bender, ist 1944 gefallen. Im selben Jahr, in der Nacht vom 30. auf den 31. März, überflog aus Richtung Meiningen kommend ein brennender Bomber ganz knapp unseren Gereuthof und stürzte nur circa zwei Kilometer weiter, unmittelbar vor dem Reinhardshof in Bayern, ab. Ich war damals zwölf Jahre alt, am nächsten Morgen habe ich zusammen mit meinem Cousin Hubert die Absturzstelle besucht.

Auf dem Gereuthof gab es neben der vielen Arbeit auch immer ein munteres Treiben und wir hatten für Fremde immer eine offene Türe und etwas zu essen. Vor allem gegen Ende des Krieges und danach wohnten Leute bei uns, die ausgebombt waren, oder ehemalige Wehrmachtsoldaten, welche auf dem Heimweg waren, hielten sich oft länger bei uns auf.

Im Frühjahr 1945 besetzten amerikanische Truppen auch Thüringen, allerdings ist nie ein amerikanischer Soldat auf dem Gereuthof gewesen.

Als im Sommer desselben Jahres die Amerikaner durch sowjetisches Militär abgelöst wurden, kamen russische Soldaten nun auch auf unseren Hof. Wir bekamen einen Leutnant, einen Unteroffizier und einen Dolmetscher in unser Haus und in ein Nebengebäude zwanzig einfache Soldaten zur Einquartierung. Es hat nie irgendwelche unangenehmen Zwischenfälle oder gar Repressalien gegeben. Als die Sowjets im darauffolgenden Jahr abzogen, nahmen sie allerdings unseren Telefonapparat samt Freileitungskabel von Helmershausen bis zum Gereuthof einfach mit. Obwohl unser Hof nur wenige Meter von der Grenze zwischen amerikanischer und sowjetischer Besatzungszone entfernt war, konnten wir uns relativ frei bewegen, Kontrollen waren eher selten. Auch als ostdeutsche Grenzsoldaten die Bewachung der innerdeutschen Grenze übernahmen, hat es anfangs keine weiteren Einschränkungen, allerdings des Öfteren Kontrollen der Personalien gegeben.

Mein zweitältester Bruder, Erhard Bender, der den Krieg überlebt hatte und auf den Gereuthof zurückgekehrt war, wurde noch 1945 zuerst von den Amerikanern in ein Gefangenenlager am Rhein gebracht. Erst am 13. Juni kam mein Bruder wieder nach Hause, wurde danach noch mindestens zweimal von den Russen abgeholt und vernommen. Er heiratete im Jahr 1950 und siedelte 1951 ins Rheinland über, in die Heimat seiner Ehefrau.

Im Jahr 1950 kam auch meine spätere Frau Maria bei der Suche nach einer Anstellung auf unseren Hof, sie fand diese, auch weil meine Mutter schwer erkrankt war und dringend Hilfe im Haus benötigt wurde. Im Dezember 1951 starb dann meine Mutter im Klinikum Jena. Auf dem Gereuthof lebten jetzt außer mir und meinem Vater Wilhelm noch meine spätere Frau Maria Zeitler und seit Kriegsende die älteste Schwester meines Vaters, Tante Carlotte Ulrich. Sehr schwierig wurde es für meinen Vater in dieser Zeit, Saisonkräfte für die Hilfe bei der Feldarbeit zu finden. Vermutlich hat es damals schon Einschränkungen für den Aufenthalt fremder Personen im grenznahen Raum gegeben.

Ende Mai 1952 wurde plötzlich in Windeseile eine Stromleitung über den Gereuthof gebaut, zur Versorgung der kleinen Ortschaft Schmerbach, nur circa einen Kilometer von uns entfernt. Bis dahin kam der Strom für Schmerbach noch von einem Versorger aus Bayern. Sicher war dies im Rahmen der Maßnahmen zur „Errichtung eines besonderen Regimes an der Demarkationslinie" geschehen, welches der DDR-Ministerrat am 26. Mai 1952 per Gesetz erlassen hatte. An Pfingsten, also am 1. oder 2. Juni 1952, wurde ich schwer krank mit hohem Fieber ins Meininger Krankenhaus eingeliefert und bekam deshalb überhaupt nicht mit, was wenige Tage später am 5. Juni auf dem Gereuthof geschah.

Es war der Tag, an dem die „Aktion Ungeziefer" durchgeführt wurde:

Um 9.30 Uhr kam ein Auto auf den Gereuthof gefahren, außer den Fremden saß noch Nachbar Willi Spiegel im Wagen. Ihn hatten sie schon von Schmerbach abgeholt. Ein sehr junger Mann in Uniform las von einer Liste Namen ab, auch der Name meiner bereits im November verstorbenen Mutter war dabei. Er blickte sich dabei ein wenig verängstigt und offensichtlich hilfesuchend nach seinen Begleitern um. Mein Vater Wilhelm Bender wurde aufgefordert mitzukommen, er musste neben Willi Spiegel in den Wagen steigen. Sie fuhren zum Bürgermeisteramt in Helmershausen, circa zwei Kilometer vom Gereuthof. Dort wurde ihm mitgeteilt, dass er seinen Hof verlassen muss – sofort, ohne Option auf Widerspruch, ohne festes Ziel, mit der fadenscheinigen Begründung: „Zu ihrem eigenen Schutz".

Circa um 11.00 Uhr kam mein Vater zurück aus Helmershausen. Inzwischen hatten fremde Arbeitstrupps begonnen, Möbel und Hausrat auf LKWs zu verladen, LKWs mit offener Ladefläche. Die Fahrzeuge waren aus Jena, die Situation war wohl sehr angespannt, es wurde wenig gesprochen. Mein Vater wollte sein Sachs-Leichtmotorrad mitnehmen, hatte deshalb noch eine Auseinandersetzung mit einem Uniformierten. Bei der Abfahrt gab es ein vorläufiges Ziel, es sollte der Verladebahnhof Grimmenthal sein. Dort angekommen rückten nach und nach Lastwagen an, beladen mit den Habseligkeiten anderer, in gleicher Weise Betroffener. Es waren fast 100 Fahrzeuge. Die bereitgestellten Güterwagen am Bahnhof Grimmenthal, auf die umgeladen werden sollte, reichten bei weitem nicht aus. Es war absehbar, dass es länger dauern würde. Mein Vater nahm sein Sachs-Motorrädchen vom LKW und fuhr damit ins Krankenhaus nach Meiningen, um mich zu besuchen. Vater schilderte mir kurz, was passiert ist, dass es ein „Nachhausekommen" nicht mehr gibt. Ich konnte in diesem Moment überhaupt nichts begreifen. Dann fuhr mein Vater nach Grimmenthal zurück.

Inzwischen hatten Organisatoren die Order ausgegeben, dass alle LKWs, deren Ladung keinen Platz auf einem der Eisenbahnwaggons finden, eine Kolonne bilden und sich per Achse auf Strecke begeben sollen. Gegen Abend machten sie sich auf den Weg und bekamen als Zielort Gotha-Ostbahnhof genannt. Die LKW-Kolonne hatte nach Stunden Gotha erreicht, lange nach Mitternacht.

Am Andreaskreuz des Bahnübergangs Ostbahnhof hielt der LKW, der Fahrer ging ins Bahnhofsgebäude und bekam dort die neue Weisung: Zielort ist der Gasthof Gierstädt. Die Fahrt ging weiter, inzwischen war es fast Morgen.

Nach der Ankunft wurde alles entladen und was keinen Platz im Gasthof fand, wurde einstweilen bei Bauern im Dorf untergestellt. Der Gasthof in Gierstedt war natürlich nur eine vorübergehende Bleibe, meine Familie fand später in Pfullendorf bei Gotha ein neues Zuhause.

Während ich mich beruflich anders orientierte und nach Gotha zog, blieb mein Vater der Landwirtschaft treu. Er lebte in Pfullendorf und war in der LPG Bufleben tätig, dort kümmerte er sich noch weit über das Rentenalter hinaus vorwiegend um Jungvieh. Den Gereuthof sah Wilhelm Bender nicht wieder, er starb 1970.

Erst im Spätherbst 1989, über 37 Jahre nach der „Zwangsdeportation", habe ich mich, gemeinsam mit meinem Bruder Erhard, auf den Weg gemacht, unsere alte Heimat, unseren Geburtsort zu besuchen. Wir gingen von Helmershausen unseren alten Schulweg, auf dem inzwischen armdicke Bäume gewachsen waren. Am Gereuthof angekommen, standen wird vor dem noch immer vollständig intakten Vorgrenzzaun. Von unserm Gehöft war nichts mehr zu sehen, alle Gebäude waren 1974 abgerissen worden, der Teich war mit dem Schutt verfüllt und sogar die Bäume waren alle gerodet worden.

Endlich, 1994, erhielten mein Bruder und ich unser Eigentum zurück. Auch wenn wir dort nicht mehr wohnen können, besuche ich oft mit meiner Familie den Gereuthof. Manchmal kommen Leute aus Helmershausen oder anders woher und wir frischen alte Erinnerungen auf.

Inge Bennewitz

Zwangsaussiedlungen – der schwierige Weg zur Wiedergutmachung

Was bedeutet Zwangsaussiedlung?

Eine Zwangsaussiedlung[1] aus dem Sperrgebiet an der innerdeutschen Grenze lief – auch in den vermutlich seltenen Einzelfällen – so ab: Ohne Vorankündigung wurden ganze Familien aus ihren Wohnungen und Häusern im gesamten, ca. 5 km breiten Sperrgebiet meist ohne Nennung von Gründen, ohne Gerichtsbeschluss innerhalb von Stunden unter entwürdigenden Bedingungen von Bewaffneten vertrieben und kamen, noch unter Schock stehend, in Elendsquartieren im Hinterland an.

1961 waren gegen 6 Uhr morgens die Telefonanschlüsse gekappt, Mitglieder der Betriebskampfgruppen räumten die Häuser und Wohnungen aus, wer aus dem Schlaf gerissen wurde, kam meist ungewaschen, ungekämmt, nur notdürftig bekleidet, mit leerem Magen an.

Kinder wurden von Polizisten aus der Schule geholt, auswärts weilende Haushaltsmitglieder mit einem Einheitstelegramm informiert: „Wohnen jetzt in ..., Kreis ..., Mutti und Vati".

Die Betroffenen wurden weisungsgemäß observiert und durch Gerüchte und Zeitungsartikel systematisch diskreditiert und kriminalisiert, sie wurden am neuen Ort nicht sozialisiert, sondern asozialisiert, sie waren aus Scham dazu verurteilt, ihr Schicksal zu verschweigen, ihr Leben wurde jahrelang reglementiert, sie mussten viele Verluste ideeller und materieller Art erleiden und hatten es sehr schwer, das Trauma später zu verarbeiten, da sämtliche Faktoren, die eine Traumabewältigung begünstigen, ungünstig waren.

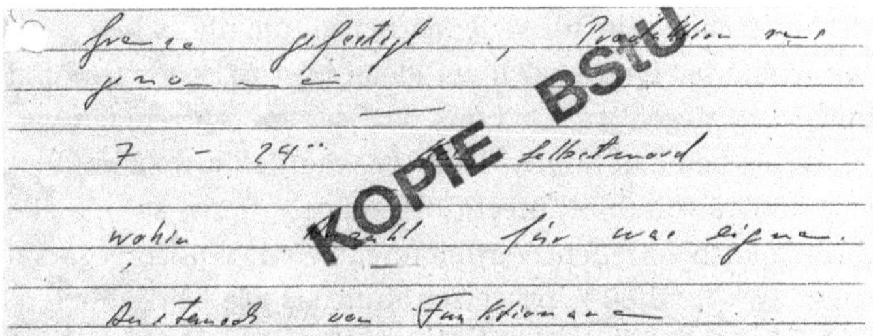

Abb. 108: „7 – 24.00 kein Selbstmord" – so meldete die Kreisdienststelle des MfS Grevesmühlen lapidar.

Damit sie nicht „durch Umzüge untertauchen" können, bekamen sie eine spezielle Kerbung in Kerblochkarten der Polizeiämter[2], zu denen auch Verbindungsoffiziere des Ministeriums für Staatssicherheit (MfS) Zugang hatten, die mit den Kaderabteilungen großer Institutionen und volkseigener Betriebe zusammen arbeiteten.

Ein Beispiel unter vielen: Meine Familie wurde 1961 aus Dömitz an der Elbe zwangsausgesiedelt. Meine Mutter (Jg. 1908) hat sich jahrelang schikaniert und unter Dauerbeobachtung gefühlt. Ohne das Sperrgebiet betreten zu haben, wurde sie ca. 1962 im Ort vor der Sperrgebietsschranke, kaum dort angekommen, bei einer Freundin festgenommen und zur Polizei nach Ludwigslust gebracht. Der Vorwurf: Sie habe sich illegal im Kreis Ludwigslust aufhalten. Um den Irrtum aufzuklären, hat sie die Polizisten dazu gebracht, beim Ministerium des Innern in Ostberlin anzurufen, durfte die Nacht auf einer Bank im Korridor des Polizeigebäudes verbringen, weil kein Zug mehr fuhr, und dann doch im Kreisgebiet bleiben.

Eine Zwangsaussiedlung ist kein erklärbares Kollektivschicksal, da die Betroffenen nach politischen Kriterien der SED-Diktatur individuell ausgesucht wurden. Bei der Aktion 1952 waren rund 2,4 % der Grenzbewohner betroffen, 1961 war es etwa 1 %. Die „belasteten Personen" und damit ihre Familien wurden willkürlich aus einer großen Masse politisch Unzufriedener ausgewählt. Und genau diese individuelle Auswahl war das besonders Belastende daran. Hinzu kamen der Sturz von meist angesehenen, einflussreichen (aber nicht im Sinne der SED) Persönlichkeiten in der Heimat zu angeblich Kriminellen oder Asozialen in der Fremde und viele Verluste ideeller und materieller Art. Die Verfolgten, um die es hier geht, waren lebenslänglich oder bis zum Fall der Berliner Mauer und der Auflösung des 5-km-Sperrgebietes aus ihrer abgeriegelten Heimat verbannt, für sie gab es kein Licht am Ende des Tunnels. Sie wurden im zugewiesenen Aufnahmeort im Hinterland der DDR auf staatliche Weisung in vielfältiger Weise schikaniert, heute würde man von Zersetzungsmaßnahmen reden. Sie verloren ihre soziale, kulturelle, wirtschaftliche und persönliche Identität. Selbst nach Jahrzehnten ist für viele Menschen, um die es hier geht, die Heimat oder das „Zuhause" immer noch ein kleiner Ort zwischen Hof und der Ostsee, der einmal abgeriegelt war und aus dem sie vor Jahrzehnten verbannt wurden, egal, ob sie heute in Erfurt, Hamburg oder Berlin wohnen. Vermutlich gibt es keine andere von SED-Unrecht betroffene Gruppe, auf die alle diese Fakten gleichzeitig auch zutreffen: Vertreibung, die mit zeitlich begrenzter Haft zu vergleichen ist[3], rund 60 % psychisch Kranker[4] wie bei Haftopfern und zugleich Maßnahmen unterzogen, die das MfS ab 1976 als „Zersetzung" bezeichnet hat. Wenn es in den Familien Kinder entsprechenden Alters gab, wurde ihnen in der Regel das Abitur verwehrt.

Wichtig ist es, im rechtlichen Sinne Abgrenzungskriterien zu anderen Gruppen, die auch das Grenzgebiet verlassen mussten, deutlich zu machen. In der Bernauer Straße in Berlin hatte es z. B. am 24. September 1961 eine Umsiedlungsaktion gegeben, die ähnlich abgelaufen war wie „Festigung". Der Unterschied: Betroffen waren nur Wohnungen, die prädestiniert für Fluchtversuche waren. Da es dort kein Sperrgebiet gab, konnten die Betroffenen wenig später zurück in den Wohnblock und Nachbarn und Freunde treffen, ihr gesamtes soziales Umfeld blieb erst einmal erhalten, und sie bekamen keine besondere Kennzeichnung in den Polizeiakten. Ganz anders bei den Zwangsausgesiedelten der Aktion von 1961: Kurz nach „Festigung" behauptete z. B. die Schweriner Volkszeitung auf der Regionalseite des Kreises Ludwigslust:

> Unverbesserliche Elemente, oft mit den demokratischen Gesetzen in Konflikt gekommen, verließen das Grenzgebiet. Fast alle hatten bei ihren Nachbarn [...] kein Ansehen. Die Bevölkerung hatte sich schon vorher von solchen Personen distanziert; sie wollten mit ihnen nichts mehr zu tun haben.[5]

Abb. 109: Auf der Ostberliner Seite der Bernauer Straße, 14. August 1961.

Wenn *diese* Zwangsausgesiedelten illegal ins Sperrgebiet zurückgekehrt wären, hätte man sie mit bis zu zwei Jahren Gefängnis bestrafen können. Außer ihrem nötigsten Hausrat haben sie fast alles verloren.

Von den Zwangsausgesiedelten abzugrenzen ist auch die Gruppe derer, die innerhalb oder aus dem Sperrgebiet umgesiedelt wurden, da ihre Gebäude in direkter Grenznähe standen und somit für freie Sicht und freies Schussfeld der

Grenztruppen abgerissen wurden. Hier ging es um die Lage von Gebäuden und nicht um die politische Einstellung der Bewohner.[6]

Das Jahr 1990

Als sich im Herbst 1989 das Ende der DDR abzeichnete und Hoffnung auf baldige gesamtdeutsche Wahlen aufkam, schöpfte *eine* Gruppe von politisch Verfolgten Hoffnung auf eine besonders zügige Wiedergutmachung für das erlittene politische Unrecht und dessen Folgen: die Familien, die aus dem Sperrgebiet an der innerdeutschen Grenze ausgewiesen und zwangsweise im Hinterland der DDR angesiedelt worden waren. Vielen von der Aktion im Mai/Juni 1952 Betroffenen war gesagt worden, es handele sich um eine vorübergehende Maßnahme. Die zugrundeliegende DDR-Ministerratsverordnung verlangte nämlich, alle daraus resultierenden Maßnahmen so zu gestalten, dass sie bei einer Verständigung über die Durchführung gesamtdeutscher freier Wahlen sofort aufgehoben werden können. Die Medien in der Bundesrepublik hatten über beide Ausweisungsaktionen aus dem Sperrgebiet 1952 und 1961 ausführlich berichtet. In der DDR wurden Berichte über die brutalen Ausweisungen 1952 als „feindliche Gerüchte"[7] abgetan – damit begann das Schweigen der Opfer. Die Aktion vom 3. Oktober 1961 („Festigung") wurde auf den Titelseiten der SED-Bezirkszeitungen als harmloser Wohnungswechsel verschleiert. Beide Aktionen waren 1989 in der Öffentlichkeit in Vergessenheit geraten, aber im Bewusstsein der Betroffenen so präsent, als wären nur Monate und nicht Jahrzehnte vergangen.

Anfang 1990 fanden sich unter dem Dach des Neuen Forums Erfurt Betroffene zusammen und organisierten über bundesweite Zeitungsaufrufe einen Kongress mit etwa 1.500 Teilnehmern in der Erfurter Thüringenhalle. Viele kamen am Saalmikrophon zu Wort und berichteten von ihrem Leidensweg. Beispielsweise erzählte Fritz Bauers aus Woosmer vom tragischen Freitod seines Sohnes: Am 3. Oktober 1961 wurde die Familie ausgewiesen und in die Gegend von Güstrow verschleppt. Drei Jahre später, als er 15 war, nahm sich sein Ältester das Leben. Er hatte sich zwei Mal illegal ins Sperrgebiet zu seinen dort gebliebenen Großeltern geschlichen, wurde mit Drohungen von der Polizei zurück zu seinen Eltern gebracht. Beim dritten illegalen Aufenthalt in Woosmer hat er sich im Hause seiner Großeltern erhängt. In seinem Abschiedsbrief steht, er werde mit allem nicht mehr fertig und: „Gebt mein Erspartes an Brot für die Welt."

Abb. 110: Auf dem Kongress der Zwangsausgesiedelten in der Erfurter Thüringenhalle im April 1990.

Abb. 111: Dokumentation über den Kongress (1990).

Am Ende war die große Halle wahrlich in ein Meer von Tränen getaucht, zwei Wochen lang überschlugen sich Zeitungsmeldungen über dieses finstere Kapitel SED-Unrecht, und es war von 50.000 Betroffenen die Rede. Eine Interessenvertretung, der Bund der in der DDR Zwangsausgesiedelten e. V. (BdZ), wurde gegründet. Das Wort Zwangsausgesiedelte wurde später ins 2. SED-Unrechtsbereinigungsgesetz (SED-UnBerG) übernommen und dadurch zu einem feststehenden Begriff. Die Hoffnung auf die Durchführung gesamtdeutscher freier Wahlen rückte in greifbare Nähe und damit die Aussicht auf eine zügige Wiedergutmachung. Es kam ganz anders.

Ein DDR-Rehabilitierungsgesetz trat noch in Kraft, erwähnte auch diese Opfergruppe, kam aber nicht mehr zur Anwendung. Als der Einigungsvertrag verhandelt wurde, konnten entscheidende Fragen nicht beantwortet werden: Wie viele Zwangsausgesiedelte sind es, wie viele wurden enteignet, wurden sie entschädigt? Sie sind im Einigungsvertrag explizit gar nicht erwähnt.

Zaisser läßt Dörfer räumen

Westdeutsche Bauern enteignet / Alliierter Protest bei Tschuikow gegen die Sperrmaßnahmen

Drahtbericht unseres Korrespondenten

er. Berlin, 30. Mai. Ein nicht veröffentlichter Teil der sowjetzonalen Regierungserklärung über „Maßnahmen an der Demarkationslinie zwischen der Deutschen Demokratischen Republik und den westlichen Besatzungszonen Deutschlands" enthält nähere Einzelheiten über die Errichtung des fünf Kilometer tiefen Sperrgebietes der Zonengrenze, das sich in drei Zonen gliedert. Die erste Zone direkt an der Grenze, die im offiziellen östlichen Sprachgebrauch nur noch als „Demarkationslinie" bezeichnet werden darf, muß völlig geräumt werden. Dort darf die Volkspolizei ohne Warnung schießen. Das Gelände wird eingeebnet. In der zweiten Zone dürfen keine Versammlungen, kulturellen Veranstaltungen oder Gottesdienste abgehalten werden. Nach Einbruch der Dunkelheit bestehen für die Bevölkerung Ausgehverbot und Verdunkelungspflicht. Die dritte Zone darf von Nichtansässigen nur mit Sondererlaubnis betreten werden. Die Einwohner der Fünf-Kilometer-Zone erhalten einen Sonderstempel in den Personalausweis. „Unzuverlässige Elemente" werden ausgewiesen.

In Berlin zeichnet sich das Bestreben der östlichen Behörden, nach West- und Ost-Berlin völlig voneinander zu trennen, immer deutlicher ab. Der Ost-Berliner Magistrat hat „Maßnahmen zur Sicherung der Wirtschaft und des Lebens der Bevölkerung" angekündigt. Die Kanäle zwischen dem Ostsektor und West-Berlin, die heute noch „Provokateuren, Spionen und Saboteuren" offen stünden, müßten jetzt „endgültig verstopft werden".

Alliierte Noten an Tschuikow

Die Deutsche Presse-Agentur und Associated Press melden ferner: Auch der Chef der sowjetischen Kontrollkommission, General Tschuikow, am 30. Mai gleichlautende Noten übermittelt, in denen sie nichmalen Protest gegen die Sperrmaßnahmen an der Zonengrenze und gegen West-Berlin einlegen. Der ehemalige amerikanische Militärgouverneur in Deutschland, General Clay, hat sich dahingehend geäußert, daß die Errichtung einer neuen Luftbrücke heute leichter sein würde als damals. Der amerikanische Lufttransportraum habe sich verdoppelt. Er glaube nicht, daß die Sowjets versuchen würden, mit Gewalt eine Luftbrücke zu unterbinden. Berlin sei außerdem für eine neue Blockade besser gerüstet als je zuvor.

Ein Beauftragter der Ost-Berliner Postverwaltung bestätigte West-Berliner Postbehörden, daß die Abschaltung der zweitausend Fernsprechleitungen zwischen Ost- und West-Berlin am 27. Mai auf Anweisung der Behörden der Sowjetzone vorgenommen werden mußte. Der Beauftragte der Ost-Berliner Post hat am Freitag angeboten, siebzig Leitungen vom Ostsektor nach West-Berlin wieder zu öffnen. Dieser Vorschlag wurde mit dem Hinweis abgelehnt, daß nur der Wiederaufnahme der alten Betriebsform zugestimmt werden könne. Im Zeitalter des Selbstwähldienstes sei eie „vorsintflutliche Betriebsweise", die zu stundenlangen Wartezeiten führe, unmöglich. Eine Bespitzelung dieser Leitungen, die im Sowjetsektor abgehört werden könnten, müsse abgelehnt werden.

Der Kraftfahrverkehr über die Zonengrenze geht in beiden Richtungen über das normale Maß hinaus. Die Kontrollorgane der Sowjetzone in Marienborn haben angesichts des starken Verkehrs auf der Autobahn das Tempo der Abfertigung beträchtlich beschleunigt. Der Grenzübergang Boizenburg-Lauenburg auf der Reichsstraße 5 zwischen Hamburg und Berlin ist nach einer Vereinbarung zwischen britischen und sowjetischen Behörden in Horst-Lauenburg umgenannt worden. Die alliierten Autobahnpatrouillen sind am Freitag weiterhin angehalten worden.

Westdeutsche müssen abreisen

Alle aus der Bundesrepublik stammenden Personen, die sich mit einem Interzonenpaß zur Zeit im sowjetisch besetzten Gebiet aufhalten, müssen die Zone bis Samstag nacht verlassen haben. Reisenden aus dem Westen wurde die Einreise in die fünf Kilometer tiefe Sperrzone auch am Freitag fortgesetzt. Die Evakuierung der fünf Kilometer tiefen Sperrzone wurde auch am Freitag fortgesetzt. Im Grenzgebiet sind die Gemeinden Boemenzien, Deutsch Jarstedt, Gallerstorf, Grabenstedt, Esestedt, Henningen, Barnebeck, Steimke, Südense, Nettau, Wendisch-Brohme, Oebisfelde und Hötensleben geräumt worden.

Angriff gegen Kirchenführer

Ulbricht sprach in Leipzig

er. Berlin, 30. Mai (Eigener Drahtbericht). Der Generalsekretär der Sozialistischen Einheitspartei, Ulbricht, hat auf dem Leipziger Pfingsttreffen der Freien Deutschen Jugend den Wunsch ausgesprochen, daß „aus der Freien Deutschen Jugend recht viele Jugendliche hervorgehen, die die Auszeichnung als tüchtige Scharfschützen erhalten", Ulbricht bedauerte, daß es in der Sowjetzone immer noch Leute gebe, die kein Gewehr anfassen wollten. Er richtete scharfe Angriffe gegen „einige Führer der Evangelischen Kirche in West-Berlin und in Magdeburg, die es ablehnen, gegen die Bonner Regierung aufzutreten und die Vorschläge der Sowjetunion für einen Friedensvertrag zu unterstützen", Berlin ist der Sitz des Bischofs D. Dibelius. In Magdeburg präsidiert der Präses der sächsischen Synode, Kreyßig, einer der maßgeblichen Führer der Evangelischen Kirche der altpreußischen Union.

Abb. 112: Westdeutscher Zeitungsbericht über die Räumung des Sperrgebiets, Juni 1952. Wilhelm Zaisser war erster Minister für Staatssicherheit der DDR und für die Ausweisungsaktion 1952 verantwortlich.

Zu DDR-Zeiten hatten die Betroffenen Eingaben an den Staatsrat der DDR geschrieben – vergeblich. Endlich angekommen in der Freiheit, schien sich diese

Situation fortzusetzen. Die Bundesregierung hatte 1952 durch Zeitzeugenberichte Geflüchteter genaue Kenntnis über die Hintergründe und Vorgänge im neu errichteten Sperrgebiet und gab 1953 ein umfangreiches „Weißbuch"[8] über die Folgen, die sich aus den Bestimmungen der Verordnung vom 26. Mai 1952 ergeben hatten, heraus. Was sich vorher niemand vorstellen konnte, trat ein: Auf Petitionen an den Deutschen Bundestag bekamen die Zwangsausgesiedelten ablehnende Antworten: Die Vertreibung sei auf der Grundlage der Verordnung vom 26. Mai 1952 erfolgt und somit rechtmäßig. Sie war jedoch weder vom DDR-Scheinparlament abgesegnet worden noch mit der Verfassung vereinbar. Diese unfassbare Haltung musste bald aufgegeben werden. Aber anschließend wurde denen, die eine Rückgabe der geraubten Immobilien verlangten, zu Unrecht mitgeteilt, die Enteignungen seien zu recht auf Grundlage des Verteidigungsgesetzes[9] der DDR erfolgt. Die auf das gesamte 5-km-Sperrgebiet statistisch verteilten Häuser wurden aber nicht abgerissen, sondern anschließend wieder ganz normal bewohnt.

Das Ringen um die Vermögensentschädigung

Anfang 1992 verfügte das Bundesministerium der Justiz endlich über umfangreiche Kenntnis von Akten aus DDR-Archiven, die belegten, dass es nicht um die Enteignung von Grundeigentum gegangen war, sondern es sich um individuelle politische Verfolgung gehandelt hatte. Bundesjustizminister Klaus Kinkel sprach auf einem Kongress des Bundes der in der DDR Zwangsausgesiedelten im Februar 1992 von „exceptioneller politischer" Verfolgung und erklärte, der enteignete Grundbesitz solle zurückgegeben werden – streng nach den Regeln des Gesetzes zur Regelung offener Vermögensfragen (VermG); alle anderen Ansprüche sollten in einem 2. SED-Unrechtsbereinigungsgesetz geregelt werden.

Das Vermögensgesetz war in seinen Grundzügen bereits 1972 (Grundlagenvertrag) von der Bundesregierung ausgearbeitet worden und für Westdeutsche gedacht, die infolge von Flucht oder Erbschaft Vermögen in der DDR hatten. Es ist – wie man sich denken kann – kein Rehabilitierungsgesetz, was man auch daran erkennt, dass es im Gegensatz zu sämtlichen Rehabilitierungsgesetzen der Bundesrepublik keine Ausschlussklauseln[10] enthält. Trotzdem wurde es später samt Nachfolgeregelungen unterschiedslos auch politisch Verfolgten übergestülpt und die Anwendung auf die Zwangsausgesiedelten paradoxerweise sogar als Teilentschädigung für politische Verfolgung deklariert. Am 23. September 1990 wurde es – entworfen in Bonn – von der Volkskammer der DDR in Kraft gesetzt. In einer Presseerklärung vom 10. März 1992 versprach Bundesminister Kinkel sogar, mit der Treuhand eine Vereinbarung zu treffen, um den von

Zwangsausgesiedelten beanspruchten Grundbesitz vor einem vorherigen Verkauf (nach dem Investitionsvorranggesetz) zu schützen. Dazu erstellte der Bund der in der DDR Zwangsausgesiedelten unter der Mitwirkung vieler Mitglieder eine Übersicht. Infolge schwerer Querelen, die zu einer Aufspaltung in „Bund der in der DDR Zwangsausgesiedelten e. V." (BdZ) und „Föderative Vereinigung Zwangsausgesiedelter e. V." (FVZ) – letztere ist inzwischen wieder aufgelöst – führten, beteiligte sich manch Enteigneter daran nicht und der frühere Besitz konnte verkauft werden, bevor der Alteigentümer selbst nach erfolgter Rehabilitierung durch das noch zu besprechende 2. SED-Unrechtsbereinigungsgesetz einen Restitutionsantrag stellen konnte. Schon damals entstand leider der Eindruck, es seien nur Grundstücksbesitzer betroffen gewesen.

In der Regel wurden den Enteigneten aus heutiger Sicht sehr niedrige Entschädigungen gezahlt, sie entsprachen aber den damaligen allgemeinen Wertvorstellungen. In der DDR ein altes Haus zu besitzen, führte auf Grund der niedrigen Mieten und hohen Reparaturkosten zwangsläufig in die Schuldenfalle. Das Geld kam auf Sperrkonten, von denen die Betroffenen in der Regel nur 3.000 DDR-Mark jährlich abheben konnten, teils wurden Ersatzgrundstücke zur Verfügung gestellt. Auf die Auswirkungen dessen ist noch zurückzukommen.

Strafrechtliche Verfolgung der Verantwortlichen

Neben der Vermögensentschädigung wäre es für die Opfer von Zwangsaussiedlungen ein positives moralisches Signal gewesen, hätte man die für die Zwangsmaßnahmen Verantwortlichen einer Bestrafung zugeführt.

1993 erstellte die Staatsanwaltschaft bei dem Berliner Kammergericht, Arbeitsgruppe Regierung- und Vereinigungskriminalität, eine Anklageschrift wegen „Verletzung der Freizügigkeit und der gemeinschaftlichen Nötigung gegen eine Minderheit als Mittel der Abschreckung und Disziplinierung Anderer"[11]. Zu einer Verurteilung ist es nicht gekommen, weil die Beschuldigten bereits wegen der schwerer wiegenden Tötungsdelikte an der innerdeutschen Grenze vor Gericht standen. Auch Bemühungen Einzelner, die für ihre Ausweisung Verantwortlichen in den jeweiligen Bezirken zur Rechenschaft zu ziehen, blieben erfolglos. Bis heute ist keine Verurteilung erfolgt.

Das 2. SED-Unrechtsbereinigungsgesetz

Im 1. SED-Unrechtsbereinigungsgesetz (dem Strafrechtlichen Rehabilitierungsgesetz – StrRehaG), das am 4.11.1992 in Kraft trat und das die Rehabilitierung und Entschädigung der Opfer von Freiheitsentziehung ermöglicht, war die Gruppe der Zwangsausgesiedelten nicht berücksichtigt.

Dann trat im Juli 1994 das 2. SED-Unrechtsbereinigungsgesetz in Kraft. Nun wurde für die Zwangsausgesiedelten generell anerkannt, dass sie in den Geltungsbereich fallen. Es besteht aus dem Verwaltungsrechtlichen Rehabilitierungsgesetz (VwRehaG), das Vermögensverluste oder Gesundheitsschäden ausgleichen soll, und dem Beruflichen Rehabilitierungsgesetz (BerRehaG). Es sah weder eine moralische Rehabilitierung für Betroffene vor, die keinen Folgeantrag stellen konnten (dies war erst ab 2007 möglich), noch regelte es Entschädigungen für die politisch motivierte Vertreibung selbst.[12]

Das Bundesamt für Justiz gab Ende 2011 an: 39.733 Anträge nach dem Verwaltungsrechtlichen Rehabilitierungsgesetz (Vermögen und Gesundheit) wurden insgesamt gestellt, 3.118 davon von Zwangsausgesiedelten. Von diesen wurden 1.911 positiv beschieden und 436 abgelehnt. Diese hohe Ablehnungsrate resultiert hieraus: Viele Familien, die nicht politisch verfolgt wurden, deren Häuser aber nahe der Grenze standen und abgerissen werden sollten, hielten sich irrtümlich für Zwangsausgesiedelte. Diese Familien wurden über ihren Zwangsumzug – anders als die Zwangsausgesiedelten – vorher informiert und bekamen einige Ersatzangebote. Das passierte z. B. bei der Erweiterung der Grenzübergangsstelle zwischen Herleshausen (Hessen) und Wartha (Thüringen), wofür Grundstücke im Sperrgebiet gebraucht wurden – das ist keine Zwangsaussiedlung im Sinne des 2. SED-Unrechtsbereinigungsgesetzes. Von ihr spricht man nur, wenn individuelle politische Verfolgung vorliegt und die Familie aus dem 5-km-Sperrgebiet verbannt wurde.

Eine Familie aus dem Kreis Ludwigslust hat beides erlebt, einen Zwangsumzug innerhalb des Sperrgebietes *und* eine Zwangsaussiedlung: Familie K. aus Besandten/Elbe bekam eines Tages – wohl Anfang der 1970er Jahre – den Bescheid, dass ihr Haus am Elbdeich abgerissen werden müsse und sie zwei Wochen Zeit habe, sich aus drei Angeboten ein Ersatzhaus auszusuchen. Sie entschied sich für ein Haus in Unbesandten/Elbe, das ebenfalls im Sperrgebiet lag. 1992 konnte sich keiner aus der Familie zuverlässig erinnern, in welchem Jahr das gewesen ist. Weil 1980 ein volljähriger Sohn durch die Elbe in den Westen flüchtete, wurde dieselbe Familie am 26. Juni 1981 morgens um 4 Uhr aus Unbesandten vertrieben und mit Inventar bereits um 9 Uhr im Hinterland außerhalb des Sperrgebietes abgeladen und musste dort wohnen. Die ganze Familie konnte sich 1992 an Tag und Uhrzeit erinnern – dies war eine Zwangsaussiedlung mit individuellem politischem Hintergrund, das erste war ein erzwungener Blitzumzug, wie es in der DDR nicht selten praktiziert wurde, wenn der Staat private Grundstücke in Einzelfällen in Anspruch nahm. Die DDR kannte weder ein Verwaltungsrecht, noch verfügte sie über eine entsprechende Gerichtsbarkeit.

Ausgleich von Vermögensverlusten

Da viele Zwangsausgesiedelte Entschädigungen in der DDR bekommen hatten, die den damaligen Wertvorstellungen entsprachen, wurde ihnen der direkte Zugang zum Vermögensgesetz (VermG) verwehrt und ihre Anträge mussten den Umweg über das 2. SED-Unrechtsbereinigungsgesetz von 1994 nehmen. Das Vermögensgesetz ist aber bis Anfang 1995, als die ersten Rehabilitierungsbescheide für sie erteilt werden konnten, mehrmals entscheidend zum Nachteil aller Alteigentümer verändert worden. In der Fassung vom 3. August 1992 war ein Ausgleich für inzwischen eingetretene Wertminderungen (z. B. durch Gebäudeabriss) nicht mehr vorgesehen. Bei Alteigentümern (egal, ob politisch verfolgt oder nicht), die *davor* bei den Liegenschaftsdiensten der DDR einen Antrag gestellt hatten, als es noch gar keine Ämter zur Regelung offener Vermögensfragen gab, wurde die zurückzuzahlende Entschädigung (Lastenausgleich) mit später eingetretenen Wertminderungen verrechnet, was oft ein enormer Vorteil war. Davon profitieren konnten nur diejenigen, die vor ihrer Enteignung in den Westen geflüchtet und dadurch teilungsbedingt enteignet worden waren. Für viele 1952 Betroffene kam das in Betracht, aber nicht mehr für die Opfer der Aktion „Festigung" 1961, da inzwischen in Berlin die Mauer errichtet worden war. Zusätzlich zu dieser mitunter erheblichen Einbuße mussten sie mindestens fünf Jahre lang Verluste durch entgangene Ernten, Mieten oder Pachteinnahmen hinnehmen, und die 1990 großzügig angelegten Fördertöpfe waren inzwischen leer.

„Nullerbescheide"

Bis 1995 sind aber noch Grundstücke der Zwangsausgesiedelten von anderen redlich erworben worden. Dann ist nur eine in vielen Fällen äußerst ungünstige Entschädigung möglich.[13] Die mehrstufige Berechnung der Entschädigung geht vom Einheitswert von 1935 aus, dann kommen mehrere Grundrechenarten zur Anwendung, wodurch die „Bemessungsgrundlage" für das nicht restituierbare Grundstück (meistens das Wohngrundstück) ermittelt wird. Im Falle eines bäuerlichen Betriebes bei Dömitz ergab sich für das Wohngrundstück eine Summe von 5.400 DM, die zur Auszahlung gekommen wäre, wenn nichts weiter hätte zurückgegeben werden können. Der Wert der landwirtschaftlichen Flächen, die jedoch zurückgegeben werden konnten, betrug 100.311,45 DM. Diese Summe wirkt nun als Subtrahend, und es ergibt sich eine Entschädigungssumme von minus 94.911,45 DM, die formal auf null gesetzt wird – ein Nullerbescheid. *Dieser* Fall ist für den Alteigentümer relativ günstig, aber wenn der Wert des Zurückgegebenen nicht viel höher ist als der Betrag der Bemessungsgrundlage, dann ist das bitter und besonders von politisch Verfolgten schwer einzusehen, aber schwierig zu ändern.

Ausgleich von Gesundheitsschäden

Bei der Anerkennung von Gesundheitsschäden, durch die sich Rentenansprüche ergeben, liegt Thüringen, das etwa die Hälfte aller Zwangsausgesiedelten zu beklagen hat, an einsamer Spitze: Bis Dezember 2011 waren 160 Anträge mit Folgeansprüchen gesundheitlicher Art von Zwangsausgesiedelten gestellt worden. 35 davon wurden positiv beschieden. In Mecklenburg-Vorpommern war kein einziger Zwangsausgesiedelter unter den Beziehern einer Rente. Es ist davon auszugehen, dass die Anerkennungsrate bis heute auch nicht mehr deutlich angestiegen ist. In nicht wenigen Fällen dauert der Anerkennungsprozess zehn Jahre und mehr. Und es ist auch aus Altersgründen kaum vorstellbar, dass Betroffene heute noch Anträge stellen, selbst wenn es dabei eine ärztliche Begleitung geben sollte. Das Risiko, den Prozess zu verlieren, ist sehr groß und wäre von einer Retraumatisierung begleitet.

Das Berufliche Rehabilitierungsgesetz

Es sieht Ausbildungshilfen, die für Zwangsausgesiedelte aus Altersgründen kaum noch in Betracht kamen, und einen Rentenausgleich vor: Bekannt ist nur der Fall eines Bergmanns, der nach seiner Ausweisung nicht mehr im Bergbau arbeiten konnte. Durch die Knappschaft bezieht er eine deutlich höhere Rente.

Psychische Störungen und Erkrankungen von Zwangsausgesiedelten

Seelische Störungen und Erkrankungen von Opfern strafrechtlicher Repression (Haftopfer) sind seit langem gut erforscht: etwa 60 % von ihnen erkranken psychisch. Erstmalig 2007[14] untersuchten Psychologen und Psychiater der Universität Greifswald unter Mitwirkung des Landesbeauftragten für die Stasiunterlagen (LStU) in Mecklenburg-Vorpommern Opfer von nicht strafrechtlicher Repression (Zersetzungsopfer und Zwangsausgesiedelte) auf ihre zwischenmenschlichen Beziehungen bzw. gesundheitsbezogene Lebensqualität und auf psychische Erkrankungen.

74 Probanden haben an der Studie teilgenommen, bei nur acht konnte die MfS-Zersetzungsrichtlinie Nr. 1 von 1976[15] nachgewiesen werden. In einer Tabelle listen die Forscher 23 Zersetzungsmaßnahmen auf, etwa 13 davon (z. B. Diskreditierung des Rufes, Benachteiligung im Beruf, Vorladung zu Behörden, Einzug des Vermögens) treffen auch auf viele Zwangsausgesiedelte zu, d. h. sie sind zugleich auch als Zersetzungsopfer anzusehen.

Häufigkeiten der nicht-strafrechtlichen Repressionsmaßnahmen[16]

Repressionsmaßnahmen nach der MfS-Richtlinie 1/76	Häufigkeit (Anzahl der Probanden)	In %
Diskreditierung des Rufes	5	6.8
Verbreitung von Gerüchten	5	6.8
Gezielte Indiskretionen	1	1.4
Gesellschaftliche Misserfolge	2	2.7
Verweigerung von Ausbildung	6	8.1
Benachteiligung in der Ausbildung	7	9.5
Berufliche Misserfolge	4	5.4
Benachteiligung im Beruf	29	39.2
Zuweisung anderer Arbeitsplätze	5	6.8
Untergrabung des Selbstvertrauens	7	9.5
Untergrabung persönlicher Ideale/Überzeugungen	7	9.5
Beeinflussung der Gruppenbeziehung	6	8.1
Vorladung zu Behörden	18	24.3
Beeinflussung durch IM	18	24.3
Anonyme Briefe, Telefonate, Fotos	2	2.7
Latente Repression/Verfolgungsgefühl	29	39.2
Andere (z. B. Einzug des Vermögens, Zwangseinweisungen in die Psychiatrie, Zwangsaussiedelung, Verweigerung der Ausreise in die Bundesrepublik, Hausdurchsuchungen)	27	36.5

Aus der Studie ergibt sich: Die gesundheitsbezogene Lebensqualität und die Fähigkeit, verschiedene Probleme zu bewältigen, sind schlechter als bei der Normalbevölkerung. Bei 60,8 % der Zwangsausgesiedelten wurde mindestens eine psychische Erkrankung nachgewiesen, dieselbe Häufigkeit wie bei Haftopfern. Die Forscher schrieben, von entscheidender Bedeutung für die Bewältigung der erfahrenen Repressalien des Einzelnen sei die gesellschaftliche Anerkennung und Würdigung als Opfer. Aber auch für die Gesellschaft insgesamt entscheide der Umgang mit den Opfern politischer Verfolgung mit darüber, wie die Überwindung der Teilung gelingen könne. Sie beklagten, dass die aus dem 2. SED-Unrechtsbereinigungsgesetz resultierenden Folgeansprüche erhebliche Defizite aufweisen.

Forderungen nach Einbeziehung in die Opferpension

2014 wurde in einer Petition an den Deutschen Bundestag die Aufnahme der Zwangsausgesiedelten in den Kreis derer gefordert, die, wie die Haftopfer, eine Opferpension beziehen. Diese regelmäßige monatliche Zuwendung kommt immer wieder ins Gespräch, weil ständig zu Recht gefordert wird, sie der Inflation anzugleichen. Heute beträgt sie (mit Einschränkungen) 300 € pro laufendem Monat. Diese an den Bundestag gerichteten Forderungen wurden nicht erfüllt.

Eine Begründung lautete: Bei den Zwangsausgesiedelten seien die Einführungskriterien für die Opferpension – sich unter Einsatz des Lebens für Freiheit und Demokratie in der DDR eingesetzt zu haben – nicht erfüllt. Liest man in SED-Akten Begründungen für die Ausweisungen aus dem Sperrgebiet, könnte man auch zu einem anderen Schluss kommen: Niemand konnte 1952 vorhersagen, wie ein in die falschen Ohren gelangter, verballhornter Liedtext („Sang statt Ami go home Ami bleib hier"[17]) geahndet werden würde oder wenn ein Kaufmann DDR-Waren ständig als „Mist" bezeichnete, westdeutsche dagegen lobte oder das Verlangen, einen Füller zu erwerben, bissig quittierte mit: „Den hätte ich auch gerne". Es ist Zeit, diese Kriterien aufzuweichen, weil sie auf viele in den späten Jahren der DDR Verurteilte oft nicht mehr zutreffen.

Eine andere Begründung lautete: Die Opferpension für Zwangsausgesiedelte wäre im Hinblick auf andere Opfergruppen nicht zu rechtfertigen. Der Gruppe der Zwangsausgesiedelten stehen nur Leistungen nach dem 2. SED-Unrechtsbereinigungsgesetz zu (Ausgleich für Folgeschäden an Vermögen, Gesundheit und Beruf). Klammert man Vermögen aus, profitiert davon kaum 1 %. Bei den anderen Gruppen sieht es so aus: Auch den Haftopfern stehen Leistungen nach dem 2. SED-Unrechtsbereinigungsgesetz zu. Sie bekommen außerdem die Kapitalentschädigung (306 € pro verbüßtem Haftmonat), die Opferpension oder Unterstützungsleistungen. Für DDR-Heimkinder wurde eine Sonderlösung gefunden, sie bekamen aus einem Fonds je 10.000 € zugesprochen. Außerdem haben sie die Möglichkeit, sich strafrechtlich rehabilitieren zu lassen und entsprechende Leistungen zu empfangen. Personen, die Zwangsarbeit für eine fremde Macht geleistet haben, erhalten eine Anerkennungsleistung. Selbst die politisch nicht verfolgten DDR-Dopingopfer bekommen jeweils 10.000 €.

Entschädigung durch einmalige finanzielle Zuwendungen

Das 2. SED-Unrechtsbereinigungsgesetz bietet keine den Intentionen des Einigungsvertrages (Art. 17) und der Schwere dieser Verfolgungsart angemessene, entsprechende Lösungsmöglichkeit für jeden einzelnen Zwangsausgesiedelten. Deshalb forderten die UOKG und ich[18], durch ein Bundestagsvotum eine neue bundesgesetzliche Regelung zu schaffen, durch die jeder anerkannte Zwangsausgesiedelte (sie stehen auf Listen) bedingungslos (ohne den Nachweis von Folgeschäden) eine angemessene, einmalige finanzielle Zuwendung bekommt – analog zur Kapitalentschädigung für Haftopfer, die ihnen für den zu Unrecht erlittenen seelischen Schaden gewährt wird.

Wenn man eine Zwangsaussiedlung mit einer zeitlich begrenzten Haft vergleichen kann, dann darf man nach einem Vergleichspunkt suchen: Jeder Zwangsausgesiedelte bekam gemäß Befehl 35/61[19] eine spezielle Kennzeichnung in einer Kerblochkarte der Polizei: eine „Flachkerbung im Feld 10"[20], damit sie „nicht durch Umzüge untertauchen können". In den ersten Jahren wurden sie intensiv und oft offen bespitzelt.

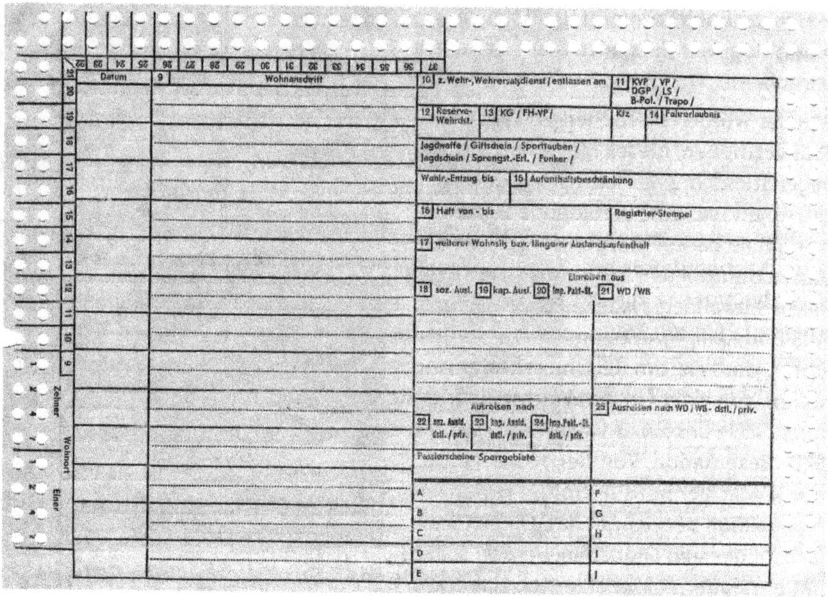

Abb. 113: Eine Kerblochkarte der DDR-Volkspolizei. Am linken Bildrand die Kerbung in Feld 10.

Durch die Kerbung konnte das MfS das Leben reglementieren, denn damit arbeiteten Verbindungsoffiziere des MfS, die auch Zugang zu den Kaderabteilungen großer Betriebe und Institutionen hatten. Dadurch waren Wohnort und Arbeitsplatz durch das MfS manipulierbar. Viele Betroffene berichten übereinstimmend: Etwa vier bis fünf Jahre lang waren kein normales Leben oder Veränderungen des Wohnortes oder des Arbeitsplatzes und damit ein „Untertauchen" in eine Umgebung möglich, in der die ursprüngliche Herkunft und das Stigma als Verbrecher von der Grenze unbekannt waren. Dies könnte eventuell damit zu erklären sein, dass „Festigung" vom MfS noch jahrelang intensiv in alle Richtungen ausgewertet wurde, nach ihrem Muster Evakuierungspläne für den Verteidigungsfall ausgearbeitet und die Akten erst 1965 zur Archivierung freigegeben wurden[21]. Das ist auch die Erfahrung aus dem Umfeld meiner Eltern, die später in ihrem neuen Wohnort nur noch Kontakt mit im Bezirk Schwerin weit verstreut lebenden Schicksalsgenossen aus Dömitz und Umgebung bzw. aus anderen Grenzkreisen des Bezirkes stammenden hatten. Das belegen auch umfangreiche Unterlagen von anderen Betroffenen, und es deckt sich mit den Erfahrungen aus meiner jahrelangen Zusammenarbeit mit dem Bund der in der DDR Zwangsausgesiedelten, dessen Präsidentin ich von Februar bis Oktober 1992 war. Ich habe unzählige, oft erschütternde Briefe von Betroffenen gelesen. Fast niemand aus der Eltern- oder Großelterngeneration ist je wieder in normalen Lebensumständen angekommen. Aus diesen Gründen haben wir empfohlen, die Höhe der Zuwendung in Anlehnung an die Kapitalentschädigung für Haftopfer zu bemessen, die bei bis zu fünf Jahren Haft gezahlt wird: 14.688 bis 18.360 €.

Aus rechtlicher Perspektive brachte der Jurist Dr. Johannes Wasmuth, der seit vielen Jahren auf die Rehabilitierung von NS- und SED-Unrecht spezialisiert ist, sachlich auf den Punkt, um was es im Kern geht. Das Bundesverwaltungsgericht[22], so Wasmuth, habe

[...] zu den Zwangsaussiedlungen zutreffend ausdrücklich festgestellt, daß es der DDR primär um das persönliche Unrecht der Vertreibung ging und daß der Vermögensverlust nur die damit verbundene, aber gar nicht intendierte Folge war. Sprich: Mit einem Ausgleich für den Vermögensverlust wird das eigentlich verübte Unrecht, nämlich die Vertreibung, überhaupt nicht erfaßt und ausgeglichen. Das primäre Unrecht ist die Vertreibung, nur das sekundäre, von dem ohnehin nur ein Teil der Vertriebenen betroffen war, war der Vermögensverlust, der als solcher schon deshalb nicht das wirklich einschneidende Unrecht war, weil es in vielen Fällen zu Entschädigungsleistungen gekommen sein muß. So bleibt das eigentliche Unrecht ohne jede Wiedergutmachung, obgleich das schwere Unrecht der Vertreibung wegen seiner einschneidenden persönlichen Wirkungen völkerrechtlich geächtet ist und ohne jeden Zweifel bereits als solches einen schweren Menschenrechtsverstoß darstellt. Zu argumentieren, das verübte Unrecht werde durch einen Ausgleich für eingetretene Vermögensverluste ausgeglichen, ist vor diesem Hintergrund nachgerade absurd.[23]

Aktuelle Entwicklungen

Erst in jüngster Zeit schien das Schicksal der Zwangsausgesiedelten wieder stärker in den Fokus der Öffentlichkeit zu rücken; die mediale Berichterstattung[24] und Veranstaltungen hierüber nahmen zu.

In diesem Klima konnten im Zusammenwirken von Opfervertretern, besonders der Union der Opferverbände Kommunistischer Gewaltherrschaft (UOKG, Berlin) und des Bundes der aus der DDR Zwangsausgesiedelten (Erfurt), wichtige Anstöße gegeben werden, die sich vielleicht positiv auf die Entschädigung der Zwangsausgesiedelten auswirken könnten. Eine Petition der UOKG (Hauptpetentin: Inge Bennewitz)[25] wurde im Mai 2018 beim Petitionsausschuss des Deutschen Bundestages eingereicht. Darin wird gefordert:

> Zahlung einer angemessenen Entschädigung in Form einer einmaligen finanziellen Zuwendung für jeden aus dem Sperrgebiet an der innerdeutschen Grenze Zwangsausgesiedelten – gemäß Artikel 17 des Einigungsvertrages – für den zu Unrecht erlittenen seelischen Schaden durch die politisch motivierte Vertreibung und die sich daran anschließenden staatlich organisierten Repressionen und Schikanen.

Schließlich brachten die Länder Brandenburg, Thüringen und Berlin im Bundesrat eine Vorlage ein, die zu einem Beschluss des Bundesrates am 19. Oktober 2018 führte. Darin wird die Bundesregierung gebeten, einen infolge von Gerechtigkeitslücken bestehenden gesetzgeberischen Handlungsbedarf zu prüfen und nach Möglichkeiten zu suchen, um u. a.

> die Opfer von Zwangsaussiedlungsmaßnahmen in einer Weise zu berücksichtigen, die deren spezifischem Verfolgungsschicksal und den damit verbundenen Schwierigkeiten, einen angemessenen Ausgleich für das erlittene Unrecht zu erhalten, gerecht wird (Drucksache 316/18).[26]

Weiter heißt es darin:

> Der Bundesrat ist der Auffassung, dass die Prüfung etwaiger Gerechtigkeitslücken auch auf die von Zwangsaussiedlungsmaßnahmen Betroffenen auszudehnen ist. Dies gilt mit Blick auf die bis heute verstrichenen Zeiträume, die einen Nachweis von Kausalzusammenhängen zwischen Zwangsaussiedlungen und psychischen Traumata kaum noch zulassen und insoweit die Prüfung von gesetzlichen Einmalleistungen als geboten erscheinen lassen. Zudem kann mit einer Überprüfung abschließend geklärt werden, ob bestehende Entschädigungsregelungen dort zu kurz greifen, wo den von Zwangsaussiede-

lung betroffenen ehemaligen Bürgerinnen und Bürgern der DDR, der Zugang in das geltende Anerkennungs- und Entschädigungssystem erst ab 1994 eröffnet wurde.

Die Beschlussvorlage des Bundesrates ist unterdessen zur weiteren Beratung an den Deutschen Bundestag übergeben worden. Ein Hoffnungsschimmer für alle Zwangsausgesiedelten!

Ein Plädoyer

Dieses finstere Kapitel DDR-Geschichte ist fernab der Grenze, besonders in den alten Bundesländern auch infolge der de facto ausgebliebenen Entschädigung, nahezu unbekannt. In den Augen vieler Menschen, die davon wissen, gelten diese politisch Verfolgten oft noch immer als die Verbrecher von der Grenze, von denen die Nachbarn sich schon lange vorher distanziert hatten[27] – wie zu DDR-Zeiten schweigt man am besten darüber. Das zeigt ein Erlebnis, das ich vor einiger Zeit in einem plattdeutschen Klub hatte: Vor dessen Reise nach Dömitz wurde ich gebeten, in Interviewform über unsere Zwangsaussiedlung vom 3. Oktober 1961 zu berichten. Auf die Frage: „Hast Du eine Entschädigung bekommen?", musste ich „nein" sagen. Bevor ich antworten konnte, entrüsteten sich eine fast 90jährige und deren Tochter zeitgleich: „Entschädigung, wofür das denn? Bei uns in Zarrentin sind auch Familien ausgewiesen worden, die hatten Flüchtlingen über die Grenze geholfen." Ich bin also immer noch selbst schuld; viele Betroffene, die nach Jahrzehnten in ihre Dörfer zurückgekehrt sind, werden von den inzwischen neuen Nachbarn gemobbt, weil die genauso denken.

Jeder von Zwangsaussiedlung Betroffene muss von diesem Stigma endlich durch eine öffentlich wirksame, angemessene Entschädigung befreit werden.

In Anbetracht der Leidensanalogie zwischen Haftopfern und Zwangsausgesiedelten, die zugleich auch Zersetzungsopfer sind, sollte die bis heute bestehende Unverhältnismäßigkeit zwischen ihnen zumindest dadurch *verringert* werden, dass man den Zwangsausgesiedelten wenigstens eine einmalige finanzielle Zuwendung gewährt, als Analogie zur Kapitalentschädigung, die Haftopfer für den zu Unrecht erlittenen seelischen Schaden bekommen – den hatten die Zwangsausgesiedelten zweifelsohne (60 % psychisch Kranker).

Eine de facto ausgebliebene Entschädigung der Zwangsausgesiedelten bliebe ein ewiger Makel in der Geschichte der Bundesrepublik und ihrer Aufarbeitung von SED-Unrecht. Walter Ulbricht kommentierte die Aussiedlungsaktion in einer geheimen Rede am 4. Juni 1952 so:

Selbstverständlich sagen wir ihnen [= den Zwangsausgesiedelten]: Das sind die Folgen der Unterschrift unter den Generalkriegsvertrag [...]. Sie leiden darunter. Sollen sie ihre Wut gegen die Bonner Regierung und die Amerikaner richten. Wir sind nicht dafür verantwortlich.[28]

Nur geschah dies ganz unmittelbar und mit aller Härte auf Kosten von unschuldigen Kindern, Greisen und Eltern. Das sollte von der gesamten deutschen Gesellschaft endlich angemessen gewürdigt werden. Auch im Interesse der inneren Einheit.

Anmerkungen

1 Siehe grundsätzlich Bennewitz, Inge/Potratz Rainer: Zwangsaussiedlungen an der innerdeutschen Grenze. Analysen und Dokumente. Berlin, 4. Aufl. 2012. Dort besonders S. 200 ff. zu Fragen der Wiedergutmachung. Siehe auch Bennewitz, Inge: Die beiden großen Zwangsaussiedlungs-Aktionen an der innerdeutschen Grenze und der schwierige Weg zur Wiedergutmachung. In: Zwangsausgesiedelte als Opfer von Mauer und deutscher Teilung. [Beiträge zum UOKG-Kongress am 24. September 2011 in Berlin]. Hrsg.: Union der Opferverbände kommunistischer Gewaltherrschaft. Berlin 2011, S. 6–31.

2 Siehe unten Abb. 113.

3 Aufgrund der juristischen Einschätzung von J. Wasmuth; zit. nach Petitions-Nr.: 4-19-07-251-006792. Volltext online abrufbar unter: http://www.uokg.de/download/20847. Druck in: Zeitschrift für offene Vermögensfragen H. 2, 2018, S. 74–80.

4 Siehe unten im Kap. „Psychische Störungen und Erkrankungen von Zwangsausgesiedelten".

5 Abgedruckt in: Bennewitz/Potratz (wie Anm. 1), S. 145.

6 Ein Beispiel ist weiter unten gegeben.

7 Bennewitz/Potratz (wie Anm. 1), S. 78.

8 Die Sperrmaßnahmen der DDR vom Mai 1952. Die Sperrmaßnahmen der Sowjetzonenregierung an der Zonengrenze und um Berlin. Faksimilierter Nachdruck des Weißbuches von 1953. Hrsg.: Bundesministerium für gesamtdeutsche [bzw. innerdeutsche] Beziehungen. Bonn u. Berlin 1987.

9 Gesetz zur Verteidigung der Deutschen Demokratischen Republik v. 20. September 1961. In: Gesetzblatt der Deutschen Demokratischen Republik 1961 I, S. 175–178. In § 10 hieß es: „Im Interesse der Verteidigung der Republik können Grundstücke, wenn sie nicht durch Kauf zu erwerben sind, gegen Entschädigung in Volkseigentum überführt werden." Und lt. § 15 konnte der „Zutritt zu bestimmten Gebieten" auch „für ständig [...] von den Dienststellen der Deutschen Volkspolizei verboten oder von einer Sondergenehmigung abhängig gemacht werden. Der Aufenthalt in diesen Gebieten kann ganz oder teilweise untersagt werden."

10 D. h. Ausschluss von Personen, die gegen Grundsätze der Menschlichkeit bzw. Rechtsstaatlichkeit verstoßen hatten.

11 Gesch.-Nr. 25/6 AR 142/93. Zit. nach Bennewitz/Potratz (wie Anm. 1), S. 234.

12 Für die letzte Auflage von Bennewitz/Potratz (wie Anm. 1) wurden Ende 2011 von den zuständigen Ämtern Statistiken abgefragt, um Kenntnis darüber zu gewinnen, welche Leistungen in welchem Umfang dieses Gesetz für diese Verfolgtengruppe gebracht hat. Leider sind sie nicht für diesen Zweck gemacht worden, die Ämter konnten selten zwischen verschiedenen Gruppen differenzieren.

13 Die Auszahlungen erfolgten ab 2004, weil der Fonds erst durch die Rückzahlungen von Lastenausgleich bzw. DDR-Entschädigung aufgefüllt werden musste.

14 Spitzer, Carsten [u. a.]: Lebensqualität, interpersonale Probleme und Kohärenzgefühl bei Betroffenen nicht-strafrechtlicher Repressionen in der ehemaligen DDR. In: Zeitschrift für Psychotraumatologie, Psychotherapiewissenschaft und Psychologische Medizin Bd. 5, 2007, Heft 1, S. 41–52 sowie ders. [u. a.]: Beobachtet, verfolgt, zersetzt. Psychische Erkrankungen bei Betroffenen nichtstrafrechtlicher Repressionen in der ehemaligen DDR. In: Psychiatrische Praxis Bd. 34, 2007, Heft 2, S. 81–86.

15 Diese Richtlinie regelte zentral die Anwendung eines ganzen Katalogs von „Zersetzungsmaßnahmen" gegen politische Gegner, um diese zu zermürben und mundtot zu machen.

16 Zit. nach Bennewitz, Inge: Folgeschäden gesundheitlicher Art – die psychischen Folgen für Opfer nichtstrafrechtlicher Repression. In: Zwangsausgesiedelte als Opfer von Mauer und deutscher Teilung. [Beiträge zum UOKG-Kongress am 24. September 2011 in Berlin]. Hrsg.: Union der Opferverbände kommunistischer Gewaltherrschaft. Berlin 2011, S. 32–41, hier S. 33.

17 Zit. nach Bennewitz/Potratz (wie Anm. 1), S. 42; das folgende Beispiel: ebd., S. 44.

18 Im Jahr 2015 wiederum als Petition an den Deutschen Bundestag; Hauptpetentin: Inge Bennewitz.

19 Abgedruckt in Bennewitz/Potratz (wie Anm. 1), S. 286 (unter Punkt 5).

20 Abgebildet in: ebd., S. 119.

21 Vgl. Bennewitz, Inge: „Sollen sie ihre Wut gegen die Bonner Regierung und die Amerikaner richten". Schein und Zweck der Zwangsaussiedlungen an der innerdeutschen Grenze. In: Deutschland Archiv Bd. 32, 1999, Heft 3., S. 367–378, hier S. 376.

22 Urteil vom 26. September 1996 – BVerwG 7 C 61/94 – VIZ 1996, 706 f.

23 Zit. nach Petitions-Nr.: 4-19-07-251-006792 (wie Anm. 3).

24 Siehe z. B. Aretz, Jürgen/Clement, Wolfgang: Die DDR nannte sie „Schädlinge". In: FAZ v. 1.2.2018.

25 Petitions-Nr.: 4-19-07-251-006792 (wie Anm. 3).

26 Volltext: https://www.bundesrat.de/SharedDocs/drucksachen/2018/0301-0400/316-18(B).pdf?__blob=publicationFile&v=1.

27 Siehe oben Anm. 4.

28 Zit. nach Bennewitz/Potratz (wie Anm. 1), S. 49.

Literaturhinweise

Zusammengestellt von Danny Chahbouni und Volker Bausch.

Bennewitz, Inge/Potratz, Rainer: Zwangsaussiedlungen an der innerdeutschen Grenze.
Analysen und Dokumente. Berlin, 4. Aufl. 2012

Christmann, Wolfgang/Leister, Bruno: Zur eigenen Sicherheit? Die Geschichte der geschleiften
Höfe und ihrer Bewohner im Geisaer Amt. Burghaun/Meiningen, 4. Aufl. 2015

Clay, Lucius D.: Decision in Germany. A personal report on the four crucial years that set the
course of the future world history. New York 1950

Geier, Anke: Zwangsaussiedlungen als Teil der Grenzsicherungsmaßnahmen der DDR im Jahr
1952. Die Sicherung der kommunistischen Herrschaft im Grenzgebiet. In: Landesbeauftragter des Freistaats Thüringen zur Aufarbeitung der SED-Diktatur (Hrsg.): Vertreibungen
im Kommunismus. Zwangsmigration als Instrument kommunistischer Politik. Halle
(Saale) 2019, S. 137–166

Giesecke, Jens: Das Ministerium für Staatssicherheit (1950–1990). In: Dietrich, Torsten/Ehlert,
Hans/Wenzke, Rüdiger (Hrsg.): Handbuch der bewaffneten Organe der DDR. Berlin 1998,
S. 371–422

Dietrich, Torsten: Die Grenzpolizei der SBZ/DDR (1946–1961). In: Dietrich, Torsten/Ehlert,
Hans/Wenzke, Rüdiger (Hrsg.): Handbuch der bewaffneten Organe der DDR. Berlin 1998,
S. 201–224

Friedel, Mathias (Hrsg.) unter Mitarbeit von Axel Knoblich: Von der Teilung zur Wiedervereinigung. Dokumente zur Deutschen Frage in der Zeit des Kalten Krieges (1945–1989/90).
Wiesbaden 2009

Landesbeauftragter des Freistaats Thüringen zur Aufarbeitung der SED-Diktatur (Hrsg.): Vertreibungen im Kommunismus. Zwangsmigration als Instrument kommunistischer Politik.
Halle (Saale) 2019

Lapp, Peter Joachim: Das Grenzregime der DDR. Aachen 2013

Oberdiek, Uwe: Die überwundene Grenze. Geschichte der deutschen Teilung zwischen Harz
und Werra. Göttingen 2015

Potratz, Rainer: „Aktion Kornblume 1961". In: Thüringer Blätter zur Landeskunde (102) 2014

Potratz, Rainer: Demarkationslinie – gefährliche Grenze. In: Thüringer Institut für Lehrerfortbildung, Lehrplanentwicklung und Medien (Hrsg.): Der totgeschwiegene Terror. Zwangsaussiedlung in der DDR. Materialien Heft 82. Bad Berka 2003, S. 14–22

Schätzlein, Gerhard / [Bd. 1, 2:] Rösch, Barbara / [Bd. 2–4:] Albert, Reinhold / [Bd. 3, 4:]
Salier, Hans-Jürgen: Grenzerfahrungen. [Bd. 1:] ... 1945–1990. Fotos, Texte, Aussagen.
[Bd. 2:] ... Bayern – Thüringen 1945 bis 1971. [Bd. 3:] ... Bezirk Suhl – Bayern/Hessen 1972
bis 1988. [Bd. 4:] ... Bezirk Suhl – Bayern/Hessen zur Zeit der Wende (= Schriftenreihe
des Vereins für Heimatgeschichte im Grabfeld Bde. 5, 17, 19, 22). Wilmars/Hildburghau-
sen 1993–2005

Schroeder, Klaus/Staadt, Jochen (Hrsg.): Die Todesopfer des DDR-Grenzregimes an der innerdeutschen Grenze 1949–1989. Ein biografisches Handbuch. Frankfurt a. M. [u. a.], 2. Aufl.
2018

Stadt Geisa: „Auf einem Berg im Rhönerland". 1200 Jahre Geisa. Geisa 2017

Stoll, Klaus Hartwig: Point Alpha. Brennpunkt der Geschichte. Petersberg 2007

Stöver, Bernd: Der Kalte Krieg. Geschichte eines radikalen Zeitalters 1947–1991. München 2007

Suckut, Siegfried (Hrsg.): Das Wörterbuch der Staatssicherheit. Definitionen zur politisch-operative Arbeit (= Analysen und Dokumente der BStU, Bd. 5). Berlin, 3. Aufl. 2016

Uhl, Matthias: Die Teilung Deutschlands. Niederlage, Ost-West-Spaltung und Wiederaufbau 1945–1949. Sonderausgabe der Hessischen Landeszentrale für politische Bildung. Berlin 2011

Unkart, Diana/Stoll, Klaus Hartwig: Das war die Teilung. Grenzgeschichte und Grenzgeschichten aus der Rhön von 1945–1990 (= Schriftenreihe Point Alpha, Bd. 3). Fulda 2015

„Vertreibung 1961", Film der Point Alpha Stiftung von Peter Grimm (online verfügbar unter: https://www.youtube.com/watch?v=e9fyOc_Tmhs)

Abkürzungen

ABV	Abschnittsbevollmächtigter (Polizist)
ADN	Allgemeiner Deutscher Nachrichtendienst
BA, BArch	Bundesarchiv
BdVP	Bezirksverwaltung der Deutschen Volkspolizei
BdZ	Bund der in der DDR Zwangsausgesiedelten
BEL	Bezirkseinsatzleitung
BerRehaG	Berufliches Rehabilitierungsgesetz
BGS	Bundesgrenzschutz
BHG	Bäuerliche Handelsgenossenschaft
Bl.	Blatt
BPK	Balgarska Komunisticeska Partija (= Bulgarische Kommunistische Partei)
BStU	Behörde des Bundesbeauftragten für die Unterlagen des Staatssicherheitsdienstes der ehemaligen DDR
BV	Bezirksverwaltung
BY	Bayern
ČSSR	Československá Socialistická Republika (= Tschechoslowakische Sozialistische Republik)
DA	Deutschland Archiv
DBD	Demokratische Bauernpartei Deutschlands
DGP	Deutsche Grenzpolizei
DL, D-Linie	Demarkationslinie
DM	Deutsche Mark
EA	Einwohneramt
Euratom	Europäische Atomgemeinschaft
EVG	Europäische Verteidigungsgemeinschaft
EWG	Europäische Wirtschaftsgemeinschaft
FDGB	Freier Deutscher Gewerkschaftsbund
FDJ	Freie Deutsche Jugend
FU	Freie Universität (Berlin)
GBl.	Gesetzblatt
GK	Grenzkommando
GST	Gesellschaft für Sport und Technik
HE	Hessen
HO	Handelsorganisation
HVDVP	Hauptverwaltung der Deutschen Volkspolizei
HwG	Häufig wechselnder Geschlechtsverkehr
IM	Inoffizieller Mitarbeiter
INF	Intermediate Range Nuclear Forces (= nukleare Mittelstreckensysteme)

K	Kriminalpolizei
KD	Kreisdienststelle
KEL	Kreiseinsatzleitung
KP	Kommunistische Partei
KPD	Kommunistische Partei Deutschlands
KPdSU	Kommunistische Partei der Sowjetunion
KreisA	Kreisarchiv
KSZE	Konferenz über Sicherheit und Zusammenarbeit in Europa
KVP	Kasernierte Volkspolizei
LA	Landesarchiv
LATh	Landesarchiv Thüringen
LBdVP	Landesbehörde der Volkspolizei
LNF	Landwirtschaftliche Nutzfläche
LPG(en)	Landwirtschaftliche Produktionsgenossenschaft(en)
MAS	Maschinen-Ausleihstation
MfS	Ministerium für Staatssicherheit
MTS	Maschinen-Traktoren-Station
NATO	North Atlantic Treaty Organization
NI	Niedersachsen
NVA	Nationale Volksarmee
ÖLB	Öffentliche Landwirtschaftsbetriebe
OP	Observation Post
o. P. / o. S.	Ohne Paginierung / Seitenangabe
RIAS	Rundfunk im amerikanischen Sektor
SBZ	Sowjetische Besatzungszone
SED	Sozialistische Einheitspartei Deutschlands
SED-UnBerG	SED-Unrechtsbereinigungsgesetz
SH	Schleswig-Holstein
SKK	Sowjetische Kontrollkommission
SLZ	Bad Salzungen
SMAD	Sowjetische Militäradministration in Deutschland
SMATh	Sowjetische Militäradministration Thüringen
SSD, ssd	Staatssicherheitsdienst
StA	Staatsarchiv
StrRehaG	Strafrechtliches Rehabilitierungsgesetz
UdSSR	Union der Sozialistischen Sowjetrepubliken
VdgB	Vereinigung der gegenseitigen Bauernhilfe
VEAB	Volkseigener Erfassungs- und Aufkaufbetrieb für landwirtschaftliche Erzeugnisse
VEB	Volkseigener Betrieb

VermG	Vermögensgesetz
VO	Verordnung
VP	Volkspolizei
VPKA / VPKÄ	Volkspolizeikreisamt / Volkspolizeikreisämter
VwRehaG	Verwaltungsrechtliches Rehabilitierungsgesetz
ZAIG	Zentrale Auswertungs- und Informationsgruppe [des MfS]
ZK	Zentralkomitee

Bildnachweis

Abb. 1:   Bundesarchiv Bildarchiv, Nr. 183-29645-0001, Foto: o. A.

Abb. 2:   Library of Congress, Washington/DC, Harris & Ewing collection, ID hec.12925, LC-H261-112729, Foto: Harris & Ewing

Abb. 3:   United States Department of Energy via Wikimedia Commons, Foto: o. A.

Abb. 4:   Regierung des Vereinigten Königreichs via Wikimedia Commons, Aufnahme v. 20. Juni 1948, Oxfordian Kissuth

Abb. 5:   National Museum of the U. S. Air Force via Wikimedia Commons, Foto Nr. 050426-F-1234P-012, Foto: U. S. Air Force

Abb. 6:   National Museum of the U. S. Air Force via Wikimedia Commons, Foto Nr. 050426-F-1234P-008, Foto: U. S. Air Force

Abb. 7:   Wikimedia Commons, Foto: Florian Schäffer

Abb. 8:   Wikimedia Commons, Foto: CMSgt. Don Sutherland

Abb. 9:   Bundesarchiv Bildarchiv, Nr. 183-19000-3293, Foto: o. A.

Abb. 10:   Bundesarchiv Bildarchiv, Nr. 183-S88687, Foto: Heilig, Walter

Abb. 11:   Point Alpha Stiftung

Abb. 12:   Ullstein Bild, Nr. 01726818, Foto: Franz E. Möller

Abb. 13:   Bundesarchiv Bildarchiv, Nr. BildY 10-WU-18-02-19, Foto: o. A.

Abb. 14:   Bundesarchiv Bildarchiv, Nr. 183-08749-0001, Foto: Heilig

Abb. 15:   Bundesgrenzschutz via Wikimedia Commons, Foto: o. A.

Abb. 16:   Point Alpha Stiftung

Abb. 17:   Karl-Heinz Burkhardt, Burghaun

Abb. 18:   Bundesarchiv Bildarchiv, Nr. 183-53130-0002, Foto: Wittig

Abb. 19:   Privatarchiv Gerhard Schätzlein, Sammlung Krebs

Abb. 20:   Privatarchiv Gerhard Schätzlein

Abb. 21:   Wikimedia Commons, Foto: PaulT Gunther Tschuch

Abb. 22:   Wikimedia Commons, Foto: Aschroet

Abb. 23:   Abschrift nach dem Faksimile (Archiv: StA Rudolstadt) in: Adler, Hans-Gerd: Brückenköpfe. Heiligenstadt 2009, S. 15

Abb. 24:   Abschrift nach dem Faksimile (Archiv: BStU) in: Unkart, Diana/Stoll, Klaus Hartwig: Das war die Teilung. Grenzgeschichte und Grenzgeschichten aus der Rhön von 1945 bis 1990. Fulda 2015, S. 299

Abb. 25:   dpa Picture Alliance, Nr. 61288610, Foto: Jörn Perske

Abb. 26:   Point Alpha Stiftung, Foto: Liane Faber

Abb. 27:   Point Alpha Stiftung, Foto: Steven Steininger

Abb. 28:   Point Alpha Stiftung

Abb. 29:   Winfried Möller, Rasdorf

Abb. 30:   Point Alpha Stiftung, Foto: Steven Steininger

Abb. 31:   Point Alpha Stiftung, Foto: Rivas

Abb. 32–39:   Grenzmuseum Schifflersgrund

Abb. 40:   Bundesarchiv Bildarchiv, Nr. 183-08667-0002, Foto: o. A.

Abb. 41:   Bundesarchiv Bildarchiv, Nr. 183-08635-0001, Foto: o. A.

Abb. 42:   Bundesarchiv Bildarchiv, Nr. 183-09688-0004, Foto: Seidel

Abb. 43:   Thüringer Universitäts- und Landesbibliothek Jena, URMEL, Public Domain

Abb. 44:   Bundesarchiv Bildarchiv, Nr. 183-08635-0011, Foto: o. A.

Abb. 45:   Bundesarchiv Bildarchiv, Nr. 183-08635-0016, Foto: o. A.

Abb. 46:   Bundesarchiv Bildarchiv, Nr. 183-08635-0018, Foto: o. A.

Abb. 47:   Archiv Grenzlandmuseum Eichsfeld, Teistungen

Abb. 48:   Privatarchiv Gerhard Schätzlein, Foto: Paul Michel

Abb. 49:   Point Alpha Stiftung

Abb. 50:   Grenzmuseum Schifflersgrund

Abb. 51:   Karl-Heinz Burkhardt, Burghaun

Abb. 52:   Wikimedia Commons, Foto: Michael Sander

Abb. 53–54: Abschriften nach den Faksimiles (Archiv: BStU) in: Unkart, Diana/Stoll, Klaus Hartwig: Das war die Teilung. Grenzgeschichte und Grenzgeschichten aus der Rhön von 1945 bis 1990. Fulda 2015, S. 292–294

Abb. 55:   Bundesarchiv Bildarchiv, Nr. 183-57000-0139, Foto: Sturm, Horst

Abb. 56:   Bundesarchiv Bildarchiv, Nr. Plak 100-016-007, Foto/Grafik: o. A.

Abb. 57:   Bundesarchiv Bildarchiv, Nr. Plak 100-014-051, Foto/Grafik: o. A.

Abb. 58:   Bundesarchiv Bildarchiv, Nr. 183-65801-0002, Foto: Köhne

Abb. 59–61: Heimat- und Geschichtsverein „Geisaer Amt" e.V.

Abb. 62:   Point Alpha Stiftung

Abb. 63–64: Privatarchiv Bruno Leister, Foto: Siegmar Gattung

Abb. 65:   Grenzmuseum Schifflersgrund, Fotosammlung

Abb. 66:   Grenzmuseum Schifflersgrund

Abb. 67:   Hessische/Niedersächsische Allgemeine (HNA)

Abb. 68:   Grenzmuseum Schifflersgrund, Foto: Annegret Büttner

Abb. 69:   Grenzmuseum Schifflersgrund, Fotosammlung

Abb. 70:   Grenzmuseum Schifflersgrund, Fotosammlung, Foto: Horst Zbierski

Abb. 71–73: Grenzmuseum Schifflersgrund, Fotosammlung

Abb. 74–75: Point Alpha Stiftung

Abb. 76:   Privatarchiv Erwin Ritter, Foto: Tom Favia (US-Army)

Abb. 77:   Bundesarchiv Bildarchiv, Bundespresseamt, Nr. B 145 Bild-00177226, Foto: Schaack, Lothar

Abb. 78:   Point Alpha Stiftung, Foto: D. Chahbouni

Abb. 79:   Vorlage: Point Alpha Stiftung

Abb. 80–82: Point Alpha Stiftung, Foto: B. Konrad

Abb. 83–92: Privatarchiv Marie-Luise Tröbs

Abb. 93:   Ullstein, Nr. 01730947, Foto: Jürgen Ritter

Abb. 94:   Bundesarchiv Bildarchiv, Nr. 183-45871-0001, Foto: Weiß, Günter

Abb. 95:	Abschrift nach dem Faksimile (Archiv: BStU) in: Unkart, Diana/Stoll, Klaus Hartwig: Das war die Teilung. Grenzgeschichte und Grenzgeschichten aus der Rhön von 1945 bis 1990. Fulda 2015, S. 303
Abb. 96:	Bundesarchiv Bildarchiv, Nr. B 285 Plak-013-003, Foto/Grafik: o. A.
Abb. 97:	Wikimedia Commons, Foto: Metilsteiner
Abb. 98:	Bundesarchiv Bildarchiv, Nr. 183-50202-0001, Foto: Kornmann
Abb. 99:	Bundesarchiv Bildarchiv, Nr. 183-45936-0001, Foto: Köhne
Abb. 100:	Vorlage: Point Alpha Stiftung
Abb. 101:	Privatarchiv Bruno Leister
Abb. 102:	Wikimedia Commons, Foto: Aschroet
Abb. 103:	Bundesarchiv Bildarchiv, Nr. 183-1988-0718-004, Foto: Schaar, Helmut
Abb. 104:	Bundesarchiv Bildarchiv, Nr. 183-13413-0010, Foto: o. A.
Abb. 105:	Privatarchiv Gerhard Schätzlein, Foto: Reinhold Albert
Abb. 106:	Privatarchiv Gerhard Schätzlein, Foto: Kurt Bender
Abb. 107:	Privatarchiv Gerhard Schätzlein, Foto: Bundesgrenzschutz
Abb. 108:	Aus: Bennewitz, Inge: Ausgesiedelt – lebenslänglich. Völlig unzureichende Wiedergutmachung für Zwangsausgesiedelte. T. II: Staatlich organisierte Zersetzung. In: Der Stacheldraht H. 1 (2010), S. 11 (Quelle: BStU)
Abb. 109:	Bundesarchiv Bildarchiv, Bundespresseamt, Nr. B 145 Bild-00014723, Foto: Lehnartz, Klaus
Abb. 110:	Bundesarchiv Bildarchiv, Nr. 183-1990-0523-302, Foto: Hirndorf, Heinz
Abb. 111:	Point Alpha Stiftung, Archivbestand, Dokument Nr. 842
Abb. 112:	Privatarchiv Inge Bennewitz, FAZ v. 6. Juni 1952
Abb. 113:	Bennewitz, Inge: Ausgesiedelt … (wie Abb. 108). T. I: Staatlich organisierte Gewaltkriminalität. In: Der Stacheldraht H. 9 (2009), S. 11 (Quelle: BStU)

Autorenangaben

Volker Bausch (*7.3.1951 in Babenhausen/Hessen – † 25.6.2019 in Chemnitz) war ausgebildeter Pädagoge (Deutsch, Englisch, Sozialkunde, Geschichte) mit insgesamt 18 Jahren Auslandserfahrung als Lehrkraft und Bildungsmanager in Chile (1984–91), Turkmenistan (1996–2002) und Afghanistan (2002–07), kommissarischer Referatsleiter im Hessischen Kultusministerium (2007–09), Schulamtsdirektor (2009–11) und zuletzt bis zu seiner Pensionierung Direktor der Point Alpha Stiftung und Geschäftsführer der Point Alpha Akademie in Geisa/Thüringen (2011–16)

Inge Bennewitz, geb. 1941 in Dömitz/Elbe, Abitur in Ludwigslust, 1960 bis 1964 Studium der Chemie und Mathematik in Potsdam, am 3. Oktober 1961 aus dem Sperrgebiet ausgewiesen, nach Studium zwei Jahre Lehrerin bei Bad-Doberan. Später Studium der Chemie in Dresden und Berlin, anschließend wissenschaftliche Mitarbeiterin an der Akademie der Wissenschaften der DDR, seit 1991 publizistisch tätig (Zeitgeschichte)

Danny Chahbouni, geb. 1989 in Schwalmstadt, hat Geschichte und Politikwissenschaft an der Philipps-Universität Marburg studiert (Abschluss 2015: Staatsexamen für das Lehramt an Gymnasien). Nach dem Abitur war er für das Bundesamt für Verfassungsschutz tätig. Seine Examensarbeit beschäftigte sich mit der Krise des Jahres 1983 im Kontext der strategischen Planungen von NATO und Warschauer Pakt. Er schreibt gelegentlich für das internationale Blog „Offiziere.ch" und arbeitete 2017–19 als wissenschaftlicher Mitarbeiter für die Point Alpha Stiftung

Wolfgang Christmann, geboren 1940 bei Saarbrücken, Beamter beim Bundesgrenzschutz an der innerdeutschen Grenze (1959–67), danach im kriminalpolizeilichen Dienst beim BKA und LKA Wiesbaden, 30 Jahre bei der Kriminalpolizei Fulda, ehrenamtliche Tätigkeit in einem katholischen Sozialverband mit zahlreichen Reisen und Gesprächskontakten zu kirchlichen Kreisen in der DDR. Langjähriger ehrenamtlicher Mitarbeiter in der Gedenkstätte Point Alpha, Stadt- und Regionalführer im Hessischen Kegelspiel

Christian Dietrich, Jahrgang 1965, Theologe, Studium der Theologie in Naumburg, Leipzig und Marburg, war Teil der Bürgerrechtsbewegung in der DDR und Herausgeber verschiedener Samisdat-Publikationen, ab Herbst 1988 aktiv in öffentlichkeitswirksamen Protestaktionen in Leipzig, 1991 Mitbegründer und Vorstand des „Archiv Bürgerbewegung", 1992 Mitarbeiter im Institut für kirchliche Zeitgeschichte in Naumburg und bei der Enquetekommission „Aufarbeitung von Geschichte und Folgen der SED-Diktatur". Lebt seit 1997 in Thüringen, ab 2000 Pfarrer in Nohra bei Weimar, 2013 bis 2018 Landesbeauftragter des Freistaats Thüringen zur Aufarbeitung der SED-Diktatur

Mathias Friedel, Jahrgang 1973, Referatsleiter in der Hessischen Landeszentrale für politische Bildung

Prof. Dr. Philipp Gassert ist Inhaber des Lehrstuhls für Zeitgeschichte an der Universität Mannheim. Er hat zuvor in Washington, Heidelberg, München, Philadelphia und Augsburg gelehrt. Er ist Präsident der Deutschen Gesellschaft für Amerikastudien und Mitglied des Wissenschaftlichen Beirats der Point Alpha Stiftung. Er forscht im Bereich der transatlantischen Geschichte und der US-Außenpolitik des 20. und 21. Jahrhunderts sowie der deutschen und europäischen Zeitgeschichte. 2014 wurde bei Theiss der Band „Amerikas Kriege" publiziert. 2018 ist bei Kohlhammer die Monographie „Bewegte Gesellschaft: Deutsche Protestgeschichte seit 1945" erschienen

Dr. Anke Geier, Jahrgang 1980, Historikerin aus Suhl, 2012–14 Wissenschaftliche Mitarbeiterin am Institut für Wirtschafts- und Sozialgeschichte an der Universität Marburg, 2015 Promotion an der TU Bergakademie Freiberg: „Geplante Verflechtung. Die Bergakademie Freiberg und die Wirtschaft der SBZ/DDR. Zur Entwicklung der Hochschule und ihrer Kooperationen zwischen 1945 und 1989/90." Seit 2016 Wissenschaftliche Mitarbeiterin beim Landesbeauftragten des Freistaats Thüringen zur Aufarbeitung der SED-Diktatur; dort u. a. zuständig für wissenschaftliche Recherchen, Forschung, Veranstaltungsorganisation, Publikationen

Peter Grimm, Jahrgang 1965, aufgewachsen in Ost-Berlin, vor 1989 aktiv in der DDR-Opposition (u. a. Initiative Frieden & Menschenrechte), u. a. Gründer, Mitherausgeber und Redakteur des Samisdat-Periodikums „Grenzfall", Autor für verschiedene Publikationen, seit 1991 auch TV-Journalist, seit 1999 Autor und Produzent von Dokumentationen und Dokumentarfilmen, 2007–2013 Redakteur der Zeitgeschichtszeitschrift „Horch und Guck". Filme u. a.: Exextrem (2018), Vertreibung 1961 (2017), Die vergessenen Kinderheime der DDR (2014), Waldbrüder (2013), Der Mut der Anständigen (2010), Hinter Stacheldraht geboren (2008), Rischkanowka oder Der König von Bessarabien (2008)

Dr. Hans-Peter Häfner, geboren 1938 in Schmalkalden, 1956–1962 Bergbaustudium an der TU Bergakademie Freiberg, 1962 Dipl.-Ing., 1970 Dr.-Ing., 33 Jahre Kalibergmann, dann 1990 Volkskammerabgeordneter für die CDU und stellvertretender Bürgermeister in Vacha, 1990–1999 CDU-Abgeordneter im Thüringer Landtag

Dr. Alexander Jehn, Jahrgang 1965, Direktor der Hessischen Landeszentrale für politische Bildung

Bruno Leister wurde 1953 geboren und wuchs in Kranlucken, einem Dorf in der Rhön, heran. Als Sohn eines Bauern erlebte er die Gründung der LPG hautnah mit. Leister arbeitete selbst in einer LPG als Meister. In den 1990er Jahren begann er die Geschichte des Kohlbachtals mit den Dörfern, Kranlucken, Zitters und Gerstengrund zu erforschen. In Zusammenarbeit mit Wolfgang Christmann aus Burghaun entstand ein Band über die geschleiften Höfe im „Geisaer Amt". Als Mitglied des Geschichtsvereins „Geisaer Amt" wirkte er bei vier Bildbänden und weiteren Veröffentlichungen mit

Rainer Potratz, Jahrgang 1953, Referent für Historische Forschung, Gedenkstätten und Publikationen bei der Beauftragten des Landes Brandenburg zur Aufarbeitung der Folgen der kommunistischen Diktatur

Gerhard Schätzlein, geboren 1937 in Nürnberg, Studium an der Pädagogischen Hochschule in Bamberg, 1959 mit dem Abschluss als Lehrer an Volksschulen, seit 1979 Konrektor an der Grundschule Ostheim bis zur Pensionierung 2001. 1980 bis 1996 als ehrenamtlicher Bürgermeister der Gemeinde Willmars direkt mit den Problemen einer Grenzgemeinde betraut. Zahlreiche geschichtliche, heimatgeschichtliche und volkskundliche Bücher und Beiträge insbesondere zur innerdeutschen Grenze zwischen Bayern, Hessen und Thüringen

Dr. Christian Stöber, Jahrgang 1987, 2007 bis 2012 Studium der Geschichte, Politikwissenschaft und Friedens- und Konfliktforschung an der Philipps-Universität Marburg, 2013 bis 2017 Promotionsstipendium der Konrad-Adenauer-Stiftung, Promotion mit einer Arbeit über die SED-Diktatur im Eichsfeld, seit Oktober 2017 pädagogischer und wissenschaftlicher Leiter am Grenzmuseum Schifflersgrund

Klaus Hartwig Stoll, Jahrgang 1930, wuchs in Herborn auf und lebt seit 1957 in Fulda. Er studierte Germanistik und Geschichte in Marburg und Tübingen. Vor seiner Pensionierung war er Studiendirektor an der Wigbert-Schule in Hünfeld. Er ist Verfasser einiger heimatkundlicher Bücher und zahlreicher Beiträge zur Heimatgeschichte

Marie-Luise Tröbs, geb. am 1. September 1951 in Geisa/Rhön, wurde am 3. Oktober 1961 aus dem Sperrgebiet ausgewiesen. 1970 Abitur in Ilmenau, 1970 bis 1974 Studium der Finanzwirtschaft an der Humboldt-Universität Berlin. Nach dem Studium bis Ende 1990 tätig gewesen bei der Staatlichen Versicherung und von 1991 bis 2016 bei einer gesetzlichen Krankenkasse in Erfurt; Krankenkassenbetriebswirtin. Sie ist seit dem 13.9.2008 Präsidentin des Bundes der in der DDR Zwangsausgesiedelten e.V. und tritt zugleich als Zeitzeugin auf

Diana Unkart, Jahrgang 1977, ist Redakteurin. Nach dem Studium der Germanistik, Politikwissenschaft und Journalistik in Bamberg begann sie, für Tageszeitungen zu arbeiten. Zu ihren Themenschwerpunkten gehört die jüngere deutsche Geschichte. Sie lebt mit ihrer Familie in der Nähe von Wiesbaden

www.ingramcontent.com/pod-product-compliance
Lightning Source LLC
Chambersburg PA
CBHW070407100426

42812CB00005B/1664